YO VOY CON JESÚS... UNA HISTORIA CADA NOCHE

Rody Aguilar Cruz

BARKERBOOKS

◢■BARKERBOOKS

YO VOY CON JESÚS... UNA HISTORIA CADA NOCHE

Derechos Reservados. © **2023, RODY AGUILAR CRUZ**

Edición: | BARKER BOOKS®
Diseño de Portada: Gustavo Novas | BARKER BOOKS®
Diseño de Interiores: Gustavo Novas | BARKER BOOKS®

Primera edición. Publicado por BARKER BOOKS®

I.S.B.N. Paperback | 979-8-89204-379-3
I.S.B.N. Hardcover | 979-8-89204-380-9
I.S.B.N. eBook | 979-8-89204-378-6

Derechos de Autor - Número de control Library of Congress: 1-13213757041

Barker Publishing, LLC
500 Broadway 218, Santa Monica, CA 90401
https://barkerbooks.com
publishing@barkerbooks.com

*A los tesoros de cada hogar, a
cada niño y niña que con su
inocencia y sincera sonrisa nos
llenan de alegría, a los padres,
maestros, abuelos, y tutores
que cada día se esfuerzan por
educar a los más pequeños.*

*Y a mis dos grandes amores,
Kelmy y Lili.*

GUERRA EN EL CIELO

"Tú que decías en tu corazón: subiré al cielo; en lo alto, junto a las estrellas de Dios, levantaré mi trono, y en el monte del testimonio me sentaré, a los lados del norte, sobre las alturas de las nubes subiré y seré semejante al Altísimo". (Isaías 14: 13-14)

Debes saber que existe el bien y el mal. ¿A ti te gusta ver las peleas? En este momento te voy a contar una gran historia sobre una guerra. ¿Has visto películas de guerras? Solo que esto no es una fantasía, realmente ocurrió.

Dios es amor, por Él fueron creadas todas las cosas, y Él quiere que sus criaturas le sirvan por amor y no por obligación o forzadamente. Él creó también a los Ángeles, mientras ellos le servían con amor y obedecían, había armonía y paz en el cielo. No se conocía el odio, el rencor, el egoísmo, la envidia, los celos, no había dolor, tristeza, frío, calor, miedo... No había nada malo, pero...

Hace miles de años, el Padre, el Hijo y el Espíritu Santo se juntaron para planear la creación de nuestro planeta tierra. Lucifer no entró a esa junta importante. Este se reveló porque quería ser parte, porque él era asistente del trono en el lugar santísimo, el director del coro celestial. ¡No había nadie como él! Era el primero en enterarse de todo lo que ocurría en el cielo. Sin embargo, no podía entrar a algunas juntas.

—¡No es justo! —decía—, Dios se aprovecha de nosotros, nos ha creado solo para ser sus esclavos, yo estoy ocupando un puesto en el cielo que no merezco. Yo debería ocupar su posición. Soy más exaltado que él. ¿No lo creen, amigos? Yo soy más capaz, soy hermoso, inteligente, sabio y tengo toda la capacidad para ser mejor gobernante. ¡Apóyenme! Si me apoyan les prometo que lo que es ahora en el cielo ya no lo será nunca y haré muchos cambios para que no sirvan al padre. Los dejaré hacer todo lo que quieran, no los forzará a nada, tan solo apóyenme.

Así que, ¿qué crees? Muchos ángeles comenzaron a darle la razón, respondiendo a coro:

—¡Sí, tienes toda la razón! Nosotros somos como esclavos también, quisiéramos gozar de libertad y hacer todo lo que queramos —hablaban algunos; pero otros no estaban de acuerdo con las ideas de Lucifer.

Dios se puso triste de que anduviera hablando así, de Él, frente a los demás ángeles. Además, estaba conquistando a muchos a que pensaran igual que él. Por ello, el Rey del universo convocó a toda su hueste celestial ante su presencia. Su Hijo (Dios), se sentó a su lado, la luz del ser eterno (Espíritu Santo) iluminó el trono con su resplandor. También llegaron millones de ángeles, incontables, encumbrados, ministros, súbditos de todo y El Padre dijo:

—Él es mi Hijo y ningún otro ser puede penetrar en mis juntas, solo Él puede ejecutar mi voluntad.

¿Sabes? Dios había creado a los ángeles, cumpliendo la voluntad de su padre, todos lo alabaron y prometieron obediencia a Dios. Hasta Lucifer se arrodilló, pero en su corazón había orgullo y egoísmo. Dios le dio muchas oportunidades a Lucifer de arrepentirse, le dio muestras de su amor, solo que él no quiso cambiar, pero él sabía muy bien que "justo es Jehová en todos sus caminos, y misericordioso en todas sus obras" (Salmos 145:17). Hasta que llegó al límite, Dios llamó a Lucifer junto con sus seguidores diciéndoles:

—Es momento de que tomen una seria decisión, o se someten a mi soberanía o se rebelan contra mis leyes. Deben tomar una decisión porque aquí en el cielo no voy a seguir permitiendo que sigan viviendo con ese espíritu de rebeldía.

—¡No es justo! —respondió Lucifer—. Yo he sido honrado por todos los ángeles aquí presentes, he tenido el puesto más alto; yo quiero que me des tu lugar, ese lugar que tú ocupas. Tus leyes son injustas, los ángeles te sirven por obligación, son tus esclavos. Yo sé que el Rey me apoyará y lo convenceré junto con todos los ángeles que me siguen.

Muchos ángeles que amaban a Dios se acercaban a Lucifer diciéndole:

—Arrepiéntete Lucifer, obedece a nuestro Creador, Dios es amor, Él te creó a ti.

—¡Amigos ángeles, no lo oigan! Él está actuando muy mal.

Así fue como Lucifer, el "portaluz", el que compartía la gloria de Dios, el ministro de su trono, mediante la transgresión, se convirtió en Satanás. El "adversario" de Dios y de los seres santos y el destructor de aquellos que el Señor había encomendado a su dirección y cuidado.

Toda la hueste celestial vio cómo Dios le dio oportunidad de arrepentirse, pero vieron cómo este se rebeló contra su creador. Así que Dios expulsó del cielo a Satanás junto con los ángeles que le seguían, ya no podían seguir viviendo con los demás ángeles buenos y obedientes. Todos se pusieron tristes porque ellos no se arrepintieron de su mal proceder. El bien ha existido desde siempre, pero el mal se originó así, en el cielo. Más adelante te contaré cómo es que nosotros caímos en pecado.

Referencias:

Isaías 14: 13-14
Ezequiel 28: 12-16
Patriarcas y profetas, Cap. 1

¡COME EVA, COME!

"Y mandó Jehová Dios al hombre, diciendo: 'De todo árbol el huerto podrás comer; pero del árbol del conocimiento del bien y del mal no comerás, porque el día que de él comas, ciertamente morirás'" (Génesis 2: 16-17)

Obedece a tus padres. ¿Alguna vez has oído hablar a un animal? Yo creo que no y el día que lo oigamos nos desmayaremos de miedo. Aquí te va la historia de una mujer que habló con una serpiente hace miles de años.

En la historia pasada vimos cómo Satanás fue expulsado. ¿De dónde? Del cielo. Poco tiempo después Dios creó la tierra donde vivimos. Aquí lo arrojó Dios junto con sus ángeles. Aquí era puro gozo y felicidad, pero este ser malo estaba enojado. Cuando vio a Adán y Eva felices trató de inducirlos a desobedecer, trayendo sobre ellos la culpa y el castigo del pecado.

Luego se disfrazó de serpiente. ¿Por qué? Porque la serpiente era uno de los seres más inteligentes y bellos de la tierra. Tenía alas y, cuando volaba, presentaba una apariencia deslumbrante, con el color y el brillo del oro bruñido. Dios le dijo a Adán y a Eva:

—Miren hijos, aquí en medio del huerto del Edén, puse un árbol muy especial, se llama *árbol del conocimiento del bien y del mal*. No coman de este árbol, si lo hacen morirán.

—No comeremos Padre, ¡gracias por avisarnos! —respondieron Adán y Eva.

Hasta los ángeles le decían a Eva:

—¡Eva, no te alejes de tu esposo! Es más, ¡ni te acerques a ese árbol!

Pero Eva, cierto día, andaba tan ocupada en sus quehaceres que de repente cuando se dio cuenta estaba frente a ese árbol. Se le quedó viendo y pensando:

—¡Qué hermosa fruta!

Sin embargo, ¿adivina quién estaba en ese árbol? Satanás disfrazado de serpiente. Se posaba en las cargadas ramas del árbol prohibido, mientras comía su delicioso fruto. A lo que Eva decía en sus adentros:

—¿Por qué Dios nos prohibió comer ese fruto?

De repente oyó una voz que le decía:

—¿Con que Dios les prohibió comer de este fruto? Pero ¿por qué Eva? Si tú eres hermosa, bella, ese cabello y esos ojos que deslumbran, además, eres muy inteligente y lista, Dios no debió prohibírtelo, tú te lo mereces.

—Pero Dios me lo ha prohibido, si lo como moriré —contestó ella.

La serpiente comentó por su parte:

—Yo sé algo que tú no sabes, ¿quieres saberlo?

—Sí, dime —respondió ella.

—Yo sé que el día que lo comas no morirás, serás como Dios. Él se los ha prohibido porque no quiere que nadie sea como Él.

Entonces Eva, en lugar de salir corriendo porque una serpiente le hablaba, se quedó y, por quedarse, verás lo que pasó. Ella tomó el fruto prohibido y dijo:

—Sí, tienes razón, Dios es injusto, una probada y seré como Él.

Abrió su boca dándole una gran mordida y justo en ese momento sintió algo raro, como si su existencia fuera única, como que era un ser poderoso. Enseguida corrió a contarle a Adán lo que había hecho. Él, al saber de su desobediencia, se quedó triste, espantado del error de su esposa y le reprochó:

—¿Por qué comiste? ¿Por qué te fuiste de mi lado? De todo lo que Dios nos dio, solo nos prohibió ese árbol, ahora tienes que morir.

—No Adán, no moriremos, come conmigo, anda yo te amo, por amor a mí come. Esa serpiente me aseguró que no moriremos y seremos más sabios que Dios.

Así que Adán comió de ese fruto. Enseguida comenzó a sentir frío y cuando se voltearon a ver dijeron:

—¡Estamos desnudos! Hagámonos ropa de hojas de higuera. ¡Qué vergüenza!

Y comenzaron a discutir:

—Eres mala Eva, ¿por qué comiste ese fruto? No debí hacerte caso, que será de nosotros cuando Dios nos pregunte. ¿Nos perdonará?

Satanás se regocijaba de gozo porque había logrado que desobedecieran a Dios.

Referencias:

Génesis, Cap. 2 y 3
Patriarcas y profetas, Cap. 3

Y CREÓ DIOS LA LUZ...

"Los cielos cuentan la gloria de Dios y el firmamento anuncia la obra de sus manos".
(Salmos 19: 1)

Dios creó la luz en el primer día. Alguna vez te has preguntado, ¿cómo es qué tú existes?, ¿quién creó todo lo que tus ojos ven? Seguramente alguna vez has escuchado que a ti te trajo la cigüeña, que nuestro mundo se formó a través de moléculas o que vienes de algún animal, ¿verdad? Deje que su niño conteste. Déjame decirte que la única verdad que debes grabar en tu mente es que Dios es el Creador de todo cuanto existe, incluso Él te creó a ti. Nuestro buen Dios creó el universo de la nada, por sí mismo. ¿Sabes? Todas las cosas por medio de él fueron hechas y no existiera nada sin él.

Hace muchos años se reunieron el Padre, el Hijo, y el Espíritu Santo. Ellos tres tuvieron una junta muy importante, porque tenían un gran proyecto y este era ¡crear una obra grandiosa y extraordinaria! La creación del mundo, nuestro mundo, el planeta tierra y, por supuesto, la creación del hombre a su imagen. Este mundo en el que vivimos fue creado en seis días, ¿en cuántos? Sí, en seis; y el séptimo es para descansar y adorar a Dios.

Te invito a que cierres tus ojos y pongas mucha atención. Imagina. Había tinieblas y un vacío inmenso, desorden por todos lados y el Espíritu Santo se movía sobre la faz de las aguas. Shhh, shhh, shhh... Entonces, Dios abrió su boca y dijo:

—Sea la luz... —y fue la luz; ¡qué maravilloso!

Ahora puedes abrir los ojos. Tenemos tinieblas y luz. A las tinieblas Dios la llamó noche y a la luz, día. Él vio que la luz era buena, muy buena y terminó el primer día de su creación. Solo de pensar en el desorden y tinieblas que había se me pone la piel chinita de miedo. ¿A ti no? Pero cuando Dios llegó a ese lugar, llegó la luz, porque Dios es luz y en Él no hay tiniebla alguna. Cuando tengas miedo solo acuérdate de Dios, Él es la luz que ilumina tu vida.

Referencias:
Juan 1: 5
Génesis 1: 1-4
Juan 1: 3

Y CREÓ DIOS CIELO Y MAR

"Bendice, alma mía, a Jehová, Él que se cubre de luz como de vestidura, que extiende los cielos como una cortina". (Salmos 104: 1-2)

Dios creó el cielo y el mar en el segundo día. ¿Te acuerdas en qué nos quedamos? Sí, estábamos hablando sobre la creación, aún seguía el desorden en la tierra. Creo que eso se veía muy mal todavía, aunque ya hubiera luz.

Juanito se fue a nadar al mar con sus papás, él estaba muy contento porque casi no lo sacaban a nadar, así que llevó su flotador (salvavidas), sus juguetes y su comida preferida. Él estaba feliz nadando, cuando de repente miró al cielo y vio grandes nubes. Entonces le dijo a su papá:

—¡Papi mira en el cielo un oso grande!

—¡Qué bien! —respondió su papá—. Yo veo dos perritos.

—¿Dónde papi? —preguntó Juanito.

—¡Allá! ¡Mira! —señaló su papi. Ellos estaban felices de descubrir imágenes en las nubes.

De repente Juanito le preguntó a su papá:

—Oye papi, ¿quién creó el cielo y el mar?

—Qué bueno que preguntas hijo, déjame contarte. Debes saber que un ser muy poderoso los creó y ese fue Dios.

¿Sabes en qué día los creó? Los creó en el segundo día. En ese día aún había bastante desorden. Había mucha agua revuelta y Dios les dijo a las aguas:

—¡Sepárense! ¡Que haya un firmamento en medio de ustedes!

Se extendió un hermoso cielo que ahora vemos y abajo seguía habiendo agua, a la cual llamó mar. ¿Cómo? Sí, mar; y Dios vio que era bueno el segundo día. Ya se podía respirar, pero no había dónde poner los pies, porque solo había agua. Pero la creación aún no terminaba allí. Ahora cada vez que vayas a nadar al mar y mires el cielo respira profundo y agradece a Dios por haberlos creado para ti.

Referencias:
Génesis 1: 6-8

Y CREÓ DIOS LOS ÁRBOLES, FRUTAS Y VEGETALES

"Suyo también el mar, pues él lo hizo, y sus manos formaron la tierra seca". (Salmos 95: 5)

Dios creó la tierra, los árboles, las frutas y las plantas en el tercer día. Era septiembre, en el rancho de Pedrito llovía mucho. A él le gustaba salir a correr y mojarse bajo la lluvia, pero ya se había aburrido de salir. Además, su mamá ya le había prohibido mojarse, así que él estaba bien calientito en su casita tomando chocolate caliente con pan. Todos en su rancho estaban encerrados en sus casas, nadie salía porque la lluvia no paraba.

La casa de Pedrito estaba cerca de un gran río hermoso, donde mucha gente iba a nadar. Pero algo muy malo pasó, ¿quieres saber qué? El río comenzó a crecer, a crecer y a crecer hasta desbordarse. El agua comenzó a llegar a la puerta de la casa de Pedrito. Sus papás estaban asustados y preocupados porque cuando se dieron cuenta de eso, ya era demasiado tarde. Pedrito se puso a llorar al ver que podían ahogarse. El agua comenzó a entrar por la casa y las cosas comenzaron a mojarse. Ellos no tuvieron más opción que subir a la azotea de la casa y comenzaron a gritar desesperados:

—¡Auxilio! ¡Auxilio! ¡Ayúdennos!

De repente la mamá sugirió:

—¡Vamos a orar para pedir ayuda a Dios!

Se arrodillaron y oraron. Terminaron de orar. Entonces, ¡no lo vas a creer! ¡Sí! Unos amigos de sus papis venían en una gran barca directo a su casa y les dijeron:

—No tengan miedo, venimos por ustedes, los llevaremos a tierra seca.

Pedrito y sus papás subieron a la barca y agradecieron a Dios por sus amigos. En esos momentos en que estaban en tierra firme, Pedrito valoró mucho el estar seguro, lejos del agua. Entonces su mami le contó una linda historia para que él ya no tuviera miedo. ¿Quieres escucharla? Ahí va...

En la creación de Dios seguía habiendo agua en abundancia. Por esa razón, Él le dijo a las aguas que estaban debajo del cielo:

—Reúnanse en un solo lugar, para que se descubra la tierra.

Luego ocurrió algo impresionante, las aguas obedecieron y fue así que se formó la tierra seca. También le ordenó a la tierra que produjera hierba verde. A la hierba le dijo que diera semillas y a la semilla que produjera árboles frutales y vio Dios que era excelente en gran manera. Él estaba contento con lo que estaba creando. Fue así como Dios creó en el tercer día la tierra seca y la vegetación que ahora vemos.

Debemos agradecer a Dios por haber creado todo esto, pues gran parte de la vegetación que creó es nuestro alimento. Ahora te invito a que le pidas a tu mami una manzana y recuerdes que fue creada en el tercer día.

Referencias:
Génesis 1: 9-13

Y CREÓ DIOS EL SOL, LUNA Y ESTRELLAS

"Tuyo es el día, tuya también es la noche; tú estableciste la luna y el sol".(Salmos 74:16)

Dios creó el sol, la luna y las estrellas en el cuarto día. Ahora tenemos luz, cielo, mar, tierra seca, hierbas, semillas y árboles. ¡Qué bonito! ¿Qué será lo que falta?

Lupita y Paquito habían llegado a la ciudad con su papi, habían ido a un cumpleaños de uno de sus primos. Le pegaron fuerte a la piñata, habían comido pastel y traían dos bolsas llenas de dulces. Ya estaba oscureciendo y ellos tenían que caminar para llegar a su casa. Al siguiente día tenían clases en la escuela, a lo que Lupita le dijo a su papi:

—¡Papi ya no quiero ir hoy a mi casa! ¡Me da miedo caminar por la noche!

—Pero ¿por qué Lupita? —respondió su papi.

—La noche, papi, los lobos... no quiero, me quiero quedar en casa de tía.

—No, Lupita, tenemos que irnos, ya verás que llegaremos pronto.

Emprendieron camino. ¿Alguna vez te ha tocado caminar de noche y sin luz? Mientras más caminaban, Lupita escuchaba el sonido de las chicharras, los grillos y los sapos. Ella se agarraba fuerte de su papá, quien le comentó con voz suave:

—¡No tengas miedo hija! Dios está con nosotros. ¿Quieres ver una prueba de su compañía?

—Sí papi, sí quiero —respondió la niña.

—Bueno, tienes que mirar al cielo y ver que en esta noche las estrellas alumbran como nunca. Mira la luna, qué redonda y grandota está. Hija, Dios las dejó para adornar el cielo en la noche y dar destellos de luz para nosotros. Es una gran prueba de su amor. Te voy a decir más, Dios creó el sol, la luna y las estrellas en el cuarto día de la creación.

Lupita estaba muy atenta escuchando a su papi:

—En el cuarto día, Dios dijo: "¡Hágase lumbreras el firmamento de los cielos para separar el día de la noche!"

Dios no le puso nombre a la luna ni al sol, solo le llamó lumbreras, pero ahora así le llamamos. Y vio Dios que era bueno el cuarto día.

Cuando el papá de Lupita terminó de contar la historia ya estaban llegando a su casa y no sintieron el camino, ni más miedo. Cuando todo esté triste a tu alrededor, te invito a que mires el cielo y disfrutes de las preciosas lumbreras que Dios creó.

Referencias:

Génesis 1: 14-19

Y CREÓ DIOS AVES Y PECES

"Pregunta ahora a las bestias y ellas te enseñarán; a las aves de los cielos y ellas te lo mostrarán; o habla a la tierra y ella te enseñará; y los peces del mar te lo declararán también. ¿Cuál de entre todos ellos no entiende que la mano de Jehová lo hizo?".
(Job 12: 7-9)

Dios creó a las aves y a los peces en el quinto día. Esta era una mañana muy calurosa, hacía dos meses que no llovía, había mucho polvo por todos lados, los ríos y arroyos estaban casi secos, el agua en la ciudad escaseaba, el sol quemaba fuerte. Ni siquiera debajo de las sombras de los árboles el alma encontraba paz.

Paty estaba muy molesta porque quería aire fresco y disfrutar de un delicioso helado de limón. Por desgracia, la luz se había ido, entonces su mami al mirarla tan irritada la sacó al patio y le mostró unos pajaritos que andaban revoloteando en la calle, enseñándole esta lección:

—Yo sé bien que te gusta el canto de las aves por las mañanas y que disfrutas verlas volar por la tarde cuando van a sus nidos. Así como tú, ellas están sufriendo por falta de agua y comida. Imagínate, ellas quisieran revolotear en el agua fresca y limpia, comer frutos frescos, pero no los hay. Aun así, no dejan de cantar muy animadas, no dejan de trabajar. Ellas confían en Dios, alaban a su Creador y con sus cantos nos alegran.

Entonces, Paty comprendió el mensaje. Dios ya había avanzado mucho con su creación, el planeta estaba listo para recibir seres vivientes. Él dijo:

—Produzcan las aguas, seres vivientes y aves que vuelen sobre la tierra, en el firmamento de los cielos.

Dios creó grandes monstruos marinos y todo ser viviente que se mueve, los cuales las aguas produjeron. Dios les dijo según su especie:

—Fructificad y multiplicaos, llenen los mares y las aves multiplíquense en la tierra.

Y vio Dios que era bueno. Así fue como en el quinto día las aves y los peces fueron creados. Por ello, en la naturaleza podemos encontrar grandes lecciones, por ejemplo: ¿Sabías que debemos levantarnos al cantar de los pájaros y acostarnos a descansar cuando ellos también lo hacen?

Referencias:
Génesis 1: 20-23

Y CREÓ DIOS A LOS ANIMALES Y AL HOMBRE

"Y creó Dios al hombre a su imagen, a imagen de Dios lo creó; varón y hembra los creó". (Génesis 1:27)

Dios creó a los animales terrestres y al hombre en el sexto día. Seguramente te preguntarás, ¿en qué día creó a los perritos que tanto te gustan, a las serpientes que tanto asustan a muchos, a la vaca o a los caballos? Déjame decirte que, además de los peces y las aves, hay muchas más formas de vida. Según su género y su especie, bestias, serpientes y animales de la tierra aparecieron sobre la tierra el sexto día.

Además, te voy a contar la historia única que Dios nos dejó sobre la creación de nosotros, ¿quieres saber cómo fuimos creados? Bien, Dios ya había creado un planeta perfecto, pero hacía falta algo. Como cuando hacemos un pastel, le ponemos los ingredientes básicos, luego le ponemos el relleno de mermelada de fresas y su chantilly (merengue), ese pastel se ve muy lindo, pero le falta algo, ¿qué será? ¡Sí! Las cerezas o las chispas de chocolate para que se vea más bonito. Entonces, ya han pasado seis días, qué maravilloso se ve todo, se ve perfecto, pero te invito a que cierres tus ojos, imagina el más bonito paisaje que puedas, ¿qué ves?

Yo me imagino al pie de una gran cascada con un gran arcoíris arriba, muchos animales corriendo de aquí para allá. También imagino a los delfines saltando en las olas del mar, a los árboles cargados de frutas de todo tipo, flores de muchos colores; pero algo hace falta: a la creación le hace falta un ser semejante a Dios, ¡es el ser humano! Entonces, dijo Dios:

—Hagamos al hombre a nuestra imagen, conforme a nuestra semejanza; y tenga potestad sobre todos los animales.

Algo maravilloso ocurrió, Dios tomó tierra, lodo y comenzó a formar un muñeco con sus manos, le formó la cabeza, los ojos, los brazos, las manos, su pecho, su corazón, sus piernas, pies, dedos, todas las partes del cuerpo humano, sin faltar nada ni una uña, ni un pelito, lo formó perfecto. Cuando hubo terminado, nuestro buen Dios se inclinó, puso su boca muy cerca de la nariz de ese muñeco y sopló de su aliento, aliento de vida e inmediatamente ese muñeco comenzó a respirar, abrió los ojos, era perfecto, ¡qué maravilloso milagro creado a imagen de Dios, un ser viviente! Sí, era un ser viviente en semejanza exterior y en carácter, con libre albedrío y conciencia propia. La comida de Adán y Eva debía ser plantas, frutas y semillas, así fue como Dios concluyó el sexto día y vio que todo cuanto había hecho era bueno en gran manera.

Invitación: Agradece a Dios porque te creó, a pesar de que existe el pecado, Él tiene grandes planes para tu vida.

Referencias:

Génesis; 1: 26-31

Y CREÓ DIOS EL DÍA DE DESCANSO

"'Y de mes en mes y de sábado en sábado, vendrán todos a adorar delante de mí', dice Jehová". (Isaías 66: 23)

Dios creó un día de descanso en el séptimo día. Como ya vimos, el planeta tierra está concluido, la noche y el día, el cielo y el mar, las plantas, la luna, el sol y las estrellas. También están las aves en el cielo y los peces en el mar, los animales y el hombre. Todo respira y vive por voluntad de un creador. Tú y yo sabemos que ese creador es Cristo Jesús.

La palabra de Dios dice en Salmos 150: "Todo lo que respire alabe a Jehová". Tú y yo necesitamos estar en contacto con nuestro creador, lo necesitamos con urgencia porque entre semana todos corremos de acá para allá, a la escuela, al trabajo, a las clases de piano, al deporte, a muchos lugares. Nuestro señor sabía que era necesario que conviviéramos con él, por eso acabó Dios en el séptimo día la obra que hizo. Reposó y bendijo Dios el séptimo día. Es decir, lo santificó, porque en él reposó de toda la obra que había hecho en la creación.

Nuestro señor y Dios nos dejó de ejemplo el séptimo día, que es bendito y santo. ¡Qué bien se siente terminar las actividades de los seis días de la semana y llegar al día de descanso para alabar a Dios con cantos, en oración y buenas obras! Yo me imagino que nuestro creador sonríe al ver a sus hijos seguir su ejemplo.

Referencias:
Génesis 1: 2-3.

VETE DE TU TIERRA (PARTE 1)

"No te unas al iracundo ni te acompañes del irascible, no sea que aprendas sus costumbres y pongas trampa a tu propia vida". (Proverbios 22: 24-25)

Aléjate de malas compañías. ¿Alguna vez tus padres te han pedido que te alejes de algunos amigos o qué dejes de ver videos inadecuados? ¿Te han dicho que evites ciertos lugares? Ahora te contaré la historia de un joven a quien Dios le pidió algo muy extraño.

Dios ya había destruido la tierra con agua. ¿Te acuerdas de Noé? Pues, ahora Noé ha muerto, otra generación ha crecido y, otra vez, hay mucha maldad en la tierra, ya que la gente adora a otros dioses. Incluso los descendientes de Noé adoraron a otros dioses.

Pero, un descendiente de uno de los hijos de Noé aún adoraba a Dios junto a su familia. Este era Taré. Taré tenía tres hijos y el que más amaba a Dios era Abram. Él era el único que adoraba al Dios verdadero, al Dios que tú y yo conocemos. Aunque, yo no conozco otro Dios, ¿tú sí?

Cierto día Abram estaba orando a Dios. ¿Tú oras? Espero que sí:

—¡Oh, Dios, escucha mi plegaria! —era la oración de Abram—. Mi familia casi ya no te conoce, adoran a otros dioses. Pero yo quiero saber si de verdad existes. ¡Muéstrate Dios!

Mientras oraba, se le apareció Jehová. Abram quedó sorprendido. Dios le dijo:

—Abram, tienes razón. Tú eres el único que me busca, que me adora, por eso haré de ti una nación grande. Tu nombre será bendito, recordado por siempre y a los que te Bendigan bendeciré. Pero, a los que te maldigan, maldeciré. Tu familia será muy bendita porque de tu familia vendrá el Hijo de la promesa, Cristo Jesús.

—¿En verdad harás lo que me dices? —preguntó Abram.

Jehová le contestó:

—Claro que sí. Solo te pido una cosa para que se cumpla.

—¿Qué cosa, Señor? —preguntó Abram.

—Vete de tu tierra, de tu parentela y de la casa de tu padre a la tierra que te mostraré.

Abram contestó:

—¿Me estás pidiendo que deje a mi familia, a mis hermanos y mis amigos?

—Sí, Abram. Aquí tienes muchas influencias malas, todos adoran otros dioses. Ellos no me buscan, por lo que, si te quedas aquí, terminarás siguiendo ese camino.

—Haré lo que me pidas —contestó Abram—. Me iré de aquí. Confío en ti. Aunque no te conozco, sé que cuidarás de mí, de mi esposa (Saraí), de mi ganado y de la gente que trabaja conmigo.

Abram salió de su tierra. Por su fe obedeció a Dios. Imagínate, él no sabía a dónde iba. Pero salió, lejos, muy lejos de ese lugar. Y Dios siempre lo cuidó.

Cuando tus padres te indiquen algo, debes obedecer. A veces, nos piden cosas muy raras que no entendemos. No obstante, así como Abram, tú debes ser obediente, ya que tus padres saben que es lo mejor para ti.

Referencias:
Génesis 11-12
Patriarcas y profetas, Cap. 11

LIBEREMOS A LOT

"Amarás a tu prójimo como a ti mismo".
(Levítico 19: 18)

Debes ayudar a quien te necesite sin esperar nada a cambio. Estoy segura de que más de una vez alguien te ha prestado ayuda. Tal vez, en alguna tarea de la escuela, en las labores de la casa, cuando te has caído y alguien te extendió el brazo; o cuando tuviste sed y alguien te dio agua.

Ahora te contaré la historia de Lot. ¿Quién era Lot? El sobrino de Abram. El único que lo había seguido en su camino a Canaán, la tierra desconocida a la cual Dios le pidió que fuera. Lot también adoraba a Dios.

—¡Deja a mis ovejas! Están comiendo.

—¡No! Mis ovejas también tienen hambre.

—¡Quítate de aquí, yo tengo más derecho que tú! ¡Vete! —Eran los siervos de Lot y Abram peleando.

—Le diré a mi patrón, Abram, que ustedes son muy egoístas y no dejan pastar a las ovejas.

—¡Esto no puede seguir así! —exclamó uno de los siervos de Abram.

Abraham y Lot se dieron cuenta de esto, decidieron separarse porque donde vivían ya no entraban juntos. Ambos tenían muchas riquezas y ganados, tantos, que ya no podían continuar su camino juntos.

Así que Abraham le dijo a Lot:

—Mira, sobrino, tendrás que elegir dónde vivir. Si tú vas a la derecha, yo me iré a la izquierda.

¿Sabes? Lot eligió vivir en el mejor lugar, diciendo:

—Me iré a la llanura del Jordán, al oriente. En ese lugar hay mucha agua y ciudades cercanas. También podré hacerme más rico.

Solo que Lot no se puso a pensar que en esas ciudades había mucha maldad. Entonces escogió para sí toda la llanura del Jordán y fue poniendo sus tiendas hasta Sodoma, una ciudad pervertida con muy malas costumbres.

Te preguntarás, ¿qué pasó con Abram? Bueno, Abram se fue a vivir al otro lado, donde no era tan agradable vivir, donde había montañas. Cierto día, unos reyes le fueron a hacer guerra al rey de Sodoma, donde vivía Lot llevando presos a toda la gente. ¡Se los llevaban como esclavos! Pero ¿sabes quién iba dentro de esa gente? Sí, Lot con toda su familia.

Cuando Abram se enteró de que su familiar era llevado como esclavo dijo:

—No es posible. ¡Muchachos tenemos que liberar a mi sobrino!

Así que tomó a 318 siervos de su casa que estaban bien adiestrados en las armas y que, sobre todo, temían a Dios.

—¡Vámonos! —dijo—. Les vamos a caer de noche.

¿No lo podrás creer? Abram ganó a los reyes. Los mató a todos y los soldados que iban con ellos salieron huyendo del miedo. Fue así como Abram liberó a su sobrino.

¡Qué bueno fue Abram! Él no le guardó resentimiento a Lot por haber elegido la mejor tierra para vivir. Al contrario, lo ayudó. Aunque, Lot no fue muy agradecido con Abram, este mostró mucho amor y cuidado por él.

Por eso debes ser agradecido con las personas que te ayudan y siempre están a tu lado. No guardes rencor a nada y a nadie. Sólo así serás feliz.

Referencias:

Patriarcas y profetas, Cap. 12
Génesis, Cap. 13 y 14

¿QUÉ TE HACE FALTA?

"Entonces lo llevó fuera y le dijo: 'Mira ahora los cielos y cuenta las estrellas, si es que las puedes contar', y añadió: 'Así será tu descendencia'". (Génesis 15: 5)

Jehová te dará lo que necesites confía en Él:

—Papi, papi, me hace falta un par de zapatos. Cómprame unos porque en la escuela se burlan de mí ya que están rotos.

El papá de Lalito no tenía para un par de zapatos nuevos, así que le dijo con lágrimas en los ojos:

—Hijo mío, cómo quisiera comprarte un par de zapatos nuevos, pero ahora no puedo. Lo único que puedo hacer por ti es contarte una historia de un hombre al que le hacía falta algo y Dios se lo dio. ¿Quieres escucharla?

Abram siempre tuvo mucha fe, pues amaba a Dios de corazón. Un día, Dios le pidió que saliera del lugar donde vivía y él obedeció sin saber a dónde iría. Dios le prometió que haría de él una gran nación.

Él fue muy rico en esa tierra a la que llegó, pero cierto día comenzó a preocuparse y a tener miedo porque no tenía hijos. Por eso, le preguntó al Señor:

—¿Cómo es que voy a tener una gran descendencia si me hace falta un hijo? Estoy triste, Señor. ¡Ayúdame!

Dios le contestó:

—Abram, yo te daré un hijo nacido de tu esposa. Él será tu heredero y se llamará Isaac.

Abram le creyó a Dios. Los años pasaron y pasaron, pero Saraí, la esposa de Abram no se embarazó. Hasta que un día, ya estando viejo (imagínate, tenía noventa y nueve años), se le volvió a aparecer Dios y le volvió a prometer que de verdad su esposa Saraí tendría un hijo. Sin embargo, Abram se postró en tierra riéndose:

—Ja, ja, ja, ¿cómo Saraí ya de noventa años concebirá un bebe? No es posible, Señor.

Otro día, cuando Abram se encontraba sentado afuera de su casa, se preguntó:

—¿Qué veo? Hay mucho sol. Oh, tres hombres que vienen de viaje, cansados, de seguro tienen hambre. ¡Saraí tráeme agua! —le dijo a su esposa—. Iré por esos hombres que están parados allá. ¿Los ves? —Saraí obedeció.

—Señores, no se vayan —les dijo amablemente—. Pasen a mi casa, les ofreceré comida y agua para que recuperen fuerzas y sigan su camino.

Los visitantes respondieron:

—Está bien, pero haz como has dicho.

Abraham corrió a su esposa diciéndole que preparara un rico pan y a sus siervos les dio un becerro tierno y bueno para guisar. Además, les puso en la mesa leche y mantequilla.

Después de comer, los visitantes preguntaron a Abraham:

—¿Dónde está Saraí, tu mujer?

—Aquí está, en la tienda. ¿Por qué? —respondió.

—Porque dentro de un año volveremos a visitarlos, para esas fechas, Saraí tendrá un bebé.

Saraí escuchaba todo escondida en su tienda. Cuando oyó eso, comenzó a reírse para sus adentros.

—¿Cómo es que tendré un bebé? Si ya somos viejitos. Eso es imposible, *jijiji*.

—¿Por qué te has reído? —dijo Dios.

—¿Yo? No me he reído —respondió Saraí.

—Claro que te has reído, Saraí, para Dios no hay nada imposible.

Fue así como al siguiente año estos dos viejitos estaban felices y su bebé decía *"agu agu"*. Ellos estaban muy felices con Isaac, su bebé. Nadie lo podía creer.

—Así como Abram, tengamos mucha fe y pidámosle a Dios tu par de zapatos. Dios te los dará —le dijo el papá a Lalito—. Si te hace falta algo, sólo pídeselo creyendo con fe y Él te concederá lo que pides. Pero que sea algo que realmente necesites.

Referencias:

Génesis, Cap. 15, 17 y 18

QUEDÓ HECHA SAL

"No te afanes por hacerte rico: sé prudente y desiste. Alborota su casa el codicioso, pero el que aborrece al soborno, vivirá". (Proverbios 23: 4, 15: 27)

Debes estar alerta en reconocer que es lo mejor para ti. Cierto día, Jazmín y sus papás fueron a un museo, donde exponían las imágenes de personajes importantes de la historia.

—¡Mami, mami! —decía Jazmín—: ¡Mira, esa estatua me está viendo feo! ¡Y esa otra! ¡Mami, aquí me da miedo! —Jazmín no quería estar allí, para ella era muy aburrido ese lugar—. Mami, ya llévame a comer unos helados. ¡No quiero seguir aquí, ya vámonos! —decía la niña; solo que sus padres no querían irse, impresionados con las grandes imágenes que estaban mostrando.

—De verdad, hija, ¿ya no quieres estar aquí?

—No, mami.

—Entonces, te contaré una historia mientras tu papi termina de dar el recorrido —dijo la mamá—. ¿Te parece?

—Sí —dijo la niña.

Esta es la historia de una mujer de la cual no se sabe su nombre. Solo se sabe que era la mujer de Lot, un hombre que amaba a Dios, pero que se había alejado un poco de Él. Dios mostró compasión a él y a su familia al mandar Ángeles a librarlos de una muerte segura en Sodoma. Resulta que la gente de ese lugar era mala y, por eso, Dios decidió exterminarla con fuego.

Estos ángeles le advirtieron: "Escapa por tu vida, tú y tu familia. No mires atrás ni te detengas en ningún lugar de esta llanura. Escapa al monte, no sea que perezcas" (Génesis 19: 17). Esa fue la indicación de los dos Ángeles que Dios envió para salvar la vida de Lot y la de su familia: "¡Salgan corriendo! ¡No miren atrás!".

La mujer de Lot no quería salir, salió renegando y mientras corrían gritaba:

—¡No, Lot! ¡Yo no me quiero ir de aquí! ¿Cómo podré dejar mi casa? Lo que tanto me ha costado construir en tantos años, mi ropa... ¡No!

En lo que renegaba, el fuego comenzó a caer del cielo, se veían bolas de fuego que caían y esta mujer gritó fuerte:

—¡Noooooo! Mi casa, mi casa se quema.

De inmediato, miró hacia atrás y justo en ese momento su cuerpo quedó hecho una estatua de sal, sin movimiento, sin vida. Ese fue su castigo.

—¡Noooo, esposa mía! —gritaba Lot—. ¿Por qué te volteaste?

Jazmín estaba atenta a la historia que contaba su mamá, que terminó diciendo:

—Como estas estatuas quedó esa mujer.

Jazmín le preguntó a su mami:

—Mami, ¿cuánto tiempo permaneció esa estatua?

—Mmm, bueno hija, en esas tierras del mar muerto hay varias formaciones de rocas, formas de sal, y algunas presentan figuras humanas. Algunos dicen: "Miren la mujer de Lot". Pero debes saber que sería una necedad tratar de encontrarla. Así que no sabemos cuánto tiempo duró.

—Ah, qué triste fin para esta mujer, mami —respondió la niña.

Existen muchas cosas que llaman tu atención y querrás tenerlas, pero si tus padres te dicen que no o tú sabes que está mal, debes ser obediente. Mejor, aléjate.

Referencias:

Génesis, Cap. 19: 26

*CBA sobre el primer libro de Moisés llamado *Génesis*.

MÁTALO

"Soportad las pruebas como disciplina, pues Dios os trata como a hijos. Porque, ¿qué hijo es aquel a quien el padre no disciplina?"(Hebreos 12: 7)

Abram es conocido como el padre de la fe. Esa fue la indicación directa que Dios le dio a Abram: "Toma ahora a tu hijo, tú único, Isaac, a quien amas. Vete a tierra de Moriah y ofrécelo allí en holocausto".

¿Te acuerdas de que Abraham tuvo un hijo ya cuando era viejo? Él amaba mucho a su hijo, su único hijo.

—¿Oh, señor, ¿cómo me pides eso? —contestó Abram—: ¿Isaac? Isaac es la luz de mi casa, es mi bendición, mi único, es el solaz de mi vejez. ¡Oh, Señor! —dijo—: Si él hubiese muerto por un accidente o devorado por una fiera me habría partido el corazón, pero, ¿que lo mate con mis propias manos? Ay, no, eso no.

¿Sabes? Abram estaba tentado a no hacer lo que Dios le pedía. Imagínate, ¡matar a su propio hijo! La palabra de Dios dice: "No matarás". Eso lo sabía Abram, de sobra. Pero Dios mismo se lo estaba pidiendo, así que no dudo más.

Al amanecer fue muy despacio, se acercó a Isaac diciéndole:

—Hijo mío, ya despiértate.

—¿Qué dices papi? —respondió el muchacho.

—Sí, hijo, despiértate.

Isaac estaba durmiendo y no quería levantarse. Así como a veces tú te duermes, que no te molesten, ¿verdad?

—Pero es muy temprano, padre —respondió el muchacho.

—Hijo, Dios me pidió que vayamos a ofrecer un sacrificio en un monte que está lejos.

Así que Isaac, muy obediente, se dispuso a acompañar a su padre. Llevaron la leña en un asno, alistaron todo y se fueron. Caminaron tres días. ¿Cuánto? Sí, tres días. Después subieron la montaña los dos solitos.

Abram iba muy calladito, triste. Pero pensando que Dios era bueno y justo. Él esperaba que un Ángel llegara a consolarlo, pero nadie llegó. Solo su fe lo fortalecía. En sus adentros pensaba: "Hijo mío, es un milagro, pero me prometió que sería mi descendencia muy grande. Aun no entiendo por qué me ha pedido esto; pero si él lo pide... Al final, él me lo dio, él me lo puede quitar y también él me lo puede devolver". Imagínate qué terrible prueba para un padre.

Al llegar construyeron un altar con piedras, colocaron la leña e Isaac preguntó a su padre:

—¿Dónde está el cordero que vamos a ofrecer?

—Oh, hijo mío —respondió Abraham—: Dios me pidió que tú fueras la ofrenda. Yo no quisiera hijo mío, pero Él es Dios. Él te creó. Él reclama tu vida. Debemos ser obedientes.

—Bueno, papi —dijo Isaac—: si Dios lo pide, yo me ofrezco, papi.

Así que Abram acostó a su hijo, le amarró las manos, extendió su brazo con el cuchillo en la mano y, estando a punto de realizar el sacrificio, un Ángel del Señor detuvo su mano diciendo:

—Abram, Abram, detente.

Él contesta enseguida:

—Aquí estoy, Señor.

Ya sé que temes a Dios, por ello, aquí está tu hijo, tu único hijo. Abram no lo podía creer. Enseguida escucharon una oveja. ¿Cómo hacen las ovejas? *Beee beee*, sí. Se trataba de un carnero trabado en unos arbustos, por lo que enseguida bajó a su hijo del altar y colocó allí al carnero.

Abram abrazó a su hijo:

—Oh, hijo mío, Dios es muy bueno. Solo me estaba probando. Hijo, te amo mucho.

En ese momento lo besó y lo abrazó. Juntos regresaron felices de nuevo a casa.

A Abram lo conocemos ahora como el hombre de la fe, el amigo de Dios. Si tus padres aman a Dios, obedéceles, ya que al obedecerles también obedeces a Dios.

Referencias:

Génesis, Cap. 22

Patriarcas y profetas, Cap. 13

¿CON QUIÉN ME CASO?

"La casa y las riquezas son herencia de los padres, pero don de Jehová es la mujer prudente". (Proverbios 19: 14)

Algún día te casarás, pero debes preguntar a tus padres si tu elección es correcta. ¿Te gustan las bodas? Qué bonito ver entrar a la novia vestida de blanco por la iglesia, ¿verdad? Qué ricos pasteles se disfrutan en las bodas, la comida, jugar con tus amiguitos mientras los adultos se sientan a platicar en las mesas.

Algún día, tú te vas a casar, ¿pero con quién? Eso no lo sabemos. Ahora mismo escucharás la historia de un joven que no sabía con quién se iba a casar, pero que confió en su padre.

—Oh, hijo Isaac —dijo Abraham—, ya tienes 40 años. Ya soy viejo y tu madre ya no vive, creo que es hora de que te busquemos esposa.

—Eliezer, tengo una encomienda muy especial para ti: alista diez camellos y escoge buenos regalos.

—Pero ¿para qué mi Señor? —preguntó Eliezer.

—Ah, es que necesito que vayas a Mesopotamia y busques una doncella para que sea la esposa de mi hijo Isaac. No quiero que se case con una idólatra cananea —fue la respuesta de Abraham.

Eliezer era el siervo más anciano de su casa, era piadoso y experimentado en la vida. Eliezer se preocupó mucho por cuál esposa elegir. Esto no era fácil y menos si no era para él, sino para el hijo de su amo. Qué trabajo tan difícil, ¿verdad? ¿Y si no le gustaba la chica a Isaac? ¿Y si no encontraba nada para Isaac?

Eliezer se puso a orar pidiéndole al Señor que lo ayudara. Le dijo:

—Oh, Señor, qué dura tarea. Ayúdame. La chica que me muestre cortesía, que me de agua y a los diez camellos que llevo conmigo será la elegida.

Al terminar de orar, vio a una joven muy bella que se retiraba del pozo. Enseguida, él se le acercó, le pidió agua. (¿Sabes cuánta agua bebe un camello? Aproximadamente 100 litros en una toma. Sí, bebe muchísima.) Ella, amablemente bajó su cántaro de agua diciéndole:

—Claro que sí, Señor, tome agua. Si gusta, también le daré de tomar a sus camellos.

Rebeca dio de beber a todos, era muy fuerte y, sobre todo, amable. Eliezer agradeció a Dios por haber contestado su oración y enseguida le confesó todas las intenciones que tenía al llegar a ese lugar. ¿Sabes? Rebeca aceptó con gusto salir de su casa e ir con un desconocido a otra tierra muy lejana de su casa y casarse con Isaac. Eran otros tiempos.

Cuando llegó Rebeca a la casa de Isaac, este quedó sorprendido de tanta belleza. Tanto, que se enamoró de ella y se casaron. ¡Qué lindo! Isaac fue obediente y no renegó de la elección de su padre, porque quien dirigió la elección fue Dios mismo.

En los tiempos antiguos, los compromisos de matrimonio eran hechos generalmente por los padres. Aunque no se les exigía casarse con alguien a quien no amaran, los hijos confiaban en el juicio de sus padres. Si ellos no obedecían a la decisión era casi como un delito.

En nuestros tiempos no es así. Los muchachos hacen esta pregunta: "¿Tú, elegir a mi esposa? ¿Cómo? Eso es imposible. Yo me casaré con quien quiera". Así dicen muchos hijos, no escuchan el consejo de sus padres y, como consecuencia, pelean con sus esposas. Muchos terminan en separación.

Referencias:
Patriarcas y profetas, Cap. 15
Génesis, Cap. 24

CUANDO JACOB ENGAÑÓ A SU PAPI

"Contenta a los hombres hacer misericordia. Y es mejor ser pobre que mentiroso".
(Proverbios 19: 22)

Debes decir siempre la verdad a tus padres. Isaac y Rebeca tuvieron dos hijos, el mayor se llamó Esaú y el segundo Jacob. En aquellos tiempos era costumbre dar una bendición sobre los hijos y esa bendición era respetada por Dios. Solo se daba al primero que nacía de cada familia. Pero Rebeca amaba más a Jacob que a Esaú, aunque los dos eran sus hijos. ¿Alguna vez has sentido que a ti te aman menos que a tus hermanos? Pon atención a esta triste historia.

Isaac estaba acostado en su camita, no veía, estaba cansado, ya era viejito. Entonces llamó a su hijo Esaú diciéndole:

—Hijo, anda, toma tu arco, tu aljaba, tus armas y cázame algo en el campo. Hazme ese guisado que tanto me gusta; creo que está llegando mi ora de morir —dijo con voz quebrada— y no quiero morir sin darte la bendición que te toca.

Entonces Esaú salió corriendo y tomó sus armas porque no tenía mucho tiempo.

Ahora bien, como Rebeca quería más a Jacob, no quería que Esaú recibiera la bendición a la que tenía derecho. Así que le dijo a su hijo preferido:

—Ve, corre, antes de que llegue tu hermano. Tráeme un cabrito que le voy a hacer un guisado a tu papá como nunca he hecho, riquísimo, para que se lo lleves y te bendiga a ti.

—Pero, mami, ¿cómo vamos a engañar a mi papá? —dijo Jacob— ¿Si mi hermano tiene mucho vello en el cuerpo y yo no?

—Aaaah, fácil, mira: te vas a poner la ropa de tu hermano y con la piel de los cabritos te voy a cubrir los brazos, ya verás, hijo, que no te va a descubrir.

Y así hicieron. Jacob disfrazado de Esaú llegó al cuarto de su papá diciéndole:

—¡Papi aquí está tu guisado!

—Entra hijo. Pero... espera, tu voz es la voz de Jacob y no la de Esaú. Mejor ven, acércate, te voy a tocar. *Mmm,* sí tienes mucho pelo. ¿De verdad eres tú, mi hijo, Esaú?

—Sí papi.

—Muy bien, acércame la comida para que coma un poco. *Mmm* qué rico está. Oye, cazaste muy rápido. Ahora acércate y bésame, hijo, te voy a bendecir.

En ese momento, Isaac pronunció la bendición:

—Dios, pues, te dé del rocío del cielo, de los frutos de la tierra y abundancia de trigo de mosto. Sirva a ti, se inclinen los hijos de tu madre, pueblo y naciones se inclinen delante de ti. Sé el Señor de tus hermanos y ante ti se inclinen los hijos de tu madre. Malditos sean los que te maldigan y benditos los que te bendigan.

Qué hermosa bendición, ¿verdad? Isaac había terminado de bendecir y acababa de salir Jacob cuando, de repente, entró Esaú y dijo:

—¡Levántate padre mío y come de mi caza!

—¿Quién eres tú? —respondió Isaac.

—Soy Esaú, padre.

—Oh, hijo, tu hermano Jacob vino, me engañó. Ya le di tu bendición.

—No, padre, mi hermano es un mentiroso. ¡Bendíceme, padre, bendíceme!

Esaú lloró de coraje por el engaño de su hermano. Desde ese momento odió mucho a su hermano, diciendo:

—¡Ah! Cuando muera mi padre voy a matar a Jacob.

Referencias:
Génesis 27

MUY LEJOS DE CASA

"Mira que te mando que te esfuerces y seas valiente. No temas ni desmayes, porque el Eterno, tu Dios, estará contigo donde quiera que vayas". (Josué 1: 9)

Dios cuida de ti a pesar de los problemas.

—Cuánto quisiera estar en casa con mis padres —exclamó José con lágrimas en los ojos—. Los extraño, extraño la comida de mamá —pensaba en sus adentros.

Pobre José, sus hermanos lo habían vendido por veinte piezas de plata y lo habían mandado muy lejos de su tierra y de su familia. Sus hermanos lo odiaban. ¿Quieres saber por qué?

Era tiempo de sacar a las ovejas y buscarles pasto fresco. Jacob, el hijo mentiroso que robó la primogenitura, ese mismo, ya había hecho las paces con Dios y Él lo había bendecido. Tenía doce hijos, entre los cuales José era uno de los más chico y su preferido. Por eso sus hermanos le tenían envidia y lo odiaban. Además, José soñaba mucho. ¿Has soñado alguna vez?

Un día, José dijo:

—Vengan, hermanos, hoy tuve un sueño. Soñé que estábamos atando manojos en medio del campo, que mi manojo se levantaba y se quedaba derecho y ustedes estaban alrededor, inclinados ante el mío. Ese fue mi sueño.

—¿A poco reinarás sobre nosotros o nos dominarás? —le decían—. Estás loco, José, ¿cómo crees? Anda, mejor vete a cuidar las ovejas.

No le hacían caso a José, lo tomaban por loco y lo odiaban.

—Hermanos, he tenido otro sueño: el sol, la luna y once estrellas se inclinaban ante mí.

Sus hermanos ya no lo aguantaban, pero su papi que tanto lo amaba, solo meditaba eso en su mente. Así, uno de tantos días, Jacob mandó a sus hijos a Siquem a cuidar de las ovejas, pero ellos se fueron a Dotan; eran desobedientes. Después de días, Jacob le dijo a su preferido (José):

—Anda, hijo, ve a ver a tus hermanos y tráeme noticia de ellos.

Cuando sus hermanos lo vieron acercarse dijeron:

—¡Esta es nuestra oportunidad, matémoslo! ¡Sí, matémoslo! —decía la mayoría.

Pero Rubén, el más grande, dijo:

—No, ¿cómo lo vamos a matar? No, mejor, metámoslo en este pozo vacío.

Al llegar José, lo agarraron y lo aventaron:

—¡No, hermanos! —gritaba José— ¡No me hagan esto!

Me imagino que en ese pozo había ratas y animales feos. José lloraba de tristeza y de miedo. Después pasaron unos comerciantes, lo sacaron, y fue así como lo vendieron.

Sus hermanos pensaron que nunca más lo volverían a ver. Engañaron a su papá diciéndole que un animal salvaje se lo había comido. Mataron una oveja y con su sangre mancharon la ropa de José. Fue así como Jacob les creyó.

José sufrió mucho, lejos de su padre y su familia, tuvo muchas razones para renegar del Dios de su padre, pero no lo hizo. Se aferró más a Dios, se portó bien en todo lo que hacía y Dios lo bendijo de gran manera. Tanto, que llegó a ser el gobernador de Egipto, donde lo habían llevado y vendido como esclavo.

Cuando creas que lo que te pasa a ti es injusto, recuerda que Dios tiene grandes planes para ti. Solo no te apartes de él. Jesús puede volver lo injusto en justo.

Referencias:
Génesis, Cap. 37

BÉSAME

"Apártate del mal, haz el bien, busca la paz, y síguela".(Salmos 34: 14)

Que nadie te obligue a hacer lo incorrecto. ¿Alguna vez te han pedido que des un beso y no te sientes cómodo con ese pedido? Me imagino que sí. ¿Te han pedido un abrazo? ¿Te ha pedido que hagas algo que no te hace sentir bien?

Te voy a seguir platicando acerca de José. Él siempre se portaba bien en Egipto, aunque era esclavo. Su dueño (que se llamó Potifar) vio en él algo especial, ya que todo lo que hacía José le salía bien. Por eso, una vez le dijo:

—Mira, José, como veo que eres muy bueno y obediente, te voy a encargar mi casa. Adminístrala, pero no toques a mi esposa.

Qué encargo tan grande para un esclavo. José era de buen parecer. Seguramente como tú. Entonces, la esposa de este buen hombre lo vio y un día de tantos le dijo:

—Ven, José, bésame, abrázame.

—¡No! —contestó José—. No quiero, tú eres casada y yo no me siento cómodo con esta plática. Mejor me voy.

José huía de esta mala mujer. Pero la mujer de Potifar, no se dio por vencida, ella siguió insistiendo. Cierto día, ella se le acercó abrazándolo a la fuerza y le dijo:

—¡Anda, José, duerme conmigo!

José como siempre no quiso y salió corriendo.

Cuando llegó Potifar, esta mala mujer se quejó diciéndole:

—Esposo mío, mira, tu esclavo José me quiso abrazar y besar a la fuerza. Yo gritaba fuerte, pero, para cuando llegaron los demás siervos, él se había ido corriendo del miedo.

Potifar no lo podía creer ya que José era un buen siervo. Pero, al final, terminó creyéndole a su esposa

¡Qué injusto! A José lo llevaron a una cárcel. Pero, sabes, allá en la cárcel, José se siguió portando bien y también llegó a ser el encargado de la cárcel. Le fue muy bien. Precisamente, de allá lo sacaron porque Dios le dio el don de interpretar sueños.

El Rey de Egipto un día lo necesitó y José ayudó interpretándole un sueño. El Rey vio que José tenía un don especial porque Dios estaba con él. Lo puso como gobernador de Egipto. ¡Qué buena elección!

Cuando alguien te pida un beso o un abrazo y no quieras o no te sientas cómodo, así como José, sal corriendo y avísales a tus padres o a alguien de confianza.

Referencias:
Génesis, Cap. 39

¡YO SOY JOSÉ!

*"Clamaré al Dios Altísimo, al Dios que
cumple su propósito en favor mío".*
(Salmos 57: 2)

Debes perdonar para vivir libre y feliz. ¿Alguna vez te ha dado mucha hambre y no había comida en tu casa? ¿Sabes que en este mundo hay mucha gente que sufre por falta de alimento? José estaba en Egipto siendo gobernador, estaba trabajando duro porque Dios le había advertido que por siete años no llovería en la tierra y habría hambre. Pasaron dos años, la familia de José comenzó a sufrir, ya no había trigo, avena, cebada, no había comida. Ellos se enteraron de que en Egipto había en abundancia. Entonces, Jacob dijo a sus hijos:

—¡Vayan a Egipto por comida, hijos! Si no van, moriremos de hambre.

Sus hijos se montaron en sus asnos y se fueron con dinero y costales para comprar. Cuando llegaron, se arrodillaron y se postraron ante el señor que estaba a cargo de la venta de toda esa comida. José los vio y dijo:

—¡Pero estos son mis hermanos!

Los reconoció enseguida. Qué emoción habrá sentido José al ver a sus hermanos. Pero no se dio a conocer enseguida. Sus hermanos no lo reconocieron porque José físicamente no era el mismo, ahora estaba vestido como príncipe de Egipto, muy diferente a ellos.

Aunque José entendía muy bien su idioma, él les hablaba mediante un traductor, hizo como que no sabía hablar su lengua, así que no les hablaba directamente. Inmediatamente, les dijo:

—¡Ustedes son espías que vinieron a robar esta tierra!

—No, mi señor, no, ¿cómo cree? Somos tus siervos, en total doce hermanos. Pero hoy venimos diez porque el menor está con nuestro padre y el otro se perdió.

José descubrió lo que quería saber, ¿qué era?: Saber de su padre y su hermano menor. Pero también quería saber si sus hermanos habían cambiado o seguían siendo los mismos malos de siempre. Los puso a prueba diciéndole a sus siervos:

—¡Métanlos a la cárcel!

Sus hermanos nunca habían sentido que es estar preso. Después de tres días los sacó y les dijo:

—Si es cierto eso que me dicen, tráiganme a su hermano menor y, para asegurar que me lo traerán, uno de ustedes se tendrá que quedar en la cárcel.

Sus hermanos se fueron tristes a su casa, pero con sus bolsas llenas de comida. Al llegar a casa de nuevo, le contaron todo lo que habían vivido a sus padres. Pero, como escaseaba la comida, no les quedó de otra más que regresar a comprar y consigo llevaron a Benjamín, pues la comida se les estaba acabando.

Al llegar a Egipto, el corazón de José es estremeció de gozo al ver a su hermano Benjamín, como prueba para sus hermanos les dijo:

—Benjamin se queda preso en Egipto.

—¡Nooo! —exclamó uno de ellos—. No, por favor, si se queda él de seguro nuestro padre morirá de tristeza.

¿Sabes? José se dio cuenta de que sus hermanos habían cambiado. Ahora cuidaban de su hermano menor. De repente, antes de que ellos regresaran de nuevo a su casa, José ya no aguantó más diciéndoles a sus hermanos:

—¡Yo soy José, el que ustedes vendieron! Pero los perdono, hermanos. Dios me ha cuidado. Vayan, traigan a mi padre y vengan todos a vivir acá porque aún quedan cinco años de hambre.

El reencuentro de José y Jacob fue muy emotivo. Finalmente, se abrazaron padre e hijo.

Referencias:
Génesis, Cap. 42-46

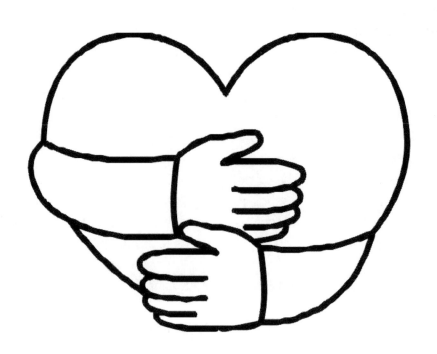

¡NO LO AVIENTES AL AGUA! (PARTE 1)

"Pero cuando agradó a Dios, que me apartó desde el vientre de mi madre, y me llamó por su gracia". (Gálatas 1: 15)

Confía en que Dios cuida de ti.

—¡No llores, mami! —dijo Mari.

—Cómo quieres que no llore hija —dijo Jocabet—. Hace años que estamos aquí en Egipto como esclavos sufriendo. ¡Mira todos esos bebés! Los están llevando los soldados para matarlos.

—¡Noooo, hijo! ¡No se lo lleven! —grita por otro lado una vecina desesperada por su hijo—. ¡No mi hijo! ¡Mi bebé!

—¿Por qué, Dios, permites que nos hagan esto los egipcios? ¿Por qué nos trajiste a este lugar a sufrir? —gritaban algunas madres desesperadas.

—De seguro, lo mismo le harán a tu hermanito, hija —exclamó Jocabet con mucha tristeza.

—No, mami, yo no quiero que maten a mi hermanito.

—Pero, hija, ya no lo podremos esconder, tiene tres meses. ¡Mira qué bonito bebé!

—Agu, agu —dice él bebe.

—Qué bonitas manitas y piecitos. Debemos pensar en un plan para salvar su vida. ¡Ya sé! Hagamos algo —dijo Jocabet.

—Pero ¿qué haremos? —respondió la pequeña María.

—Vamos a proteger esta canasta con asfalto y brea para que no le entre agua. Luego vamos a poner allí a nuestro bebé y lo vamos a colocar en el río.

—Pero ¿por qué, mami? No, mami, ¿y si se lo comen los cocodrilos del río?

—Pero, hija —contestó Jocabet—, no tenemos otra opción. Solo nos queda confiar en Dios. Si Él permitió que naciera, Dios cuidara de él, solo confiemos —dijo con lágrimas en los ojos.

Juntas salieron cuando era de noche, cuando nadie las veía, porque los soldados podían verlas y quitarles al bebé. Con lágrimas en los ojos y una fe inquebrantable, esta madre dejó a su lindo tesoro en las manos de Dios.

Pasó la noche y a la mañana siguiente. ¿Adivina qué ocurrió? ¡Mira! Allá viene la princesa egipcia con sus doncellas, muy lindas se ven. Pero, al llegar a la orilla del río, se escucha: ña, ñaaa.

—¿Qué se oye por allá? —preguntó la princesa real y enseguida dio una orden:

—¡Tú, linda! Ve a sacar esa canasta que se ve por allá. ¿Qué será?

Al traerle el cesto y abrirlo ella exclama:

—¡Aaah, si es un lindo bebé! Ñaña *shu, shu, shu...* no llores bebé. Pero si tienes mucha hambre. ¡Qué precioso bebé! De seguro los Dioses me lo mandaron. Este bebé será mío y su nombre será Moisés porque de las aguas lo saqué.

Mientras la princesa contemplaba al bebé y procuraba calmar su llanto, salió la hermanita de Moisés, quien lo había seguido y cuidado de lejos toda la noche diciendo:

—¿Quieres que te llame una nodriza?

—¡Claro que sí! Anda, ve —respondió la hija del faraón.

Y ¿adivina a quién buscó?: a Mari; buscó a su propia madre, Jocabet. ¡Qué emoción! María no lo podía ni creer, le daría la noticia a su madre de que Moisés sería criado por su misma madre.

Así que Jocabet alimentó a Moisés, aunque lo entregó a la princesa egipcia y fue llevado a palacio. Así como Dios cuidó de Moisesito, así cuida y dirige tu vida para algo importante. Solo confía.

Referencias:
Éxodo 2: 1-9

¡HUYE, MOISÉS! (PARTE 2)

"Vindícame, oh, Dios, y defiende mi causa. Líbrame de gente impía, del hombre engañador e inicuo". (Salmo 43: 1)

No hagas justicia con tu propia mano.

—¡Apúrate esclavo! ¡No sirves para nada ¡Apúrate! Trabaja con más ganas, rápido, todos.

—No, ya no me pegues —imploraba un esclavo.

—¡Ya déjalo! ¡Lo vas a matar! —gritó otro esclavo.

—¡Cállate o también a ti te va a tocar la misma suerte de este esclavo! —habló con determinación el capataz.

Esos egipcios eran malos, maltrataban sin misericordia al pueblo israelita. Los capataces obligaban a trabajar a los más pequeños.

—Señora, ¿cuántos años tiene su hijo?

—Tiene apenas cinco añitos.

—Ah, entonces ya es suficientemente grande para ir a trabajar. Mañana quiero verlo en los campos recogiendo verduras o aplastando lodo para la construcción —dijo un capataz egipcio.

Las madres decían:

—No, mi niño está chiquito. Tengan compasión.

Pero ellos eran tan crueles que decían:

—Si no lo manda, aténgase a las consecuencias.

¡Qué injusto lo que le pasaba a este pueblo! Cierto día, Moisés salió del palacio a recorrer los lugares de trabajo, él se paseaba viendo como sus hermanos hebreos trabajaban. De repente, miró cómo un egipcio golpeaba a un hebreo.

—¡Tú no vales nada gusano hebreo! —le decía el egipcio al hebreo—. ¡Toma tu merecido! Todos ustedes no deberían existir —golpeándolo sin compasión.

Moisés recordó en ese momento que ellos eran sus hermanos, sangre de su sangre. Él ya había visto cómo eran maltratados. En esta ocasión, no aguanto más y ¿adivina qué hizo Moisés?

Moisés era un joven fuerte y bien entrenado para batallas, así que no lo pensó tres veces, tomando una piedra le pegó al egipcio que estaba aprovechándose de su hermano hebreo, matándolo al instante. Moisés pensó que nadie lo había visto. ¿Será que nadie lo vio? Sí, déjame te cuento que sí lo vieron.

Resulta que, en otra ocasión, Moisés andaba igual paseando y otra vez vio a dos hebreos, de la misma sangre que peleaban fuertemente.

—¿Por qué se pelean? Dejen de golpearse.

Uno de ellos le preguntó:

—¿Y tú qué vienes a decirnos? ¿Nos vas a matar igual como mataste al egipcio? —Moisés se quedó asustado. Él pensó que nadie lo había visto.

El Faraón también se enteró de que Moisés había matado a un egipcio y dijo:

—Eso no es posible, Moisés es hebreo. Si lo dejamos con vida, de seguro puede convencer a todos esos hebreos de una guerra en mi reino. Soldados, maten a Moisés.

Pobre Moisés, tuvo que salir huyendo de Egipto. Tal vez, él no quería irse de todos esos lujos a los que estaba acostumbrado, pero como procuraban su muerte tuvo que escapar.

Moisés no actuó bien al matar. A Dios no le agrada que hagamos justicia por nuestras propias manos.

Referencias:
Éxodo 2: 11-23

¡MOISÉS, MOISÉS! (PARTE 3)

"Pero el plan del Eterno permanece para siempre, los propósitos de su corazón por todas las generaciones". (Salmo 33: 1)

Dios tiene un plan para tu vida.

—¡Bee, bee! Vamos ovejitas, vamos a tomar agua —decía Moisés a las ovejas. Moisés es un pastor de ovejas ahora.

Moisés llegó hasta Madián huyendo de la muerte. Ahora se casó y tiene dos hijos preciosos con Sefora. Él cuida de las ovejas de su suegro Jetro.

—Vamos ovejitas, vamos a otro lugar lejos de aquí. Creo que en este lugar ya no hay pasto verde, vamos a Horeb —Moisés les dice a las ovejas—. Vamos ovejitas.

—Bee bee —dicen las ovejas.

—Pero ya es de noche, ovejitas. Vamos a descansar. Pero ¿qué es esa luz que se ve allá? ¿Qué es esa zarza espinosa que parece que tiene fuego, pero no se consume? Quédense aquí quietecitas, ovejitas, voy a acercarme para ver este espectáculo.

Mientras él se acercaba a la zarza escuchó una voz que decía:

—¡Moisés, Moisés!

Moisés no sabía quién le hablaba, aun así, contestó:

—Aquí estoy.

¿Quién será que le hablaba? Era Dios, diciéndole:

—Quítate el calzado de tus pies, yo soy el Dios de tus padres. Aquí estoy. El lugar que pisas es sagrado.

Moisés se cubrió el rostro porque la luz que veía era mucha, no podía soportar la gloria de Dios, que le dijo:

—Moisés, tus hermanos están sufriendo mucho, ya los he escuchado, los voy a sacar de ese lugar para que ya no sufran y, por eso, te enviaré al faraón para que saques de Egipto a mi pueblo.

—¿Quién soy yo? —respondió Moisés.

Entonces, Dios le aseguró:

—Yo estaré contigo. Tú les dirás, Dios me envió a ustedes.

Oh, Moisés tenía miedo de ir a Egipto. Se sentía incapaz de hacer semejante cosa. Imagínate sacar a un pueblo innumerable de esa tierra. Nadie le creería, se reirían de él.

Moisés no se sentía capaz ni de hablar.

—Pero, Señor, no sé hablar.

Entonces, Dios le dio seguridad de que no lo dejaría solo. Fue así como Moisés aceptó el llamado de Dios. Él fue a Egipto, enfrentó todos sus temores tomado de la mano del Señor, sacó al pueblo hebreo y cumplió la voluntad de Dios.

Pero ¿sabes? Dios le dio ánimo.

También le dio de su poder para hacer milagros frente al pueblo hebreo y el pueblo egipcio. Imagínate, convirtió una vara en serpiente, qué miedo. Más adelante te contaré sobre todos los milagros que realizó.

Referencias:

Éxodo, Cap. 3-5

LA PLAGA DE SANGRE (1-10)

"Así ha dicho Jehová: En esto conocerás que yo soy Jehová: he aquí, yo golpearé con la vara que tengo en mi mano el agua que está en el río, y se convertirá en sangre".
(Éxodo 7: 17)

Dios es poderoso y hace lo que quiere. Nadie es como él.

—¡Mami, mami! —dijo Luis—. El agua de la llave está saliendo negra. No me puedo lavar las manos con esa agua, ¿verdad?

—No, hijo, esa agua está sucia. Deberás lavarlas con agua purificada.

El agua estuvo saliendo color café durante todo el día y todos estaban desesperados porque no podían bañarse, ni lavar trastes, ni lavar ropa.

—¿Cuándo saldrá limpia el agua, mami? Estamos desesperados sin poder bañarnos.

—Ah, hijos —dijo la mami—, el agua es muy importante y por eso debemos cuidarla. ¿En lo que llega el agua limpia quieren escuchar una historia donde el agua se convirtió en sangre?

—¿En sangre? —preguntaron los chicos—. Sí, mami, cuéntala.

—Escuchen con atención:

—¡Deja ir a mi pueblo para que me sirva en el desierto! Dice Jehová el Dios de los hebreos —anunció Moisés al faraón quien salía al río Nilo a bañarse.

—¿Qué yo deje ir a mis esclavos hebreos? —contestó el faraón—. ¡No! ¿Cómo crees que los dejaré ir?

Entonces, Moisés le dice a su hermano Aaron:

—Toma la vara que convertimos en serpiente hace unos días y toca el río Nilo y todas las fuentes de agua, incluso las que están guardadas. Así ordenó Jehová.

Aaron extendió la vara allí justo frente al faraón, sus siervos y sus sirvientes. Y ¡pas! golpeó el río e inmediatamente el agua se convirtió en sangre. Todos quedaron asustados. Los egipcios adoraban a muchos dioses y también adoraban a unos dioses del Nilo. Uno se llamaba Happi, otro Osiris y otro Khnum, el guarda del río.

¡Imagínate a los que no vieron cómo se transformó el agua en sangre! Tomaron un vaso con agua y tuvieron la boca llena de sangre. ¡Qué horror! Todos cavaban pozos para ver si encontraban agua limpia, pero no salía el agua limpia. Se morían de sed, no se podían bañar. Transcurrieron uno, dos, tres días y nada de agua limpia. Así transcurrieron siete días. Hasta que, por fin, el Faraón mandó a llamar a Moisés para pedirle que quitara la plaga. Fue así como Dios escuchó a

Moisés y la plaga terminó. Entonces, todos pudieron tomar agua limpia.

—¿En verdad pasó eso, mami? —preguntaron los niños.

—Sí, hijos. Esto está en la palabra de Dios. Qué impresionante historia. Debemos agradecer a Dios por el don del agua. Cuídala, no la desperdicies porque sin ella moriríamos.

Cuando la mami terminó de contar la historia, los chicos se pudieron bañar porque el agua ya estaba llegando limpia.

Referencias:
Éxodo 7: 14-22

LA PLAGA DE LAS RANAS (2-10)

"El río criará ranas, las cuales subirán y entrarán en tu casa, en la habitación donde duermes y sobre tu cama; en las casas de tus siervos, en tu pueblo, en tus hornos y en tus artesas. (Éxodo 8:3)

Dios es poderoso y hace lo que quiere. Nadie es como Él. Crua, crua, cantaban las ranas en la noche. Pepe y Laura habían ido a visitar a sus abuelitos. Allí cerca había una laguna hermosa donde se paseaban lindos patos durante el día, los caballos tomaban agua, los pajaritos revoloteaban en el agua, pero ya había anochecido y las ranas cantaban como en un coro.

—Mami, me da mucho miedo —dijo Pepito.

—No tengas miedo —le contestó su madre—; ellas no van a venir acá. Ellas están allí porque allí viven, así es como ellas alaban a Dios.

—Pero me da miedo, mami —seguía insistiendo Pepito.

—Ah, ya sé —dijo la mamá—. Les voy a contar una historia donde de verdad, las ranas sí salieron de donde vivían. ¿Quieren escucharla?

—Sí, mami, cuéntala —dijeron los chicos.

Moisés entró caminando en el palacio real en la presencia del Faraón, rey de Egipto, diciendo:

—Por orden de Dios, deja ir a mi pueblo para que me sirva. Porque si no lo dejas ir, yo castigaré con ranas todo tu territorio.

Pero el Faraón no los dejó ir y terminantemente exclamó:

—¡No los dejaré ir!

Así que Moisés y Aarón se fueron a la orilla del río Nilo. Moisés dijo a su hermano:

—Extiende tu mano con tu vara sobre los ríos, arroyos, estanques y haz subir ranas sobre la tierra de Egipto.

Entonces, Aaron obedeció y enseguida: *crua crua...* comenzaron a salir del río muchas ranas. Eran tantas que ellas se metían en los platos de comida, en sus camas mientras dormían, en la sala, en el baño, en su ropa. Yo me imagino que se subían a sus cabezas y los egipcios ya no podían comer, hasta en sus vasos de agua. Era desesperante oírlas y sentirlas por todos lados.

Entonces, los hechiceros de ese lugar dijeron:

—Este es un truco, nosotros también lo podemos hacer.

Así que hicieron un encantamiento y también ellos hicieron venir más ranas. El faraón les dijo:

—Si las hicieron venir, ahora hagan que se vayan.

—¿Que se vayan? —dijeron los hechiceros—. No, eso no lo podemos hacer.

—¡Inútiles! —les dijo el faraón—. No sirven para nada. Tendré que llamar a Moisés, porque no aguanto más esta plaga de ranas.

Crua, crua, las ranas cantaban por todo el palacio. El faraón dijo a Moisés:

—Ora a tu Dios mañana y dile que quite esta plaga maligna de ranas. Ya invocamos a nuestro dios Heket, que tiene cabeza de rana, y no nos ayudó.

Así que Moisés oró a Dios y las ranas se fueron al río.

—Qué historia tan impresionante —dijeron los niños—: ya no tendremos miedo a las ranas.

No le tengas miedo a las ranas. Ellas viven en el agua. Pero recuerda que Dios las utilizó para mostrar su poder en un momento único.

Referencias:
Éxodo 8: 15

LA PLAGA DE LOS PIOJOS (3-10)

"Entonces Jehová dijo a Moisés: Di a Aaron: extiende tu vara y golpea el polvo de la tierra, para que se convierta en piojos por todo el país de Egipto". (Éxodo 8:16)

Dios es poderoso y hace lo que quiere. Nadie es como él. Los piojos andaban por la cabeza de Dina, la cual se la rascaba con desesperación siempre que podía. Pero, la maestra se dio cuenta de eso demasiado tarde.

—Maestra, maestra, me pica la cabeza —dijo Samantita—. Revíseme, por favor.

—Claro que sí —replicó la maestra—. A ver, pon tu cabecita aquí. ¿Pero qué es esto?

—¿Qué, maestra? —preguntó la niña con mucho interés—. ¿Qué tengo?

—Ay, Samantita, pero si tienes piojos. ¿Cómo es que no te ha revisado tu mami? ¡Niños, voy a revisar la cabecita de todos y todas! —exclamó con desesperación la maestra.

—¿Por qué, maestra? —preguntaron los niños.

—Porque hay alguien que ha estado contagiando los piojos en este salón y yo necesito saber quiénes tienen piojos para mandarlos a sus casas a limpiarse.

—Pero yo no tengo nada, maestra —decían algunos niños—. Yo me baño todos los días. Yo no tengo.

La maestra revisó uno por uno y todos tenían piojos. La niña que tenía en abundancia era Dina. Vivía una gran comunidad de piojos en su cabeza. Ella casi no se peinaba y tampoco le gustaba bañarse.

—Es necesario, niños, que todos vayan a sus casitas. Notificaré a sus padres sobre este problema de salud.

—¡Noooo, qué asco! —decían las otras niñas—. Nos pica mucho la cabeza.

Todos se rascaban desesperados.

—Bueno, niños, en lo que llegan sus padres les contaré una historia sobre el día en que un país entero tuvo la plaga de estos piojos que ahora ustedes tienen.

Como el Faraón no dejaba ir al pueblo hebreo de Egipto, Aaron extendió su mano con la vara y golpeó el polvo de la tierra, el cual se convirtió en piojos, que se lanzaron sobre los hombres, sobre las bestias y también sobre niños. Todo el polvo de Egipto se convirtió en piojos. Dios amaba mucho a su pueblo, tanto que quería sacarlos de la esclavitud en la que estaban viviendo hacía ya 430 años, pero el rey de Egipto no quiso. Por eso Dios les mando esta plaga.

—¡Hay me pica mi cabeza! ¡Me pican mis manos! ¡Mis piernas! Me pica todo —se quejaban desesperados los habitantes de Egipto.

Ellos se rascaban hasta sacar mucha sangre. Aun así, ese rey con corazón duro, con todo y sus piojos, no dejó ir al pueblo de Dios. Diciendo:

—No los dejaré ir.

Escucha a tus padres, sé obediente. Recuerda cómo Dios envió la plaga de los piojos a un país entero por la desobediencia de su rey.

Referencias:
Éxodo 8: 16-19

LA PLAGA DE LAS MOSCAS (4-10)

"Habló y vinieron enjambres de moscas, y piojos en todo su término". (Salmo 105: 31)

Dios es poderoso y hace lo que quiere. Nadie es como él. Los egipcios estaban cansados de tantas plagas, no habían tenido descanso. Primero, el agua se convirtió en sangre, luego las ranas, luego los piojos. Estaban desesperados. Ellos rogaban a su rey:

—Oh, rey, ya deja ir a ese pueblo, estamos sufriendo mucho.

Ellos no sabían que este era apenas el inicio de una serie de plagas. Moisés se presentó ante el faraón otra vez mientras este salía al río y le dijo:

—Así dice Jehová: "Deja ir a mi pueblo para que me sirva". "Si no dejas ir a mi pueblo enviaré sobre ti, sobre tus siervos, sobre tu pueblo y sobre tus casas toda clase de moscas. Y las casas de los egipcios y donde estén, se llenarán de toda clase de moscas. Pero a mi pueblo que vive en Gocen no los molestarán, para que sepas que yo soy Jehová en medio de la tierra".

—Ya te dije que no los dejaré ir —le contestó el Faraón.

Por tanto, Jehová lo hizo así al siguiente día. Los egipcios vieron que venía hacia ellos una gran nube negra que cubría el cielo.

—¿Qué es eso? —se preguntaban e inmediatamente comenzaron a ver grandes cantidades de moscas, que se paraban en sus mesas, en sus comidas, en sus cuerpos picándolos feamente.

Esas moscas no eran como las que conocemos ahora, esas que a veces se paran en nuestro plato de comida y a nosotros no nos pican. ¡No! Esas moscas eran grandotas, picaban hasta sacar ronchas.

—¡Vete, mosca! —decían todos—. ¡Vete! No molestes.

Imagino que se ponían repelente para moscas, se aplicaban ajo, cremas aromáticas y nada de eso funcionaba. Ellas volaban, ruuun ruuun, por todos lados.

—Está bien —dijo el Faraón—: los dejaré que ofrezcan sacrificio a su Dios. Pero ya, que se vayan estas molestas moscas. Si nuestro Dios Belcebú, quien se encarga de alejar todo tipo de moscas hambrientas no nos ha podido ayudar, ya pídele a tu Dios que las aleje de aquí.

Moisés oró a Dios y las moscas desaparecieron.

—¡Ah, qué alivio! ¡Ya se fueron! —decían los egipcios.

Los israelitas estaban felices porque por fin se irían de ese lugar, pero no fue así. El Faraón, de nuevo, no los dejó ir. Qué corazón duro el de este rey, ¿verdad? Como veía que su misma gente sufría y no dejaba ir al pueblo hebreo.

Seguiremos viendo más plagas...

Referencias:
Éxodo 8: 20-32

LA PLAGA DE LA MUERTE DEL GANADO (5-10)

"La mano del Eterno será sobre tu ganado que está en el campo: caballos, asnos, camellos, vacas y ovejas, con peste gravísima". (Éxodo 9:3)

Dios es poderoso y hace lo que quiere. Nadie es como él. Otra vez, Moisés entró ante la presencia de Faraón diciendo:

—Como veo que no quieres dejar ir a mi pueblo y todavía lo detienes con todas estas plagas que han pasado: "Mañana el Eterno hará esto en el país. Todo tu ganado morirá, los caballos, los asnos, camellos, vacas y ovejas".

¿Será que Dios lo cumplió? Claro que lo cumplió. De inmediato vino un ciervo del Faraón diciendo:

—Oh, rey, tu caballo blanco, ese que tanto quería mi Rey, ha muerto.

—¿Cómo que ha muerto? ¡Esto no es posible! —exclamó el Faraón.

Inmediatamente entró otro siervo diciendo:

—Señor, estábamos arando las tierras con los bueyes y de repente comenzaron a caer todos muertos. No ha quedado ninguno.

Y así desfilaron todos los siervos avisándole a este rey que no quedó ni una oveja.

—¡Esto no es posible! Ellos son nuestros Dioses.

¿Cómo que ellos eran sus Dioses? Sí, los egipcios adoraban muchos ídolos como el toro, el carnero y la ternera (o cabra). Al darles muerte a todos ellos, Dios demostró que es superior a todos sus ídolos. De esa forma, ellos comenzaron a desconfiar de sus dioses.

—¡Guardias! —ordenó el Rey—. Vayan a la tierra donde viven estos esclavos e investiguen si también el ganado de ellos murió.

Los guardias obedecieron de inmediato. Al regresar dijeron:

—No, rey, ninguno de sus ganados ha muerto.

Al oír esto, el rey se enfureció diciendo:

—¿Cómo es posible esto? ¿Por qué nos pasa esto? Pero, aun así, no los dejaré ir. Ellos serán nuestros esclavos por siempre.

Referencias:
Éxodo 9: 1-7

LA PLAGA DE LAS ÚLCERAS (6-10)

"Y tomaron ceniza del horno, y se pusieron delante de Faraón, y la esparció Moisés hacia el cielo; y hubo sarpullido que produjo úlceras tanto en los hombres como en las bestias". (Éxodo 9: 10)

Dios es poderoso y hace lo que quiere. Nadie es como él.

—Oh, rey, venimos ante su presencia porque tenemos una propuesta que hacerle —dijeron los hechiceros y sacerdotes de la corte real.

El rey les respondió:

—¿Y qué me quieren decir ustedes si no sirven para nada?

—Oh, mi rey, esta propuesta que tenemos conviene a todos —respondieron ellos.

—Entonces hablen. ¿Qué quieren?

—Queremos ofrecer un presente humano a nuestra diosa Sejmet para que ahuyente a las plagas. Esto no lo hemos hecho.

—Está bien, háganlo —les dijo el rey.

Luego, ellos tomaron a un niño. El bebé lloraba, pero lo mataron, lo ofrecieron a su dios y lo quemaron. La madre de este bebé lloraba. Esta gente era muy mala, no tenían corazón, ellos no amaban a Dios ni a su prójimo, solo buscaban sus intereses.

Después, tomaban las cenizas y las esparcían por todos lados. Al mismo tiempo, echaban una suerte que decía más o menos así: "que el mal se vaya de aquí, a donde sea que vuele un átomo de esta ceniza santa que no haya mal alguno". Así lo hicieron estos encantadores, esta vez, pensando que con eso estarían a salvo.

Pero, mentira. De nuevo Moisés y Aaron se presentaron ante el Faraón. Solo que en esta ocasión habían tomado cenizas. Probablemente, de ese mismo horno donde ofrecían a sus dioses. Ellos la esparcieron frente al Faraón y hacia el cielo, diciéndole:

—Como no dejas ir a mi pueblo sufrirás otra plaga —y enseguida comenzó la sexta plaga.

—¡Ay, me pica! —decían los niños y también a los bebés les comenzaron a salir ronchas por toda la piel. Lloraban, *ñaañaaa*.

A los hechiceros del Faraón también les salieron úlceras. Al Faraón mismo también le salieron. Todos se rascaban la piel a tal grado de que les ardía.

Los egipcios sufrieron esta terrible plaga, pero, aun así, no los dejó ir porque su corazón era duro como una piedra.

Referencias:

Éxodo 9: 8-12

Patriarcas y Profetas, Cap. 23: "Las plagas de Egipto"

LA PLAGA DE GRANIZO (7-10)

"Mañana a esta hora, yo haré llover granizo muy pesado, cual nunca hubo en Egipto, desde el día que se fundó hasta ahora".
(Éxodo 9: 18)

Dios es poderoso y hace lo que quiere. Nadie es como él. "¡Atento! ¡Atento aviso! Se les informa que el día de mañana habrá grandes tormentas de nieve. Nadie salga de su casa. Para su mayor seguridad, se suspenden clases y todo tipo de labores"; así anunciaban en las noticias. Había mucho frío, el día estaba nublado y todos estaban en sus casas calientitos tomando chocolate con pan y viendo la tele.

—Pero mami —dijo Carlitos—, yo estoy aburrido sin poder salir a jugar. Anda, mami, cuéntame una de esas historias bonitas de Jesús.

—Sale pues, hijito, vámonos a la cama y allí te la cuento.

Carlitos se acostó poniéndose muy atento.

—¿Todavía te opones a mi pueblo y no lo dejas ir? —dijo Dios al Faraón a través de Moisés—. En verdad eres duro de corazón. ¿Aún no has entendido que no hay otro como yo en la tierra? Te he puesto como rey para mostrar en ti mi poder.

Este rey era muy malo, había matado mucha gente, odiaba a los israelitas, les ponía cargas muy difíciles, los ponía a trabajar como esclavos de sol a sol. Les pegaba, era injusto.

Por eso, Dios mandó a Moisés para liberarlos. Pero este rey no los dejaba salir, ni habiendo presenciado varias plagas, entre ellas, la de las moscas, los piojos y las úlceras.

—No —él decía—, no los dejaré ir.

Por lo tanto, el Faraón y su pueblo fueron amenazados con otra plaga. Esta fue la del granizo, ya que se le advirtió: "Recoge todo tu ganado y todo lo que tienes en el campo porque mañana, a esta hora, lloverá granizo muy pesado. El que esté en el campo y no sea guardado, morirá".

Los egipcios que temían a Dios dijeron a sus siervos:

—Córranle, recojan todo, las plantas que se comen, los animales, y no salgan de sus casas.

Ah, pero aquellos que igual que el Faraón menospreciaron el poder de Dios, no hicieron caso y dejaron todo en sus campos al aire libre. Entonces Dios le dijo a Moisés:

—Anda Moisés, extiende tu mano hacia el cielo para que caiga el granizo.

Moisés así lo hizo y enseguida: *¡Tuum!* Comenzaron a retumbar en el cielo grandes truenos y comenzó a oscurecerse la tierra de Egipto. El granizo mezclado con el fuego comenzó a caer. Todos corrían desesperados a sus casas para refugiarse de la tremenda tormenta. Todo Egipto tembló de miedo. Dios les demostró que la tierra está bajo su dominio y que los elementos naturales responden a su voz. La verdadera seguridad está en obedecerlo.

—¡Tengo mucho miedo! —decían los niños.

El Faraón mismo estaba asustado. Tanto, que dijo a sus siervos:

—Tráiganme a Moisés.

Enseguida fueron a avisarle a Moisés que tenía que presentarse con el rey. Los truenos no cesaban y el granizo seguía cayendo, pero, aun así, Moisés fue. Enseguida, el Faraón le imploró:

—He pecado y estoy arrepentido. Te pido que ores, pues, a tu Dios para que cesen los truenos y el granizo. Después los dejaré ir.

Moisés sabía que era mentira lo que decía este rey, aun así, oró, y los truenos y el granizo dejaron de caer

¿Y qué crees? ¿Será que el Faraón dejó ir a Israel? No, claro que no. Él dijo que los dejaría ir porque estaba asustado y tenía miedo, pero ya que pasó todo, no los dejó ir.

Referencias:
Éxodo 9: 13-35

LA PLAGA DE LAS LANGOSTAS (8-10)

"Si aún rehúsas dejarlo ir, mañana traeré langostas a tu territorio". (Éxodo 10: 5)

Dios es poderoso y hace lo que quiere. Nadie es como él. Fuuuu fuu, el viento soplaba recio por todos lados.

—Tengo miedo —decían los niños—, ya estamos cansados de sufrir tanto. ¿Ahora qué? Ya papi. Dile al Faraón que deje ir al pueblo esclavo, que se vayan, su Dios es poderoso. Hemos sufrido mucho. Ya no queda casi nada para comer.

—Mami, tengo hambre, quiero comer algo de carne y verduras frescas.

—Pero ¿qué te doy hijito? —decía la mami—. No hay casi nada para comer, tenemos que conformarnos con lo que hay.

¿Alguna vez te has quedado con hambre o con ganas de saborear algo rico y fresco como una manzana, fresas o uvas? Los egipcios estaban desesperados, ansiaban que ese pueblo se fuera para dejar de sufrir, pero el Faraón y sus sacerdotes no los dejaban ir.

Dios le ordenó a Moisés:

—Moisés, extiende tu vara sobre la tierra de Egipto.

Moisés subió a una gran montaña para obedecer. El viento soplaba fuerte sin parar. Todo el día y toda la noche sopló, pero ¿por qué? Ah, porque era otra plaga que venía para los egipcios: la plaga de las langostas. Enseguida que paró el viento la langosta subió sobre la tierra, cubrió la faz de todo el país oscureciendo la tierra. Todos tenían miedo. Las langostas son bien comelonas y destructivas, se comieron lo único que quedaba, las hierbas, el fruto de los árboles que había dejado el granizo, así que no quedó nada para comer. Todos estaban horrorizados por lo que estaba pasando.

Los niños lloraban desesperados de hambre, sus padres no soportaron más y fueron ante el Faraón a decirle algo más o menos así:

—Esto es un caos, oh rey. Deja ir a este pueblo, ya nuestro país está completamente destruido, que adoren a su Dios para que podamos vivir en paz.

—¡Soldados —ordenó el Faraón—, vayan por Moisés!

Ya estando Moisés en el palacio este le dijo:

—He pecado. Perdónenme. Esta vez sí los dejaré ir, pero les imploro que oren a su Dios Jehová para que aparte esta plaga mortal.

—Oh Dios, te ruego —oró Moisés— quita esta plaga de aquí, ten compasión de este pueblo.

¿Sabes qué pasó? Inmediatamente

otra vez sopló un fuerte viento occidental que se llevó a todas las langostas al mar Rojo. No dejó ni una. Pero, al ver el Faraón que ya no había plaga, otra vez endureció su corazón diciendo:

—¡No los dejaré ir!

Mientras tanto el pueblo hebreo, cada vez confiaba más en Dios porque con cada plaga ellos veían milagros poderosos y ninguna plaga los molestaba.

Referencias:
Éxodo 10: 1-20

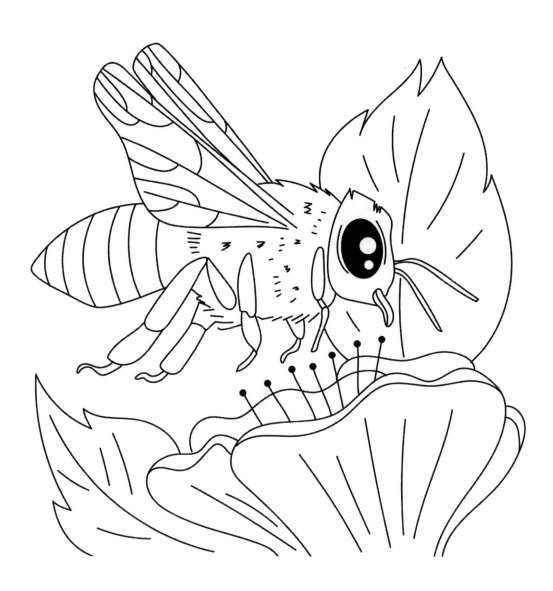

LA PLAGA DE LAS TINIEBLAS (9-10)

"El Señor dijo a Moisés: 'Extiende tu mano hacia el ciclo, para que haya tinieblas sobre la tierra, tanta que se pueda palpar'".
(Éxodo 10: 21)

Dios es poderoso y hace lo que quiere. Nadie es como él.

—¿Y si jugamos a las escondidas?

—¡Sale! —dijeron los primos.

Era fin de año, toda la familia Aguilar y algunos amigos se habían reunido. Las tías estaban en la cocina ocupadas preparando ricos manjares, mientras los varones solo platicaban y platicaban.

—Ustedes cuentan, Ani y Magdi.

—Sale, nosotros contamos y ustedes se esconden.

La casa de los abuelos era grande, había como 15 niños por toda la casa. Ellos comenzaron a contar 1, 2, 3... 10... y todos salieron a buscar su mejor escondite.

—¡Ya vamos! —gritaron.

La emoción de saber que los encontrarían llenaba el corazón de los chicos escondidos. Todos se divertían en la oscuridad al jugar. De tanto en tanto, comenzaron a aburrirse y a pelear

entre ellos. Así que el abuelito Carlos juntó a todos sus nietos diciéndoles.

—Dejen de pelear. ¿Quieren que les cuente una historia?

—¡Sí! Sí queremos —dijeron todos emocionados.

—Ahí les va, hijitos. Esto pasó hace mucho tiempo. Se trata de un pueblo esclavizado: el pueblo de Dios. Estaban tan cansados de vivir una vida miserable que Dios mandó a un hombre llamado Moisés, lo comisionó para pedir al rey de ese lugar que los liberara. Pero, este siempre decía: "¡No! Ellos son mis esclavos y nunca los dejaré ir". A pesar de haber visto el poder del Dios de los hebreos, no los dejaba ir. Ya habían pasado ocho plagas, su país estaba casi destruido por completo. Les cuento sobre la penúltima plaga por la que tuvieron que pasar.

—¿De qué se trató, abuelito? —preguntaron los niños.

—Ah, para eso vamos a apagar la luz —y apagaron las luces del cuarto donde se encontraban.

—Moisés, Moisés —dijo Dios—: extiende tu mano hacia el cielo para que haya tinieblas sobre la tierra de Egipto.

Moisés lo hizo y los egipcios se preguntaban:

—¿Qué está pasando? ¡No puede ser! De seguro es otra plaga.

La oscuridad se apoderó de todos los rincones. Si prendían una luz, esta se apagaba, no podían caminar porque tropezaban con las cosas, no podían respirar bien. Es más, hasta podían palpar la oscuridad, la atmósfera se puso densa y pesada. Ellos tenían por dioses a Amón-ra, a Atón y a Horus, porque ellos eran sus dioses protectores del cielo. Pero, en esta ocasión, no estaban protegiendo nada.

Después de esto, el abuelito preguntó:

—¿A ustedes les da miedo la oscuridad?

—¡Noooo! ¿Cómo cree? —respondieron algunos chicos, pero otros ya tenían miedo.

Esta gente estuvo en tinieblas durante tres días. Después de eso regresó la luz, ya que al Faraón no le quedó de otra más que llamar otra vez a Moisés, diciéndole:

—Váyanse. Sirvan a su Dios, pero que queden las ovejas y el ganado.

—No —respondió Moisés—: llevaremos todo con nosotros, no dejaremos ni una pezuña.

—¡Aaaah! —gritó el faraón desesperado—: ¡Sal de mi presencia! ¡No los dejaré ir! Y no te quiero volver a ver. Si vuelves a ver mi rostro, de seguro morirás, Moisés.

—Tú lo has dicho —respondió el Profeta de Dios—. Nunca más veré tu rostro —y salió de allí.

Cuando no obedecemos a Dios, vivimos como en tinieblas, aunque haya luz. Obedece a Dios para que siempre tengas luz en tu vida.

Referencias:
Éxodo 10: 21-29

LA PLAGA DE LA MUERTE DE LOS PRIMOGÉNITOS (10-10)

"Y morirá todo primogénito en tierra de Egipto, desde el primogénito del Faraón que se sienta en su trono, hasta el primogénito de la sierva que está tras el molino, y todo primogénito de las bestias". (Éxodo 11: 5)

Dios es paciente y misericordioso. Otra vez, Moisés se presentó ante la presencia del Faraón, esta vez era la definitiva. El rey no quería verlo más, pues ya habían pasado nueve plagas sobre su país, este estaba desolado.

—¿Qué haces aquí Moisés? Ya te advertí que morirías si venías de nuevo.

—Espera —dijo Moisés—, de no ser por la importancia del mensaje no hubiese venido. Jehová manda a decir: "A la medianoche yo atravesaré el país y morirá todo primogénito". Hasta tu primogénito, oh Faraón. Y no solo él, sino todo egipcio morirá y habrá gran llanto y dolor, cual nunca hubo ni habrá. Pero ningún israelita morirá y sólo así dejarás ir a mi pueblo. Vendrán a mí y nos rogarán que nos vayamos después de ello.

Moisés salió enojado y triste de la presencia de este rey. Ni con la advertencia de que moriría su hijo, él reconoció a Dios y dejó ir a Israel. Así, llegó la medianoche y todos dormían, cuando, inesperadamente comenzaron a escucharse los gritos:

—¡Noooo, mi hijo! —se escuchó.

—¡Mi niño, mi niña! —se escuchaba por otra casa.

Las madres lloraban por sus hijos. Todos se despertaron ya que por todos los hogares egipcios había lamentación.

—¡Mi hijo ha muerto! La culpa es de los esclavos —decían al llorar.

El Faraón pensaba que su hijo no moriría, pensaba que él mismo era un dios y que el Dios de los hebreos no podría hacerle daño, pero estaba muy equivocado.

—¡Noooo, mi único! —gritó su esposa—. ¡Mi niño ha muerto también! Ya que se vayan, no quiero a esos hebreos aquí en mi tierra, que se vayan, solo falta que nos maten.

—Sí —contestó el Faraón—: llegué muy lejos, ya es demasiado tarde. ¡Que venga Moisés! Urge que venga.

—¿Qué quieres, Faraón? —preguntó Moisés.

—Váyanse tú y tu pueblo. Llévense todo, no dejen nada aquí. ¡No los quiero ver! Mi único hijo ha muerto, ¡váyanse ya! —le gritó el Faraón a Moisés.

El pueblo de Dios ya estaba preparado para partir. Dios les había advertido que después de esta plaga les dirían que se fueran, así que ellos ya tenían todo listo para emprender una larga caminata. Sus cosas estaban listas para ser cargadas y, además, los egipcios les habían dado alhajas, joyas preciosas y monedas de oro, porque los egipcios habían vivido todos los milagros de Dios. Algunos ya reconocían el poder de Dios y no querían que los hebreos siguieran allí.

—Tengan, pero váyanse de aquí —les decían.

Fue así como Dios liberó a su pueblo, un pueblo grande y numeroso, cerca de 600,000 mil personas, sin contar niños. ¡Cuán grande es Dios! Y así fue como Dios cumplió su promesa, la promesa de sacarlos de esa esclavitud y llevarlos a una tierra mejor.

Referencias:
Éxodo 12: 29-41

CUANDO DIOS ABRIÓ CAMINO EN MEDIO DEL MAR

"Jehová peleará por vosotros, y vosotros estaréis tranquilos".(Éxodo 14: 14)

Los caminos del Señor son seguros. ¿Quién creó el mar? Sí, Dios lo creó. Te contaré una historia increíble, de suspenso y emociones.

Esto ocurrió hace mucho tiempo. El pueblo de Dios había sido liberado de la esclavitud del pueblo egipcio, el cual los había corrido, diciéndoles:

—¡Váyanse! Ya no los queremos ver. Ustedes solo nos han traído maldición, solo falta que nos maten a nosotros.

Así que ya estaban de camino a la tierra que Dios les había prometido, estaban cansados, no sabían bien por dónde iban. Solo sabían que Dios los guiaba; fue algo asombroso. Él iba con ellos a través de una nube indicándoles el camino y dándoles sombra de noche, a través de una columna de fuego, así les daba abrigo y cuidado, mientras ellos avanzaban de día y de noche.

La gente se quejaba:

—¡Moisés, estamos cansados!

Entonces. Dios le dijo a Moisés:

—Dile a este pueblo que acampe frente al mar rojo.

Así que todos pusieron sus carpitas para poder descansar. Aún no podían creer que ya no eran esclavos, incluso habían perdido la fe en Dios de tanto trabajo, ya no podían ver su amor y cuidado.

—¿Cómo es que dejamos ir a los hebreos? —decía el Faraón—. Hemos sido tontos, ahora las otras naciones no nos respetarán, dirán que somos débiles, que dejamos ir a nuestros esclavos. No, esto no es posible. Vamos tras ellos y los traeremos de vuelta.

Él faraón tomó seiscientos carros escogidos. Todos los carros de Egipto y capitanes, soldados de caballería e infantería, diciendo:

—¡Vámonos!

Salieron de prisa, a lo lejos se podía ver el polvo que levantaba este gran ejército.

—¡Los egipcios vienen tras nosotros! —gritaron algunos que vieron a lo lejos los relucientes carros y el movimiento de los carros—. ¿Qué vamos a hacer? Nos van a matar.

Todos comenzaron a alarmarse, unos oraban a Dios, otros solo se quejaban diciendo:

—Moisés, ¿solo nos sacaste de allá para matarnos aquí en el desierto? ¿Acaso no había tumbas en Egipto? Mejor nos hubiésemos quedado allá.

Escapar era imposible. Había montañas a los lados con gran desfiladero y al frente un gran mar ¿A dónde correría este numeroso pueblo?

—Son presa fácil —decían los egipcios—. Ahora mismo los llevaremos de vuelta.

En esta ocasión, Dios mostró su poder de nuevo. Imagina: la columna de nubes que guiaba al pueblo descendió entre el pueblo hebreo y el ejército egipcio. Esta se puso en medio de los perseguidos y los perseguidores, de esa forma los egipcios no podían ver a su presa.

La tensión y el miedo se sentían en todo el campamento, los niños se abrazaban fuerte a sus padres. Algunas madres abrazaban a sus hijos, diciéndoles:

—Dios nos ayudará, hijito. No temas.

Moisés acudió en oración a nuestro único refugio:

—¡Oh, Dios, ayúdanos! —exclamó Moisés.

El Señor le dijo:

—Dile a los hijos de Israel que marchen. Tú alza tu vara y extiende tu mano sobre el mar y divídelo para que entren los hijos de Israel en seco.

Cuando Moisés extendió su vara:

—¡Milagro, milagro! —gritaban todos—. ¡Las aguas se dividieron! Estamos a salvo. ¡Esto es un milagro! —todos comenzaron a avanzar con alegría en sus corazones.

Cierra tus ojos e imagina este maravilloso momento, la luz del fuego alumbró el camino cortado como un inmenso surco a través de las aguas del mar. Los niños podían tocar la pared de agua y ver a algunos peces suspendidos dentro. Qué paso tan triunfal, qué pasarela tan impresionante.

Pero los egipcios no se dieron por vencidos, ellos los siguieron de prisa con toda su caballería. ¿Será que los alcanzaron? No, claro que no. Dios hizo tronar los cielos, temblar la tierra. Relampagueaban los cielos, la confusión y el miedo se apoderó de los egipcios, quienes dijeron:

—Vámonos de aquí. Huyamos, somos gente muerta. Y se dieron prisa para regresar, pero fue demasiado tarde.

Moisés extendió su vara, luego las aguas corrieron tras ellos tragándose a todo el ejército del Faraón. Cuando amaneció, se veía flotar lo que había quedado de ellos y su caballería.

Todos agradecieron a Dios. A partir de allí creyeron más en su Dios y alababan su nombre. Reconoce que Dios es quien dirige tus pasos, por desierto o por mar. Los caminos del Señor son seguros.

Referencias:

Éxodo, Cap.14
Patriarcas y profetas, Cap. 25

ME DUELE EL ESTÓMAGO

"Aún estaba la carne entre los dientes de ellos, antes que fuese masticada, cuando la ira de Jehová se encendió en el pueblo, e hirió Jehová al pueblo con una plaga muy grande". (Números 11: 16-33).

Todo en exceso hace daño.

—Chabelita, te tienes que comer toda tu comida.

—¡No quiero, mami, no me gustan las verduras!

—Hija, es necesario para que seas fuerte y no te enfermes.

—¡No quiero! —dijo la niña.

Al llegar a la escuela, Chabelita acostumbraba a comprarse todos los días una hamburguesa de carne.

—¡Mmm, qué rica carne! —decía, mientras la carne pasaba en sus dientes rápidamente, ni la masticaba bien.

Hasta que una tarde, mientras veía la tele en su casa, comenzó a quejarse:

—¡Ay, mi panza, me duele mi panza, mami, mi panza! Mami, no aguanto el dolor.

Su mami la tuvo que llevar de emergencias al hospital. Los doctores le dijeron que su hija tenía una fuerte infección en el estómago por algo que había comido, que tenían que hacerle un lavado en los intestinos. Los doctores preguntaron:

—¿Qué come su hija, señora?

—A mi hija solo le doy verduras en la casa, pastas, frutas, semillas —contrastó la mami.

—Mmm... ¿Algo que comiera su hija estos días fuera de casa?

—A ver, Chabelita, dinos qué comiste en la escuela; dinos porque debemos saber qué es lo que te hace mal.

—Mmm, la verdad, mami, es que me compro una hamburguesa todos los días.

—¿Cómo, Chabelita? Pero si allí también venden comida saludable. ¿Sabes, Chabelita? Te contaré una historia para que entiendas que todo en exceso hace daño.

El pueblo hebreo estaba caminando por el desierto y comenzó a quejarse:

—¡Moisés, danos carne! En Egipto teníamos carne y todo lo que queríamos comer, hubiésemos preferido morir allá porque aquí no hay lo que nos gusta.

Ese pueblo se quejaba mucho y Dios lo escuchó. Él no estaba contento porque la carne no fue creada para nosotros. Pero Dios, al verlos quejarse, decidió darles carne. Por eso dijo a Moisés:

—Santifícalos, que mañana este pueblo comerá carne, hasta les saldrá por las narices, hasta que la aborrezcan.

Al siguiente día, shuu shuuu... Un fuerte viento vino del mar trayendo consigo miles de codornices que quedaron tendidas en el suelo. Los hebreos carnívoros, al verlas, salieron corriendo a levantarlas y algunos ni durmieron ese día de tanto recoger.

Todos estaban comiendo carne, felices, cuando de repente Dios los castigó, porque ellos justificaban su deseo carnívoro diciendo que Dios es injusto al no alimentarlos como ellos querían. La plaga que Dios mandó fue fiebre ardiente. Muchos murieron, los más quejosos murieron pronto y qué triste. Dios les dio carne porque ellos la querían. Pero se quejaban.

Si hubiesen sido agradecidos por lo que Dios les daba, no hubiesen sido castigados. Al escuchar esta historia, Chabelita prometió que comería más saludable.

Referencias:

Números 11 (Consejos sobre el régimen alimenticio, sección XXIII: Las carnes, rebelión y castigo)

¿QUÉ ES ESTO?

"Todos esperan en ti, para que les des su comida a su tiempo. Les das, y ellos la toman, abres tu mano, se sacian de bien".
(Salmo 145: 15)

Jehová es quien nos envía la bendición para comer. ¿Qué es lo que más te gusta? ¿La comida saludable o la que no es saludable?

Déjame, te cuento, que hay personas a las que les gusta comer a diario carnes, panes, frituras, refrescos y mucha comida insana, aunque ese no es el plan de Dios. Dios nos dejó para comer, semillas, frutas y legumbres, solo que a veces seguimos nuestros propios gustos sin tomar en cuenta lo que es mejor para nuestra salud.

—¡Danos de comer carne! —gritaba la gente—. Queremos comer carne. ¡Carne, carne, carne!

—Moisés, aquí en el desierto solo morimos de hambre, como quisiéramos comer sentados al lado de las ollas de carne, allá en Egipto, donde también nos hartábamos de pan. Aquí no hay nada bueno —decía esta gente.

—¿Y quién soy yo? —contestaba Moisés—. Yo no los saqué de Egipto, fue Dios quien nos sacó de la esclavitud. ¿A poco no se han dado cuenta? Deberían estar agradecidos y vivir felices con lo que tenemos en esta tierra, somos libres, tenemos paz

—¡No! Nosotros preferimos vivir en Egipto como esclavos, pero seguir comiendo carne —decían algunos rebeldes.

¿Qué es lo que más te gusta? ¿La pizza, las hamburguesas, los taquitos de asada, el pollo en mole, la barbacoa de borrego o los pasteles? Imagina que algún día te dicen que no podrás comer pizza, nunca más, porque eso es muy malo para ti, porque te está matando poco a poco. Ni la pidas porque no hay.

Estos israelitas así se sentían, por eso mismo Dios los mandó al desierto para que refinaran su carácter, su paladar. Pero, aun así, lee lo que sucedió:

—Ya dejen de reclamar —exclamó Moisés—, Jehová ya los escuchó. Esta tarde, ustedes comerán carne y mañana, muy temprano, comerán pan.

—¿En verdad? —preguntaban.

Todos estaban muy felices esperando la hora en que Dios les mandara lo que tanto querían. Ya al llegar la tarde llegaron al campamento muchas codornices que llenaron el campamento. Todos se amontonaron sobre ellas y comían felices.

A la mañana siguiente, descendió un roció intenso que cuando dejó de descender apareció una cosa menuda, redonda, así como la escarcha o como la semilla de cilantro blanco y todos se preguntaban:

—¿Qué es esto?

Entonces, Moisés les dijo:

—Este es el pan que Dios nos da para comer.

Los israelitas lo llamaron Maná. Su sabor, dice la biblia, es como de hojuelas con miel y su tamaño, como la semilla de cilantro. Mmm... qué rico ha de saber. Yo creo que cuando vayamos al cielo, lo podremos probar. ¿Lo quieres probar?

Referencias:

Éxodo, Cap. 16

LOS DIEZ MANDAMIENTOS

"El hacer tu voluntad, Dios mío, me ha agradado, y tu ley está en medio de mi corazón". (Salmos 40: 8)

Obedecemos por amor. Era inicio de clases, todos estaban emocionados por comenzar un nuevo año escolar, por conocer nuevos amiguitos. No sabían si les tocaría maestra o maestro.

—¿Quién será? —se preguntaban—. ¿Será bueno o malo?

Enseguida entró la maestra, una simpática maestra, muy alegre y cariñosa. Al entrar les sonrió, los saludó, se presentó y les dijo lo siguiente:

—Bueno, el día de hoy lo primero que haremos será poner las reglas de este salón y las vamos a poner entre todos. Las vamos a anotar en el pizarrón y luego las enmarcaré en un lindo cuadro para que no se nos olviden ¿Qué les parece si comenzamos?

—Pero ¿para qué poner reglas? —preguntó Toñito.

—Sí, maestra, nosotros no queremos poner reglas.

—Ah, porque las reglas son muy importantes. Díganme, ¿qué harán si uno de sus compañeros se roba su desayuno algún día?

—Yo lo acuso para que lo castiguen —dijo Toñito.

—Ah, pero si aquí no hay reglas yo no lo voy a castigar —le contestó la maestra—. ¿Y si algún día uno de tus compañeros te copia la tarea? ¿Te va a gustar?

—No, no, ¿cómo cree, maestra? No me va a gustar.

—Por eso son las reglas y por mucho más —concluyó ella.

—Ya sé —dijo la maestra—, ¿qué les parece si les cuento acerca de las primeras reglas que se pusieron desde la creación del mundo? ¿Quieren saber cuáles son y porque fueron creadas?

—¡Sí! —gritaron los niños.

—Bueno, comenzaré por el principio.

Como seres humanos somos imperfectos, tendemos a hacer el mal, así como a mentir o a robar. Pero estas leyes son únicas en su tipo. Ellas son tan misteriosas que tienen la capacidad de abarcar todo lo que el ser humano debe hacer para vivir feliz y, con solo seguir estas leyes, no hay de qué preocuparse.

—¿Quién las puso maestra? ¿Usted las escribió?

—No, ¿cómo creen? Yo no las escribí, las escribió un ser muy poderoso, nada más y nada menos que el creador del mundo.

—¿Quién fue? —preguntó una niña.

—Las creó Jesús —respondió la maestra—. Él vive en el cielo, quiere llevarnos con él. ¿Ustedes quisieran volar e ir con Jesús al cielo?

—¡Sí, yo quiero volar como Superman! —gritó Chanito.

—Bueno —dijo la maestra—, si ustedes obedecen estas leyes encontrarán un camino seguro para llegar allá.

—¡Sí, yo quiero, maestra! Pero ¿cuáles son estas leyes? —preguntaban los niños, con curiosidad.

—Aún no he terminado —dijo la maestra—. Bueno, para algunas personas es muy difícil obedecer estas leyes porque ellos no aman a Dios ni a su prójimo, así que para poder obedecerlas es necesario amar a Dios. En el transcurso del año les iré contando una por una estas leyes. Ahora, comencemos con las nuestras.

Entonces, los niños comenzaron a dictar muchas reglas.

Referencias:
Éxodo 20: 1-17
Mateo 19: 16-19,
Juan 14: 15, 10, 2
Corintios 5: 14
Gálatas 5: 6

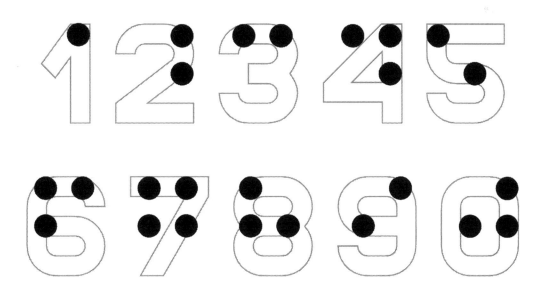

MANDAMIENTO 1: NO TENDRÁS OTROS DIOSES ADEMÁS DE MÍ

"No tendrás dioses ajenos delante de mí".
(Éxodo 20:3)

Demostramos amor a Dios no teniendo dioses ajenos. ¿Te acuerdas de Abram, de Isaac y de Jacob? Ellos adoraban a Jehová, el único Dios creador que vive eternamente. Ellos lo adoraban con todo su corazón y se apartaban de las malas influencias. Se esforzaban por agradar a Jehová quien los bendecía ampliamente. Lamentablemente, se encontraban rodeados por pueblos paganos como el cananeo y el ferezeo que tenían muy malas costumbres y tenían muchos Dioses. Esos pueblos adoraban el sol, la luna, tenían al dios de los mares y los ríos, al dios de la guerra y la justicia. Algunos nombres de esos dioses eran Baal, Asherah, Anat, Astarté, Mot, Yam, Dagon, Moloch, eran muchos, muchísimos.

Cierto día, los hijos de Jacob se metieron en grandes problemas: mataron y quemaron a filo de espada a todos los hombres de la ciudad de Siquem. ¿Por qué hicieron todo este mal? Ah, porque estaban enojados porque el príncipe de esa ciudad había tomado por la fuerza a su única hermana, Dina, y no perdonaban esta gran deshonra.

Cuando Jacob se enteró de esta terrible desgracia tuvo mucho miedo. Dijo a dos de sus hijos, Simeon y Leví:

—Me habéis turbado con hacerme abominable a los moradores de esta tierra y teniendo yo pocos hombres, se juntarán contra mí y me atacarán y seré destruido, yo y mi casa.

Como Jacob tenía miedo de que los otros pueblos los atacaran y los mataran por haber hecho este mal a Siquem, se arrodilló y oró suplicando auxilio a Jehová quien lo había ayudado cuando andaba huyendo de su hermano Esaú; mismo que también lo quería matar. ¿Te acuerdas? Bueno, pues ¿qué crees? Dios dijo a Jacob:

—Levántate y sube a Bet-El; y quédate allí y haz un altar.

Lo triste de esta historia es que Jacob le era fiel a Dios, pero algunos de su familia no lo eran. Como ellos estaban rodeados de gente que tenía muchos dioses, también los imitaban y también alguno que otro adoraba sus mismos dioses. Por eso Jacob les dijo terminantemente a toda su familia y los que con él estaban:

—Quiten a los dioses ajenos que hay entre ustedes y limpien sus vestidos. Cámbiense, que nos vamos a Bet-El, nos vamos de aquí, vamos a ofrecer un sacrificio a Dios.

Fue así como su familia y los que estaban con él entregaron sus dioses ajenos. Se quitaron los zarcillos que estaban en sus orejas y Jacob los escondió debajo de una encina. Fue así como salieron y nadie los perseguía para matarlos, les tenían miedo.

Como ves, a Dios le agrada que le seamos fieles y que no andemos adorando a otros dioses.

Referencias:
Éxodo 34 y 35
Éxodo 20: 2-3

MANDAMIENTO 2: NO ADORES A OTRAS IMÁGENES NI TE INCLINES ANTE ELLAS

"No te harás imagen, ni ninguna semejanza de lo que esté arriba en el cielo, ni abajo en la tierra, ni en las aguas debajo de la tierra".
(Éxodo 20: 4)

Demostramos amor a Dios no teniendo dioses ajenos.

—Anda, Vicente, levántate. Es hora del culto familiar —dijo el papá con voz firme.

—No, mami, estoy muy desvelado, déjenme dormir, tengo sueño, no molesten.

—¿Cómo no? Si te la pasaste casi media noche viendo desvelándote con teléfono, anda levántate o no tendrás permiso de ver a ningún artefacto electrónico el día hoy.

—Entonces, claro que sí, mami. Me levanto solo por eso. —Vicentito se levantó inmediatamente. Cantó y oró con sus padres.

¿Será que se levantó por amor a Dios? ¡No! Claro que no; solo porque no lo dejarían ver tele. ¿A ti te gusta ver la tele? Es que a veces nos interesa más ese aparato que leer la biblia.

El rey Nabucodonosor hizo una estatua de oro altísima, más alta que tú y yo, ordenando al pueblo:

—Reúnanse todos los príncipes, los gobernadores, los magistrados, los consejeros de mi palacio, los tesoreros y los jueces, vamos a dedicar esta estatua en mi honor.

De inmediato, todos estaban de pie frente al gran monarca de Babilonia y frente a esa gran estatua de oro.

—Al son del shofar, la flauta, la cítara, el arpa, el salterio, la zampoña y todo tipo de instrumento musical, todos deben arrodillarse y adorar a esa estatua de oro que el rey Nabucodonosor ha edificado. El que no se arrodille y adore será aventado al horno de fuego —anunció el pregonero a gran voz.

Así que sonaron los instrumentos y todos se postraron de rodillas.

—Oh, rey que para siempre vive, sabemos que existe una ley de quemar vivos a los que no se postren y estos hombres Sadrac, Mesac y Abed-nego, oh rey, son judíos que no te respetan, ni adoran a tus dioses ni se arrodillaron ante la estatua de oro que levantaste —acusaron unos hombres.

—A ver, tráiganmelos ante mi presencia —dijo el rey.

De inmediato se los trajeron y el rey preguntó:

—¿Es cierto que ustedes no adoran

a mis dioses ni se postraron ante mi imagen? ¿Están dispuestos a ser quemados en el horno de fuego que está allá? ¿Quién los salvará de la muerte?

A lo que ellos respondieron:

—Oh rey, nuestro Dios nos puede librar y, si no, tienes que saber que no serviremos a tus Dioses ni tampoco adoraremos a la estatua que has levantado —contestaron con fe y con firmeza estos tres varones.

—¡Aaah! —gritó Nabucodonosor, quien estaba muy enojado—: ¡Calienten el horno al máximo y tráiganme a tres hombres fuertes para que avienten a estos hebreos desobedientes!

Los ataron de pie a cabeza para que no se soltasen. Ahora, uno, dos y... allá van Sadrac, Mesac y Abed-nego, directo al horno ardiendo en llamas. ¿Será que les pasó algo? ¿Murieron? ¡No! Ellos no murieron, pero quienes sí murieron fueron los que los aventaron.

Nabucodonosor estaba observando todo con detenimiento:

—Pero ¿qué es esto? —exclamó al levantarse de su silla real—. ¿No fueron tres los que aventamos? Ahora veo a cuatro y el cuarto es semejante al hijo de Dios.

—¡Sadrac, Mesac y Abed-nego, siervos del máximo Dios, salgan de allí! —ordenó con firmeza y de inmediato se juntó toda la gente importante que estaba en el lugar.

Comenzaron a olerlos, pero no olían ni a quemado sus cabellos ni sus ropas: estaban intactos.

Entonces, Nabucodonosor dijo:

—Bendito sea el Dios de Sadrac, Mesac y Abed-nego, quien envió a su ángel para librarlos.

Ahora yo, Nabucodonosor, decreto que cualquiera que blasfeme contra el Dios de estos varones, sea descuartizado y su casa sea destruida. Por cuanto no hay Dios que pueda librar como este.

Después de esto, Nabucodonosor engrandeció aún más a estos fieles seguidores de Jesús.

Referencias:
Éxodo 20: 4-6
Daniel, Cap.3

MANDAMIENTO 3: NO JURES EN EL NOMBRE DE DIOS FALSAMENTE

"No tomarás el nombre de Jehová tu Dios en vano, porque no dará por inocente Jehová al que tome su nombre en vano". (Éxodo 20:7)

Debes respetar el nombre de Jehová. Jehová envió ante el rey Saul a su siervo Samuel diciendo:

—Así ha dicho Jehová de los ejércitos: Yo castigaré lo que hizo Amalec a Israel al oponérsele en el camino cuando subía a Egipto.

—Ve pues y hiere a Amalec. Destruye todo lo que tiene y no te apiades de él; mata a hombres, mujeres, niños, hasta los de pecho... vacas, ovejas, camellos y asnos.

Enseguida Saul convocó al pueblo y fueron muchísimos los que acudieron al llamado. Imagínate, doscientos mil a pie y diez mil hombres de Judá. Les pusieron emboscada en el valle.

Saul derrotó a todo ese pueblo a filo de espada, pero cometió un grave error: dejó con vida a su rey Agag. También dejaron con vida lo mejor de las ovejas y del ganado mayor. No quisieron destruir los animales engordados, los carneros y todo lo bueno, mas todo lo que era vil y despreciable sí lo destruyeron.

Y vino palabra de Jehová a Samuel diciendo:

—Me pesa haber puesto por rey a Saul, porque ya no me obedece, no ha cumplido mis palabras. Samuel se puso triste y toda esa noche no durmió.

Después vino a visitar a Saul. Cuando Saul lo vio le dijo:

—Bendito seas tú de Jehová; yo he cumplido la palabra de Jehová.

A lo que Samuel entonces dijo:

—¿Pues qué balido de ovejas y bramido de vacas es este que yo oigo con mis oídos?

Y Saul respondió:

—De Amalec los he traído para sacrificarlas a Jehová tu Dios, pero lo demás lo destruimos.

Samuel respondió:

—Déjame declararte lo que Jehová me ha dicho, aunque eras pequeño en tus propios ojos. ¿Jehová te ha ungido como rey de Israel? Jehová te envió para que destruyeras todo. ¿Por qué no has oído la voz de Jehová, sino que vuelto el botín has hecho lo malo ante Jehová?

Y Saul respondió:

—Antes bien he obedecido la voz de Jehová, en su nombre lo he traído.

Y Samuel respondió:

—¿Se complace tanto Jehová en los holocaustos y víctimas como en que se obedezca a la palabra de Jehová? Ciertamente, el obedecer es mejor que los sacrificios y el prestar atención que la grosura de los carneros. Por cuanto tú desechaste la palabra de Jehová. Él también te ha desechado para que ya no seas rey.

Y nunca más Samuel volvió a ver a Saul.

Saul aseguraba que en el nombre de Jehová había desobedecido, pero no debemos hacer cosas malas en el nombre del Señor.

Referencias:
Samuel 15
Éxodo 20: 7

MANDAMIENTO 4: NO TE OLVIDES DEL SÁBADO PARA SANTIFICARLO

"Acuérdate del sábado para santificarlo. Seis días trabajarás y harás toda tu obra".
(Éxodo 20: 8-9)

No te olvides del día de reposo. Muchos aseguran que este mandamiento sólo fue dado a los israelitas y que ya no es para nosotros. Sin embargo, desde la creación, lo vemos presente, vemos a nuestro creador descansando en el séptimo día, bendiciéndolo y santificándolo.

Cuando Jesús vino a esta tierra, también guardó ese día y él mismo nos dijo en Marcos 2: 27 que el día de reposo fue hecho por causa del hombre, y no el hombre por causa del día de reposo.

¿Sabes? Al pueblo de Israel nuestro Dios lo apartó para ser luz, para que por medio de este pueblo el mundo entero fuese evangelizado, para que el mundo llegase al conocimiento de la verdad. Dios deseaba extender su salvación a todo el mundo y este pueblo fue elegido para proclamar la verdad ya que todos los demás pueblos estaban sumidos en la idolatría. Es por eso por lo que a este pueblo Dios les entregó la ley, era el único pueblo que conocía el Dios verdadero.

Imagina esta imagen: Maria hablando a Jesús cuando era niño.

—¡Jesús, es hora de que alistes tu ropa y tus zapatitos ya que ya pronto será día del Señor!

—¡Sí mami! Ya mero terminamos en la carpintería, solo ayudo a papi a acomodar las herramientas y barro del taller.

Jesús se apuraba, él sabía que en el día del Señor se comía rico, se descansaba de los trabajos pesados y se asistía a la sinagoga. Imagina a Jesús bien portado, siendo obediente y alabando a su Padre con todo el corazón. Aprendió muy bien la enseñanza que tuvo cuando era adulto y siguió asistiendo a las sinagogas en los días de reposo y aun en su muerte nos dejó ejemplo.

¿Sabes? Jesús murió un viernes. Él reposó aun en su muerte ya que resucitó el primer día de la semana que es domingo.

Con sus propias palabras, Dios te dice:

—No pienses que vine para anular la ley o a los profetas; no he venido a anular, sino a cumplir, porque ciertamente os digo que hasta que pasen el cielo y la tierra, ni una jota, ni una

tilde pasará de la ley, hasta que todo se
haya cumplido.

Referencias:
Éxodo 20: 8-11
Lucas 4: 16
Mateo 5: 17-20
Génesis 2: 1-3
Éxodo 31: 16-17
Isaías 42: 1
Isaías 49: 3-6.
Números 15

MANDAMIENTO 5: HONRA A TU PADRE Y A TU MADRE

"Honra a tu padre y a tu madre, para que tus días se alarguen en la tierra que Jehová tu Dios te da". (Éxodo 20: 12)

Para vivir más años, respeta a mami y a papi. Esta es la historia de Kevin.

—¡Papi, papi, llévame a ver a mis abuelitos!

—No, hijo, tengo tanto trabajo que no tengo tiempo para ir.

Los papás de Kevin trabajaban mucho, su mami era maestra y su papi era arquitecto. A Kevin no le faltaba nada, tenía carros, tenía la comida que quería, solo que sus padres nunca estaban con él.

—Papi, cómo quisiera que me llevaras al parque de jueguitos infantiles —lloraba Kevin—. Que me lleves tú, no la muchacha que me cuida.

Cierto día, al pobre niño lo encontró llorando su papá y le dijo:

—¿Por qué lloras?

A lo que Kevin respondió:

—Es que ayer fue mi cumpleaños y a ti se te olvidó, todos me felicitaron menos tú.

—Ay, hijo, no estés triste —le dijo—. Te daré mil pesos para que compres lo que quieras.

—¡Yo no quiero nada de tu dinero! ¡Ya quiero tu compañía, papi!

Así se la pasaba este niño hasta que, cierto día, se escuchó el timbre de la gran mansión que sonó: tin tan, tin tan. Ya era de noche y hacía mucho frío afuera.

—Yo voy —dijo el papá de Kevin.

¿Adivina quién era? Era un ancianito que venía vestido con ropas viejas y parecía tener mucho frío.

—¿Te acuerdas de mí? —preguntó el desconocido.

—¡Sí, claro que me acuerdo! —respondió el padre de Kevin—: Ya te he advertido que no vengas a mi casa, que yo iré a visitarte cuando pueda.

El desconocido preguntó:

—¿Podrías hospedarme en tu casa, aunque sea esta noche? Es que quiero conocer a mi nieto, nunca me lo has llevado. Has sido ingrato con nosotros, hijo, tu mami murió y no la fuiste a ver cuando agonizaba. Nosotros nos gastamos la vida por darte estudios para que llegaras a ser lo que eres ahora. Me enorgullezco de tener un hijo arquitecto, pero sé que te avergüenzas de mí y no quiero dar molestias, solo déjame ver a mi nieto por esta noche.

Kevin preguntó:

—¿Es mi abuelito, papi?

—Sí, Kevin, él es mi papá, es tu abuelito.

—¡Qué emoción! ¡Por fin tendré a mi abuelito cerca de mí! ¡Tendré con quien jugar! —exclamó bien contento Kevin mientras corrió a los brazos de su abuelito.

—Dormirás conmigo esta noche, abuelito —dijo Kevin, a quien no parecía importarle la apariencia desordenada de su abuelito.

—¡Claro que no! No dormirá contigo, él dormirá en el garaje. Allí habilitaré una cama improvisada y allí dormirás, papá. No me avisaste que venías, además, ya te dije que no me visites —contestó.

—Pero, papi, tú tienes muchos cuartos cómodos en esta gran casota.

—Sí, pero no son para tu abuelito.

Así que le tendieron al ancianito una colchoneta en el piso frío.

—Pero, papi, falta una cobija.

—Sí, iré a buscar una.

—Te acompaño, papi —dijo Kevin.

Su papi buscó entre todo el armario de cobijas y sábanas. Luego encontró una cobija vieja, la más vieja que encontró, y se la aventó a su papá.

—Toma. Mañana muy temprano, cuando amanezca, ya no te quiero ver aquí.

A la mañana siguiente, Kevin se levantó muy temprano para avisarle a su abuelito que el desayuno estaba servido, pero ¿qué crees que pasó? Su abuelito ya no estaba.

—¡Noooo, no es justo que mi papi me haga esto! —exclamó Kevin—. Él no quiere a mi abuelito, él no quiere a nadie en la vida, a él solo le importa su trabajo. Ni yo le importo —lloraba el pobre niño desconsolado—. Ya sé que es lo que haré: guardaré esta misma cobija para cuando mi padre sea viejito y necesite de mí. Se la aventaré para que se tape con esta misma cobija. Él no merece cariño de nadie, lo trataré, así como es él.

—¿A dónde llevas esa cobija, Kevin? Tírala, ya no sirve. ¡Con esa se tapó ese viejito que vino!

Kevin le respondió:

—No, no la tiraré, la voy a ocupar.

—¿Para qué la quieres? Puedes ocupar otra —le dijo su padre.

—No, papi, esta misma voy a ocupar cuando tú seas viejo y no sirvas para nada. Te aventaré esta misma cobija, así como tú hiciste con mi abuelito.

Su papá se quedó reflexionando y enseguida se puso a llorar.

—Tienes razón, hijo, no debí tratar a si a mi papá. Todo lo que soy es gracias a él. ¡Vamos súbete al carro! Vamos a traer a tu abuelito de vuelta a casa. Yo soy lo único que le queda en la vida.

Kevin y su papi subieron al carro y trajeron de vuelta a aquel ancianito.

A partir de allí Kevin nunca más estuvo solo.

Honrar a tus padres es amarlos, obedecerles, cuidarlos, nunca faltarles el respeto. Ojalá tú seas siempre un buen hijo para que no tengas remordimientos en el futuro. Así que te invito a que el día de hoy le pidas perdón a tus padres, abrázalos y diles cuánto los amas.

Referencias:
Éxodo 20: 12

MANDAMIENTO 6: NO MATARÁS

"No matarás". (Éxodo 20: 13)

No mates. En el rancho había una cuadrilla de pequeñuelos que se juntaban por las tardes a jugar, jugaban de todo, canicas, pelotas, bicicleta, yoyo, trompo, maquinitas, consolas... Hasta que cierto día se aburrieron y no sabían qué hacer.

En eso, se asomó Tomás, quien traía un charpe en su mano. ¿Qué es un charpe? Es un tirador, es un tipo de honda para aventar piedras.

—¡Miren! -exclamaron los chicos. Tomás trae un charpe.

—¿Un charpe?

—Sí, yo tengo uno en mi casa, ¿qué les parece?

—Sí. ¡Vamos por nuestros charpes y nos ponemos a cazar pajaritos! ¿Sale?

—Sale. Vamos —y salieron corriendo todos.

Luego acordaron:

—Al que mate más pajaritos esta tarde le vamos a cooperar veinte pesos cada uno de nosotros.

—¿Veinte pesos todos ustedes?

—Sí. ¿Sale? En total serían 100 en una sola tarde —la oferta no estaba nada mal.

—¡Sale! En dos horas nos vemos aquí de vuelta todos con nuestras aves.

Todos salieron corriendo.

—Ah —dijo Jorgito—: yo soy como David, tengo mucha puntería.

—¡Yo te gano! —dijo Javi.

—Esto ya lo veremos —dijo Tomasito, quien también se había unido a la competencia.

Por allá está un pajarito quietecito mientras disparaba Tomasito y pum: cayó el pobre pajarito al suelo.

—Llevo uno. Allá hay otro —y pum le disparó.

Cayó el pajarito lleno de sangre.

—Llevo dos.

Oooh, estos chicos eran expertos matadores de pajaritos, todos tenían buena puntería, pero esto estaba muy mal. A Dios no le agrada que destruyamos su creación, por lo tanto: esta matanza no quedó impune. Mari los había escuchado. ¿Quién era Mari? Era la hermanita de Tomasito. Ella fue con el chisme con su mami.

Las madres de todos se reunieron para ponerse de acuerdo y ver qué hacer con ellos.

—Tengo una maravillosa idea —dijo Doña Tere—. ¿Qué les parece si hablamos al comisario para que venga y arreste a nuestros chicos cuando regresen?

—¿Para qué? Son solamente unos niños —dijo doña Paty.

Doña Tere le respondió:

—Para que los regañe y vean que no es cualquier cosa andar matando pajaritos. Parece que no tienen corazón. ¿Qué será cuando sean grandes?

—Pensándolo bien, tiene usted razón.

Y así lo hicieron.

—¿Cómo te fue Adriancito?

—A mi re bien. Miren mi bolsa llena de pajaritos.

—Ya veremos —dijo Tomasito.

Uno a uno se fue reuniendo con su bolsa de pajaritos.

—Ya estamos listos. Comencemos a contar.

Mientras estaban en su conteo, apareció el comisario diciéndoles:

—Quietos, no se muevan.

Escucharon una voz firme y fuerte.

—¿Qué quiere don Fifo? —le preguntaron.

—Están arrestados chicos. ¡Vámonos a la cárcel!

—¿A la cárcel?

—Sí. ¿Acaso ustedes no saben que está prohibido matar pajaritos?

—Pero si somos unos niños. Señor, no nos lleve.

—¡Mamá! ¡Auxilio! ¡Ayúdennos! —gritaban.

Ya estando en la comisaría del pueblo llegaron sus mamis, quienes les hicieron ver lo que les pasa a los que se dedican a matar.

—Matar a tu prójimo. ¿Cómo se les ocurre? La creación de Dios no debemos destruir, aunque sean animalitos y mucho menos a un ser humano. La cárcel existe para los que matan. Deben saber que hay muchas personas que matan a su prójimo. Matan a seres humanos porque los odian. Muchos de los que matan han podido escapar, pero, otros, van directo a la cárcel.

—¡No, mami! ¡No lo volveremos a hacer! —decían los chicos—. Pero sáquennos de aquí.

¿Será que aprendieron la lección?! ¡Claro que la aprendieron! Nunca más jugaron con esto.

Referencias:
Marcos 12: 31
Éxodo 20: 13

MANDAMIENTO 7: NO COMETERÁS ADULTERIO

"No cometerás adulterio". (Éxodo 20:14)

Nadie más besa y abraza a mamá o papá. Veré y Lolita eran unas niñas muy felices. Salían todos los domingos a jugar con su papá y con su mamá. Ellos se amaban mucho, agradecían a Dios por todo lo que tenían y por todos los cumpleaños celebrados en familia.

¿A ti te gustan las fiestas? Son bonitas y más cuando están tus dos papis contigo, ¿verdad? Pero sucedió cierto día que el papi de estas chicas dejó de salir con ellas. Él llegaba a pelear con su mami.

—¡Papi, vamos a jugar este domingo! ¿Sale? —lo invitaban las niñas.

—No, hijas, este domingo no puedo, tengo un compromiso de trabajo.

Otro día Veré le contó a su padre:

—Saqué la mayor calificación en la escuela, me van a premiar. ¿Puedes acompañarme? A lo que él respondió:

—Oh, hija, no puedo. Esta noche voy a salir a otro compromiso de trabajo.

—Pero, papi, para mí es muy importante que me acompañes.

—¡Ya te dije que no puedo y deja de molestar! —fue la respuesta final.

Estas chicas estaban desconsoladas, su papi no les dedicaba tiempo, ellas sentían que su mundo perfecto ya no existía.

Comenzaron a bajar sus calificaciones de la escuela, ya ni ganas de comer les daba, comenzaron a dejar de ser niñas felices. La mami se comenzó a preocupar.

—¿Qué es lo que te pasa esposo? ¿Por qué ya no vienes a la casa? Las niñas te necesitan y yo necesito que estés con nosotras.

Cansada de rogar, cierto día, pensó: "Yo debo salir con mis niñas, las llevaré los domingos yo sola".

—Alístense, chicas, vamos al parque a pasear y comer un helado.

—¡Sí! ¡Yupi! Pero ¿vendrá nuestro papi?

—No, él no está. Pero vamos solas. Ellas contestaron:

—Ni modos, vamos solas —y salieron con su mami.

Ya estando en el parque, ¿adivinen qué vieron las niñas? Sí, vieron a su papi que salía de un restaurante y no salía solo.

—¡Mami, mira a mi papi! —dijo Veré—. Está de la mano con la vecina y la está abrazando, así como te abraza a ti. ¡Eso no es justo! —dijo Veré, quien salió corriendo detrás de su padre.

—¡No, Veré! —gritó la mami—. ¡No vayas! Déjalo.

—¡No, mami, esto no es justo!

—¿Por esta nos abandonaste? Nosotras que te amamos tanto y nos cambias por esta mujer. ¿Es por eso por lo que no nos sacas a pasear? ¿Es por eso por lo que no tienes tiempo?

Veré y Lolita quedaron desconsoladas al ver a su padre con otra mujer. Nunca fue igual con esta familia después de esto. Los padres se divorciaron y las chicas quedaron con su madre.

Ora mucho por tus padres, pídele a Dios que siempre estén juntos, pero, si algún día, alguno abraza a otra persona, no los juzgues. Dios hará justicia a su tiempo. Si tus padres están separados, nunca pienses que es por tu culpa.

Referencias:
Éxodo 20: 14

MANDAMIENTO 8: NO ROBARÁS LOS COCOS

"No robarás". (Éxodo 20:15)

Respeta las cosas ajenas. A Fredy le gustaban mucho los cocos por eso él quería comer cocos a como diera lugar, en el ejido donde vivía había reunión así que todos los señores estaban en la junta ejidal. No había nadie en casa.

—¡Amigos, acompáñenme! —dijo Fredy—. ¡Qué les parece si me subo a la mata de coco de don Jochito! ¿Quieren comer cocos?

—Claro que sí. —contestaron sus amigos—. Pero ese don Jochito es bien malo, nunca nos da de sus cocos.

—¡Ah, amigos, no se preocupen! Si ni se los vamos a pedir, los vamos a robar.

Sus amigos le respondieron:

—¿Robarlos? No. Nos va a regañar.

Fredy contestó:

—No se preocupen, don Jochito no está en su casa, no hay nadie. No ven, pues, que todos están en la junta.

—Sí, tienes razón —dijeron sus amigos.

—¡Vamos entonces!

—Pero tú te subes y nosotros los recogemos. Así te vigilamos la zona.

Entonces los cuatro chicos se fueron. Fredy se subió como pudo a la mata de coco.

—¡Ahí les va el primero! —grito Fredy—. ¡Ahí les va el segundo! ¡Ahí les va el tercero! Fredy ya había cortado tres cocos uno para cada uno de sus amigos.

—¡Ya salieron de la junta! —gritaron sus amigos—. ¡Corramos que viene don Jochito! Ya nos vio.

Los tres chicos salieron corriendo. ¿Y Fredy? ¿Qué pasó con Fredy? Este se deslizó rápidamente de la mata, bajó como pudo todo pelado de la panza y los brazos. Solo que fue demasiado tarde, abajo estaba don Jochito junto con su papá esperándolo.

Al bajar don Jochito le preguntó:

—¿Qué creíste? ¿Que no me daría cuenta? ¿Por qué no me los pediste? Eres un ladrón. Fredy solo dijo:

—Perdóneme, don Jochito, es que se me antojaron.

—¿Qué? ¿Acaso no me los podías pedir? ¿Ahora me pagarás los cocos que cortaste?

—Pero ¿cómo?

—Me vas a ayudar unas horas en los quehaceres de la casa.

Pobre Fredy, al llegar a su casa, su papi lo regañó. La vergüenza que tuvo que pasar por haber robado.

—¿Qué? ¿Acaso eso te enseñé? ¿Acaso yo me dedico a robar? La sociedad está como está porque los padres no castigan a sus hijos, es más les enseñan a robar. Pero tú no, hijo, tú no serás ladrón. No quiero que llegues a la cárcel por andar robando.

—¿A la cárcel, papi?

—Sí, a la cárcel llegan los que roban. Y fuiste un tonto, tus amigos comieron cocos que tú robaste y ni siquiera te esperaron. Ellos no te dejaron ni un coco. Eso no se hace, hijo.

Cuando quieras algo, solo pídelo, ya veré la forma de conseguirlo.

Fredy aprendió la lección, nunca más intentó robar. Así que nada de robar por más que se te antoje. Debemos respetar lo que no es nuestro.

Referencias:
Éxodo 20: 15

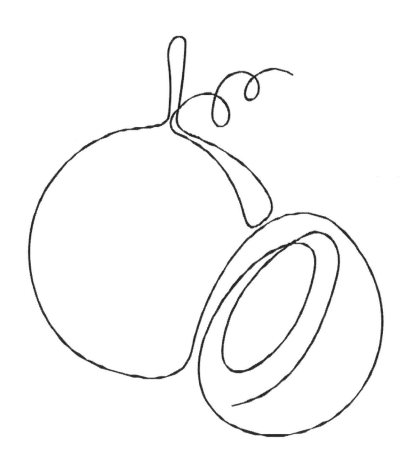

MANDAMIENTO 9: NO DIRÁS CONTRA TU PRÓJIMO FALSO TESTIMONIO ¡LA GRAN MENTIRA!

"No dirás contra tu prójimo falso testimonio". (Éxodo 20: 16)

Evita hablar mentiras sobre los demás.

—¡Mami, mami, cuéntame una historia! —dijo Kelmy a su mami—. Anda mami, una y ya no más.

Resulta que a Kelmy le gustan mucho las historias. La mami le respondió:

—Bueno, está bien; ahí te va:

Las clases comenzaban de nuevo, los chicos entraban a cuarto de primaria, habían descubierto quién les había tocado como maestro: el maestro más malo de la escuela.

—¡Ese maestro es malo! ¡El año pasado me dejó sin recreo varias veces!

—Sí —contestó Caralampio—: a mí me castigaron lavando baños por su culpa.

—Sí, a mí me bajo de calificaciones injustamente sólo porque no hacía mi tarea —se contaban entre ellos.

Estos tres chicos se pusieron de acuerdo en un feo plan.

—¿Qué les parece? Hagámosle una travesura al profe.

—¿Pero qué travesura?

—Pongámosle en su escritorio miel antes de que llegue, ni se dará cuenta y cuando ponga su computadora se le va a manchar. Nos vamos a reír de él, ¿sale?

—Pero, nos va a descubrir.

—No, nada de eso —dijeron los chicos—. Vamos a acusar a Edwin y le vamos a decir al profe que él fue.

¡Qué horrible plan! Le echarán la culpa a otro niño que no hizo nada. ¿Será que eso es justo? No, claro que no. Eso no se debe hacer.

Los chicos consiguieron la miel y la derramaron sobre el escritorio, al llegar el profe colocó su computadora. Ni siquiera miró cómo estaba su mesa, puso sus libros y ¿qué pasó? ¡Claro! Se pegaron los libros, se manchó el equipo No tardó en darse cuenta el profe y gritó:

—¡Quién me hizo esto lo va a pagar muy caro!

—¡Fue Edwin! —gritó Marcos.

—¡Sí fue Edwin! —gritó Rutulio.

—¿De verdad fue Edwin?

—Sí, maestro, yo lo vi —dijo Caralampito.

—¿Conque fuiste tú, Edwin?

—No, maestro, yo no fui.

—¿Cómo que no fuiste? Tres chicos aseguran que te vieron.

—Pero yo no fui, maestro.

—¿Tres contra uno? No te salvas —le dijo el maestro—: vamos a la dirección.

Enseguida salieron a la dirección. Mientras, los chicos se reían a carcajadas:

—Ja, ja, ja, nos vengamos del profe y de Edwin.

—Edwin nos cae mal. Es un fanfarrón, todo le sale bien, pero de esta no se salva.

Pobre Edwin, lo pusieron a lavar baños toda la semana. Él no había sido el travieso. Estos chicos eran muy malos.

Así que, Kelmita, así terminó la historia. A Dios no le agrada que seamos como estos tres chicos que culparon a un inocente. ¿A ti te gustaría que te hagan eso? Claro que no, por eso, si te piden que mientas sobre algo, no lo hagas, debes decir solo la verdad.

Referencias:
Éxodo 20: 16

MANDAMIENTO 10: NO CODICIARÁS UN PEQUEÑO DULCE

"No codiciarás la casa de tu prójimo, no codiciarás la mujer de tu prójimo, ni su siervo, ni su criada, ni su buey, ni su asno, ni cosa alguna de tu prójimo". (Éxodo 20: 17)

El desear tanto lo que tiene tu compañero te puede llevar a cometer pecados como robar, matar o mentir. A Ceci le gustaban muchos los caramelos. ¿A ti te gustan los dulces? Y más cuando vamos a una fiesta, qué bonito se siente cuando te dan tu bolsita de dulces, ¿verdad?

Ceci tenía una tienda enfrente de su casa. Allí, don Jaimito ponía siempre una mesa con varios dulces y se podían ver los ricos caramelos. Ceci era la mandadera de su casa, ella hacía todos los mandados, pues era la niña mayor de la casa.

Siempre que iba por algo pensaba en su interior: "Cómo quisiera comprarme uno. Pero mi mami dijo que no puedo gastar mi dinero en otra cosa". Cuando iba a la escuela, solo se le quedaba viendo al caramelo, se le hacía agua la boca.

—Mmm... ¡Qué rico ha de estar! —decía la niña.

Un día, no aguantó más y dijo en su corazoncito: "Tomaré uno. Solo tomaré uno. Nadie se dará cuenta. Es un pequeño e insignificante dulce. Además, Don Jaimito tiene muchos allí".

Así que otra vez la mandaron a comprar y esta vez fue decidida a tomar, lo cual no debía hacer. Mientras don Jaimito buscaba el cambio de dinero, ella agarró su pequeña manita y ¡pass! inmediatamente metió un caramelo en la bolsita de su pantalón.

¿Será que la vio don Jaimito? Sí, sí se dio cuenta. Luego le contó a la mamá de Celia:

—Doña Celia, su hija robó un caramelo esta tarde. Revísala porque eso que hizo no es bueno.

—¿En serio? —preguntó la señora.

—Sí, doña Celia.

Doña Celia estaba muy apenada, tanto que pidió disculpas y pagó la deuda. Llamando a su hijita le dijo:

—¡Celia, ven acá!

Celia no contestaba. ¿Sabes dónde estaba? Su mami la encontró en su cuarto escondidita disfrutando el caramelo.

—Oooh, hija, ¡cómo me pongo de triste al ver que robaste un dulce en la tienda! —expresó con tristeza. Eso está muy mal, hija.

—Pero, mami, es solo un pequeño dulce.

—Sí —contestó la mami—. ¿Pero tú crees que eso es correcto?

—No, mami, no es bueno y ya me siento mal. Perdóname.

—Qué bueno, hija, que te arrepientas. Cuando una codicia puede cometer muchos errores. Dios conoce cada uno de nuestros corazones. Tú sabes que a mí me gustaría mucho tener un refrigerador como el que tiene la vecina, pero no puedo tenerlo y no voy a ir a robárselo. Mejor soy feliz con lo que tengo. Hay gente que llega a matar solo por conseguir lo que quiere.

—Tienes razón, mamita, —contestó la pequeña—, nunca más lo haré. Mejor no mirar los dulces, pasaré de largo y ya.

Dios conoce el corazón y nuestras debilidades, agarra fuerza en Dios y no seas esclavo de tus gustos. Mejor: aléjate de la tentación, no mires, no toques, no huelas, no vayas.

Referencias:
Éxodo 20: 17

MARÍA CON LEPRA

"Así, quien se opone a la autoridad, resiste
a lo que Dios estableció. Y los que resisten,
acarrean condenación para sí mismos".
(Romanos 13: 2)

Debes evitar hablar mal de tus superiores. Dios había elegido a Moisés como líder de su pueblo israelita. Moisés era un hombre muy paciente. ¿Has escuchado a tu mamá cuando te regaña? ¿Cómo te regaña tu mami o tu papi? "Te dije que no lo volvieras a hacer". Algunos de nuestros papis no nos tienen paciencia, en verdad.

Moisés era muy pacifico, casi nunca se enojaba. Moisés tenía dos hermanos, Aaron y María. A ellos, Dios también los utilizaba como profetas. Es decir, mandaba mensajes a través de ellos para su pueblo. Pero ocurrió que, cierto día, se les subió el orgullo y la vanidad al corazón.

Ojalá tú no seas racista, hay mucha gente que desprecia a las personas que son morenas, solo porque ellos tienen piel blanca. Séfora, la esposa de Moisés era de piel morena, ella amaba mucho a Dios y también a Moisés. Los hermanos de Moisés no la querían por el tono de su piel y, al no querer a

Séfora, tampoco aceptaban a Moisés como líder de su pueblo.

María decía:

—Este Moisés no debería ser el líder, deberías de ser tú Aaron y no Moisés. Mira a esa mujer que tomó como esposa, es una vergüenza para nuestra familia. En cambio, tú, hermano, tienes una esposa de nuestro mismo pueblo y más bonita. Dios también ha hablado por nosotros. Nosotros le quitaremos el puesto.

—Pero, hermana, ¿qué es lo que dices? Dios ya eligió a Moisés, no podemos usurpar su lugar —le respondió Aaron.

—¡Ah! No tengas miedo, Dios no nos hará nada. El pueblo nos amará cuando ganemos más fama entre ellos, ya verás.

Ay, qué hermanos más traicioneros, ¿verdad? Esta plática no quedó impune. Dios que todo lo ve, le avisó a su amigo Moisés:

—Moisés, sal con tus hermanos afuera de la iglesia.

Ya estando los tres afuera les dijo:

—Oigan mis palabras ahora, cuando yo decida elegir a otro profeta entre ustedes, yo les haré saber por medio de sueños. Pero no ha sido así con mi siervo Moisés, con él hablo cara a cara, él me es fiel en todo lo que le pido.

¿Por qué no tuvieron temor de andar hablando mal de él? Jehová se enojó por lo que María y Aaron anduvieron diciendo. Entonces, ¿adivina qué pasó? En ese instante, María se llenó de lepra quedando blanca como la nieve, su piel comenzó a deshacerse.

Dios castigó a María por ser la principal habladora.

—Noooo, Señor, no castigues a mi hermana, ¡dame ese castigo! —imploraba Moisés.

Esa enfermedad era terrible, muy difícil de curar, pero, como Moisés era amigo de Dios, este le dijo:

—Está bien, hijo, la voy a castigar por solo siete días. Después de siete días, tu hermana quedará curada.

Así que Dios la sanó después de siete días. Dios es amor, Él hace justicia a su tiempo, por eso debemos evitar hablar mal de nuestros padres, profes, líderes, jefes o nuestros superiores.

Referencias:
Números, Cap. 12

EL PECADO DE NADAB Y ABIÚ

"Cualquiera que componga un ungüento semejante o ponga de él sobre algún extraño, será eliminado de su pueblo". (Éxodo 30: 33)

A Dios le agrada que seamos obedientes en su casa de oración.

—¡No anden corriendo dentro de la iglesia! —dijo un hermano a los niños, quienes salían y entraban del templo.

—Ah, ese hermano siempre nos anda regañando —decían los chicos que no le hacían caso, se andaban afuera como si fuera su casa.

Cierto día, los paró afuera de la iglesia diciéndoles:

—¡Vengan, chicos! ¡Vamos! Les contaré una historia acá afuerita.

—¿Afuera? Sale —dijeron los chicos.

—Esta es la historia de dos jóvenes que no eran dos jóvenes comunes, eran hijos del sumo sacerdote del pueblo de Israel, eran Nadab y Abiú, hijos de Aaron. Dios los había consagrado como sacerdotes. Lo que ahora son pastores, apóstoles, sacerdotes para nosotros.

Ellos eran muy afortunados porque podían entrar a lugares prohibidos para el pueblo común, eran dedicados a Dios y sabían bien lo que no debían hacer y sus consecuencias.

—¡Nadab y Abiú! —dijo Aaron—. Es hora del culto, el pueblo está orando y alabando a Dios. Vayan, tomen su incensario, quemen incienso para que suba como perfume agradable ante el Señor.

Así que los chicos se dispusieron a obedecer. Solo que en esta ocasión estos dos jóvenes se habían embriagado con vino y sidra, y así ebrios entraron al tabernáculo de reunión, por lo que se dijeron:

—¿Qué te parece, Abiú, si en esta ocasión encendemos con otro fuego el incesario?

—Sale, hagámoslo —dijo Abiú—, vamos a descubrir que no pasará nada.

Dios les había advertido que si ofrecían algo distinto a su pedido morirían. Pero ellos no obedecieron, así que cada uno tomó su incensario y colocaron fuego que no debían tomar. Ellos debían tomar fuego solo del altar que Dios mismo había encendido y quemar con ese fuego las ofrendas. Pero ¿qué tipo de ofrendas? Antes eran animales que se ofrecían.

Era diferente a nuestros tiempos, solo que ellos no obedecieron y, al instante, ¿adivinen qué pasó? Descendió fuego del cielo, que los quemó. Sí, los quemó y en un instante murieron los hijos de Aaron por desobedientes.

Aaron no pudo ni ponerse de luto porque Dios le dijo que no debía mostrar tristeza frente al pueblo, el cual había visto todo. Sus hijos sabían lo que debían hacer, pero no lo hicieron y por eso murieron.

Este buen hombre que hablaba con los chicos les terminó diciendo:

—Deben ser reverentes y obedientes en la casa de Dios. Jehová no los matará como a estos dos jóvenes, pero nos dejó historias que nos muestran cuál es su deseo.

Referencias:
Éxodo 30: 33
Levíticos, Cap. 10

CUANDO EL BURRO HABLÓ

"El justo cuida de la vida de su ganado, pero el corazón de los malvados es cruel".
(Proverbios 12: 10)

Cuando te inviten a hacer algo malo, mejor aléjate. ¿Alguna vez has hablado con un animal? Ja, ja, ja, no, ¿verdad? ¿Has escuchado hablar a alguno? ¿Qué harías si escuchas que tu perrito te está hablando? Creo que yo me desmayo del miedo o no sé qué haría.

Bueno te contaré la historia de un hombre que habló con un animal. Sí, este hombre se llamó Balam.

Balam había sido alguna vez un hombre bueno y profeta de Dios, pero había renunciado. Él se había vuelto avaro, pero aún profesaba servir fielmente al Altísimo. Era muy famoso, mucha gente acudía a él para pedirle ayuda ya que se decía que poseía poderes sobrenaturales.

El ejército del pueblo israelita estaba acampando en las fronteras de Moab, el pueblo de Israel avanzaba destruyendo y acabando con todo territorio cananeo para tomarlo, ya que por derecho era de ellos. Ahora regresaban de la esclavitud para poseer sus tierras.

Todo el mundo les tenía miedo porque donde sea que pasaban arrasaban con todo. Todos sabían que tenían un poder misterioso que los acompañaba y les ayudaba a ganar todas las batallas.

Entonces, el Rey Balac, rey de Moab, dijo:

—No, señores, nosotros no podemos pelear con armas con este pueblo. Lo que haremos es pelear por medio de una maldición. Por lo tanto, les haremos una maldición para que este pueblo no nos quite nuestras tierras. Príncipes, ¡vayan por Balam! Él es el único que puede ayudar, llévenle tesoros, oro, riquezas, y tráiganlo para que maldiga a este pueblo enemigo.

Al recibirlos, Balam quedó sorprendido de toda la riqueza que les ofrecían. Él sabía que no tenía poder para maldecir a este pueblo que de por sí era bendito, pero la avaricia le hizo pensar que Dios le daría permiso. Sin embargo, Dios le habló en visión diciéndole que no fuera.

Balam se enojó mucho con Dios porque no lo dejó, así que le dijo a los príncipes que no iría porque Dios no le había dado permiso:

—¡Váyanse! —les dijo.

Los príncipes se fueron y le dijeron al rey:

—Oh, rey, lo mejor será que mande más regalos ya que no quiso venir.

—Entonces no se diga más: lleven más regalos y vayan más príncipes.

Así que se fueron más y con más riquezas.

—Mmm... déjenme pensarlo —dijo Balam—. Quédense otra vez.

Los príncipes esperaron y esperaron, pero Balam no salía. Entonces se dijeron entre ellos:

—¡Ah, Balam no va a ir! Vámonos. Ya no vale la pena esperar más.

Al ver la desesperación de Balam. Dios le dijo a Balam que sí fuera. Pero diría estrictamente lo que Él le dijese. Sin embargo, cuando salió para ir con los príncipes de Moab no encontró a nadie. Ya se habían ido.

—¡Mi oro se lo han llevado! No, esto no me puede estar pasando, no. Yo no debo dejar pasar mi oportunidad de tener tanto oro junto.

Así que tomó su asna, el animal en el que solía montar para hacer sus viajes y se puso en camino para alcanzarlos.

El ángel de Jehová se puso en una senda de viñas que tenía pared de un lado y al otro lado. ¿Adivina qué pasó? El animal vio al mensajero de Dios, pero Balaam no lo vio. Entonces, le pegó con golpes crueles para que volviera al camino, pero nuevamente se le volvió a aparecer el ángel en un sitio angosto y cerrado por murallas de piedra. El animal retrocedió de miedo al ver al ángel con una espada desenvainada, aplastando el pie a Balam.

—¡Ay mi pie, animal! —y volvió a azotarlo cruelmente, tanto que el animal volvió al camino.

Pero, por tercera, vez el ángel se puso en un sendero angosto donde no había camino para apartarse ni a la derecha ni a la izquierda. El animal comenzó a temblar de terror, se detuvo por completo cayendo al suelo y aplastando a Balam.

Esta vez, Balam no conoció límites y con su vara golpeó al animal aún más cruelmente que antes. Dios abrió entonces la boca de la burra y la bestia, hablando en voz de hombre, frenó la locura del profeta:

—¿Qué te he hecho que me has azotado estas tres veces? —dijo.

Balam le contestó a la bestia lleno de ira:

—¿Por qué te has burlado de mí? Si tuviera una espada en mi mano, ahora mismo te mataría.

Entonces los ojos de Balam fueron abiertos y vio al ángel de Dios de pie con la espada desenvainada, listo para darle muerte.

—¿Por qué has azotado a tu asna hasta estas tres veces? Yo soy el que ha salido a resistirte porque tu camino es perverso. De no ser por tu asna, tú ya estarías muerto.

No esperes hablar con un animal para entender lo que Dios requiere de ti.

Referencias:
Números 22-24
Segunda de Pedro 2: 15
Patriarcas y profetas, Cap. 40

NO ENTRARÁS EN LA TIERRA PROMETIDA

"Nunca más se levantó un profeta en Israel como Moisés a quien Jehová conoció cara a cara". (Deuteronomio 34: 10)

Si algún día llegas a cometer un grave error, arrepiéntete, se fiel y Dios te premiará. ¿Te acuerdas del pequeño bebé a quien su mami colocó en una canastita en el agua para que no lo mataran? ¿Te acuerdas de cómo Dios se le apareció encomendándole salvar a un pueblo grande y numeroso? En la historia de hoy sabrás que Moisés ya ha trabajado mucho, ha tenido que soportar a ese pueblo, ahora ya es un anciano que ha terminado la labor que Dios le ha encomendado.

Por lo tanto, Dios dijo a Moisés:

—Moisés sube al monte Nebo, mira la tierra de Canaán que doy por herencia a los hijos de Israel, ya que allí morirás.

—Pero, Dios, ¿de verdad no entraré a la tierra a la que tanto deseo entrar?

—No, Moisés, no entrarás allí —le dijo Dios.

—Oh, qué tristeza.

Moisés no podrá entrar a la tierra que tanto ha soñado entrar junto con su familia israelita. Pero ¿por qué no entrará allí? Te preguntarás.

Bueno, resulta que Moisés ha sido obediente en todo a Dios, solo cometió un error y por ese único error él no podrá entrar a la tierra soñada.

Resulta que cierto día el pueblo tenía mucha sed, tanto que comenzaron a quejarse:

—¡Moisés, danos agua! Moriremos de sed aquí. Mejor nos hubiésemos quedado en Egipto —le gritaban a Moisés.

Pobre Moisés, lo único que hizo fue ir a postrarse y orar con Dios. Dios le dijo:

—Moisés, Moisés: toma tu vara y reúne a la gente. Después, háblale a la roca frente a ellos y saldrá agua para que sacien su sed.

Moisés ya estaba cansado de tantas quejas porque no solo era uno quien se quejaba, eran miles que se quejaban exigiendo agua. Por eso Moisés perdió la paciencia y dijo frente a todos:

—Óiganme, rebeldes, ahora mismo haremos salir agua de esta peña para ustedes.

Enseguida tomo la vara golpeándola dos veces. Pero, qué gran error, Dios le ordenó que le hablara, no que la golpeara.

Por lo tanto, dijo Dios a Moisés:

—No entrarás con este pueblo a la tierra prometida.

Imagínate, por un solo error en todo su trayecto de profeta. Moisés fue reprendido de esta forma. Así que llegó el tiempo en que Moisés tenía que descansar y avanzó con paso firme hacia su propia muerte. Estando en la cima del monte, Dios le permitió ver la tierra prometida, le permitió ver en visión muchas cosas que ya sucedieron y, después de eso, Moisés murió solito allí en ese monte.

Dios mismo lo enterró. Pero algo maravilloso pasó, ¿quieres saber? Moisés no tardó mucho tiempo en su sepultura. Cristo mismo acompañado por los ángeles descendió del cielo para llamar a su siervo que dormía.

Satanás lo reclamaba como suyo por haber desobedecido a Dios. Pero Dios no le hizo caso, lo llamó de la tumba resucitándolo de la muerte. Moisés no resucitó por sus propios méritos, resucitó por el derecho que todos tenemos en Cristo Jesús.

No entró a la tierra prometida, pero está en el lugar que todos anhelamos estar. Él está en el cielo porque se arrepintió de todo corazón.

Moisés cumplió su propósito en esta vida y Dios lo recompensó grandemente.

Referencias:
Números, Cap. 20
Deuteronomio, Cap. 34
Patriarcas y profetas, Cap. 34: "La muerte de Moisés"

ESFUÉRZATE Y SÉ VALIENTE

"Solamente esfuérzate y sé muy valiente, para cuidar de hacer conforme a toda la ley que mi siervo Moisés te mandó; no te apartes de ella ni a diestra ni a siniestra, para que seas próspero en todas las cosas que emprendas". (Josué 1: 7)

No tengas miedo, Dios está contigo. ¿Qué es lo que haces cuando tienes miedo? ¿Sales corriendo con tu mami y te pones a llorar?

—¡Qué haremos! —gritaba la gente desconsolada, pues Moisés ya había muerto.

—¡No tenemos líder! ¿Quién será nuestro líder?

—¡Josué, Josué! —gritaban muchos.

—¡Sí, Josué! Porque a Josué lo ungió Moisés, entonces él será nuestro líder.

—Pero Dios no está con él —decían otras personas—: él no puede ser nuestro líder.

Pobre Josué, imagino que tenía mucho miedo, él sabía que ese pueblo era muy rebelde y desobediente. Solo que Josué tenía toda la capacidad y preparación para lo que tendrían que enfrentar. Esto era: enfrentar a los cananeos.

Josué era valiente, firme y estaba preparado para la guerra. Dios mismo lo había elegido para este servicio.

Josué estaba triste ya que Moisés había muerto.

—¿Qué haré, Señor? Necesito que me hables —oraba Josué.

Por tanto, Dios le habló, dándole la confianza que necesitaba para guiar a ese pueblo y le dijo:

—Levántate, Josué, y toma esa tierra que les doy por heredad. Nadie podrá resistir delante de ti, ya los he entregado en tus manos solo esfuérzate y sé muy valiente y cuida de obedecer la ley que les di a través de Moisés.

Josué no tardó en obedecer a Dios. Él tomó el mando de guiar a un pueblo grandioso y numeroso hacia la tierra prometida. Todo el pueblo obedeció a Josué y seguían lo que él les ordenaba.

Josué fue muy valiente, nunca se separó de la mano de Jesús, por eso le fue bien en todas sus batallas. Así que, cuando tengas miedo, solo dile al Señor que te de la seguridad de su compañía.

Referencias:
Josué 1

CAYERON LAS MURALLAS DE JERICÓ

"El Eterno va delante de ti. Él estará contigo. No te dejará, ni te desamparará. No temas, ni te intimides". (Deuteronomio 31: 8)

Cuando Dios está de tu lado, no hay barreras ni murallas que te impidan lograr tus objetivos.

—No, no podremos derribar esas grandes murallas —comenzó a murmurar el pueblo israelita—. Esas murallas están construidas de piedra maciza y sólida, de seguro son impasables. ¿Qué haremos?

Como Josué no sabía qué hacer se apartó en silencio, buscando a Dios en oración. Oró:

—¿Qué debo hacer, Señor? Necesitamos tu ayuda.

Dios, otra vez se le apareció, le dio la seguridad que necesitaba, así como las instrucciones para ganar esa batalla. Así, Josué regresó al campamento diciendo:

—Señores, ya sé qué es lo que haremos, escuchen con atención.

Todos estaban a la expectativa.

—¿Qué haremos?

—Bien —contestó Josué—. Esto es lo que haremos. Alístense todos porque mañana saldremos muy temprano, vamos a caminar alrededor de la ciudad, le daremos una sola vuelta.

Así que, a la mañana siguiente, todos los soldados se alistaron y se pusieron en marcha. Despacito, despacito iban todos, bien silenciosos caminaban alrededor de la ciudad y al terminar se regresaban cada uno a su tienda donde vivían. Una vuelta diaria.

Lo hicieron así por seis días consecutivos. La gente de Jericó observaba lo que pasaba, todos a la expectativa. Algunos se preguntaban:

—¿Qué pasará? ¿Por qué solo dan vueltas?

Algunos se reían:

—¡Ja, ja, ja! ¡Están locos! ¿Creen que así podrán entrar a nuestra ciudad amurallada? Jamás podrán entrar.

Otros tenían miedo de lo que pudiera pasar. Pero, al fin, llegó el séptimo día.

—¡Bien! —dijo Josué—. Este día séptimo daremos siete vueltas a esta gran ciudad, iremos todos calladitos sin hacer ruido, cuando acabemos la séptima vuelta, los sacerdotes tocarán las trompetas y gritaremos con todas nuestras fuerzas: "Las murallas de Jericó caerán". Entraremos y mataremos todo lo que haya a nuestro paso.

Todos se alistaron y se prepararon porque la batalla estaba por concluir, pronto entrarían a la ciudad para tomarla. Llegó la séptima vuelta y los de

Jericó estaban esperando ansiosos para ver qué pasaría y, justo al terminar su recorrido, las trompetas sonaron con un fuerte sonido y todo el ejército gritó:

—¡Aaaaaaaaaaaaaaaaaaaaaah!

Inmediatamente, como si las murallas fueran de papel, comenzaron a caer por pedazos. La gente allí dentro corría asustada por salvar sus vidas. No podían creer lo que pasaba. Los israelitas entraron a la ciudad, matando y destruyendo todo lo que encontraban. No dejaron nada vivo, Dios había sido claro, no deben tomar nada, absolutamente nada, porque si se quedan con algo, será un grave pecado y debe morir el que tal haga.

Los israelitas solo caminaron y gritaron para que las murallas cayeran, Dios estaba con ellos, Dios fue el que peleó por ellos en ese momento.

Cuando Dios está de tu lado, no hay nada que no puedas lograr. Dios hará cosas maravillosas por los que confían en Él.

Referencias:

Josué, Cap. 6

Patriarcas y profetas, Cap. 45: "La caída de Jericó"

EL PECADO
DE ACÁN

"Y les dijo: mirad, guardaos de toda avaricia, porque la vida del hombre no consiste en la abundancia de bienes que posee".
(Lucas 12: 15)

Piensa antes de desobedecer, ya que puede afectar a otros gravemente. Los israelitas habían ganado su primera batalla, estaban llenos de orgullo y confianza.

—Vamos a conquistar la ciudad de Hai —dijo Josué—. Necesito unos espías para que me traigan informes sobre esa ciudad.

Ya de regreso, los espías dijeron a Josué:

—No es necesario que gastemos nuestras energías, esa ciudad es bien pequeña y la gente es confiada.

—De ser así, solo mandaremos unos tres mil soldados, poquitos.

Al llegar a invadir Hai, algo extraño pasó: salieron huyendo estos israelitas. Los de Hai los persiguieron matando a unos treinta y seis soldados.

—¡Nos están matando! ¡Huyamos!

—¡Moriremos! ¡Corran por sus vidas!

—¡Dios nos abandonó! —decían otros.

—¡No! Esto no es justo —decían otros.

—¿Por qué, Señor? —se preguntaba Josué—. ¿Por qué perdimos esta batalla?

Josué estaba triste y preocupado. Jesús le respondió:

—No te pongas triste, Josué. En esta ocasión no estuve con ustedes porque hay pecado en Israel.

—Pero ¿por qué, Señor? —preguntó Josué.

Dios le respondió:

—Sí, Josué, alguien pecó. Hasta que no quiten ese pecado del pueblo, no podrán seguir con sus batallas.

Enseguida Josué reunió a todo el pueblo explicándoles:

—¡El Señor me dijo que alguien pecó! ¡Soldados! ¡Revisen tienda por tienda! Ahora mismo vamos a descubrir quién es el que nos está trayendo todo este mal.

Todos se preguntaban, ¿quién habría pecado? y ¿qué era lo que había hecho? Nadie decía nada. Revisaron familia por familia hasta que dieron con el culpable. Trajeron un hombre que se llamaba Acán.

—¿Qué es lo que hiciste Acán? —le preguntó Josué—. Dinos, ¿qué es lo que hiciste?

Acán respondió:

—Yo solo vi un manto babilónico, muy bueno, doscientos siclos de plata y un lingote de oro de cincuenta siclos de peso, lo cual codicié y tomé. Lo tengo escondido bajo tierra en medio de mi tienda, el dinero está debajo. ¡No me vayan a hacer nada! ¡Perdónenme la vida! Es que yo no podía dejar pasar mi oportunidad de hacerme rico —dijo este hombre.

Josué y los demás líderes le dijeron:

—Pero Dios dijo que no tomáramos nada. ¿Por qué desobedeciste?

—¡Debe morir! ¡Debe morir! —gritaba el pueblo enfurecido.

—Sí, debe morir. Esa es la ley. Por su culpa muchos perdimos a un familiar. ¡Debe morir!

¿Qué pasó con Acán? Sí, murió. Lo llevaron a un valle con toda su familia. Allí lo apedrearon, allí murió junto a toda su familia, porque todos fueron cómplices al esconder el tesoro robado.

Referencias:
Josué, Cap. 8
Patriarcas y profetas, Cap. 45

EL ENGAÑO DE LOS GABAONITAS

"Recurrieron a la astucia, pues fueron y se fingieron embajadores". (Josué 9: 4)

Antes de creer todo lo que te digan, mejor investiga. El rey de Gabaón comenzó a decir:

—¡No! Nosotros no podemos pelear con este pueblo israelita. ¡Miren! Ya destruyeron a muchos reyes del otro lado del Jordán, también ya destruyeron Jericó, una ciudad amurallada y ya destruyeron Hai. Ahora seguimos nosotros, de seguro nos matarán a todos. Por lo tanto, haremos algo para salvar nuestras vidas y la vida de nuestro pueblo.

¿Qué es lo que hicieron? Bueno, ellos fueron muy astutos. Ahora mismo te contaré: Josué estaba tomando un descanso y planeando su próxima batalla. Uno de esos días vieron que se acercaba un grupo de personas.

—¿Quiénes serán? —se preguntaban—. De seguro vienen desde muy lejos.

Cuando llegaron, ellos les preguntaron a los viajeros:

—¿Vienen en paz?

—Sí, venimos en paz —fue la respuesta—. Venimos desde tierras muy lejanas, aún más allá de las tierras de palestina, hemos oído que son un pueblo que tiene un Dios que hace maravillas por ustedes y a nosotros nos enviaron a hacer alianza con ustedes. Nosotros no somos cananeos.

Los líderes de Israel comenzaron a interrogarlos:

—¿En verdad no lo son? ¿Cómo nos prueban que no son cananeos?

—Oooh, señores, miren nuestros zapatitos, están viejos de tanto caminar, nuestras ropas sucias y remendadas, nuestro pan, miren, está viejo. Cuando salimos de nuestras casas estaba fresquito, ahora está mohoso.

Debes saber que Dios le había dicho a Josué que no se aliara con ninguna gente del pueblo cananeo, idólatras. Por eso tantas interrogaciones.

Pero ¿qué es lo que hicieron? ¿Será que hicieron la alianza? Sí, ellos hicieron alianza con los gabaonitas, prometieron ser sus aliados y no matarlos. Todo esto en el nombre de Jesús.

Mentirosos estos gabaonitas. Después de que pasaron tres días, Josué junto con todo el pueblo se enteró de que estos eran sus vecinos y que eran sus próximas víctimas. Se enojaron mucho por el gran error que cometieron.

—¿Cómo nos fueron a engañar? —se preguntaban.

No les quedó más que respetar su palabra, porque la habían hecho en el nombre del Señor y acuérdate que no debemos tomar el nombre de Dios en vano. Por lo tanto, ellos no los mataron. ¿Qué será que les hicieron?

De castigo los pusieron como sus esclavos. Estos gabaonitas traían leña, acarreaban agua... Esto lo hicieron con gusto con tal de no morir.

A pesar de que los gabaonitas habitaron entre el pueblo israelita por medio de mentiras, Dios los utilizó. Fue un pueblo que se convirtió en defensores de su palabra. Aunque hubo algunos desobedientes y otros fieles; así como en todos lados.

Referencias:
Josué, Cap. 9

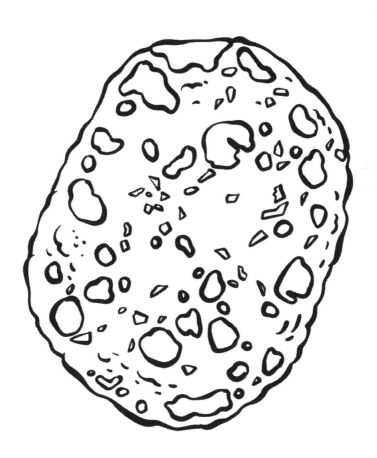

CUANDO EL SOL SE DETUVO

"Y el sol se detuvo y la luna se paró, hasta que la gente se había vengado de sus enemigos. ¿No está escrito en el libro de Jaser? El sol se detuvo en el cielo, y no se apresuró a ponerse casi un día entero".
(Josué 10: 13)

El Dios del cielo es Dios de lo imposible. Díganme, ¿qué cosa no es capaz de hacer Dios por sus hijos? Dios hace lo que quiere. Resucita muertos, hace hablar a los animales, abre mares, y en la historia de hoy detiene el sol.

Sí, en un momento de la historia de nuestro planeta, Dios detuvo el sol. Resulta que los demás reyes se enteraron de la alianza que hicieron los de Gabaón, ellos se enojaron mucho con ese pueblo diciendo:

—¡Vamos a tomar Gabaón! ¡Vamos a destruirlos porque se sometieron a ese pueblucho y no se unieron a nosotros!

Cinco reyes se habían unido contra ellos. ¡Eran muchísimos! Hablando entre ellos conspiraron:

—Debemos tomar Gabaón, así Israel será una presa fácil, nadie podrá con nosotros.

El mensaje le llegó a Josué y el pueblo de Gabaón pedía ayuda:

—¡Auxilio! La súper alianza de reyes nos viene a destruir, ahora somos aliados y deben ayudarnos.

Josué le preguntó a Dios qué debían hacer. Dios bondadosamente le respondió otra vez:

—No tengas temor porque ya los he entregado en tus manos.

Entonces Josué se apresuró para pelear contra estos reyes. Marcharon toda la noche, ya al amanecer les cayeron de prisa a estos reyes junto a todo su ejército aliado. Los sitiadores de Gabaón salieron huyendo.

—¡Corramos! ¡Nos alcanzan!

Subiendo por una gran montaña y detrás el ejército de Josué, estos se precipitaron a descender la montaña, para que el ejército de Jehová no los alcanzara. Fue allí donde apareció la gran actuación de Dios.

Comenzó a caer granizo. Jehová arrojó grandes piedras sobre ellos, más fueron los que murieron por esta terrible tempestad que los que mataron los israelitas. Pero aun así no terminaban porque eran muchos.

Todos se preguntaban:

—¿Qué haremos? El día no nos alcanzará para acabar con todos.

La noche estaba a punto de caer, esto no podría pasar, aún faltaban muchos por destruir, los amorreos huían. Entonces, Josué le habló a Jehová y le dijo en presencia de los israelitas:

—Sol, detente en Gabaón, y tú luna, en el valle de Ajalón.

¿Qué fue lo que pasó? ¿Será que el sol se detuvo? Claro que sí. El sol se detuvo y la luna se paró casi un día entero.

Ese día fue victorioso. Hasta el día de hoy lo recordamos, no hubo un día como aquel, ni antes ni después en que Jehová haya obedecido a la voz de un hombre ya que Jehová peleaba por Israel.

Qué maravillosa experiencia, qué poderoso y bueno es Dios.

Referencias:

Josué, Cap.10

Patriarcas y profetas, Cap. 47

¿SEÑOR, ESTÁS CONMIGO? (PARTE 1)

"Cuando se le apareció el Ángel de Jehová y le dijo: Jehová está contigo, hombre esforzado y valiente". (Jueces 6: 12)

Las personas esforzadas y valientes ven cosas buenas en su vida. Seguiremos estudiando sobre el pueblo de Israel. Ellos habían visto muchas maravillas y demostraciones del poder de nuestro Dios, pero aun así decidieron hacer lo malo: adoraron a otros dioses. Fue un pueblo muy rebelde, por eso Dios los entregaba en mano de los pueblos idólatras y estos les hacían la vida difícil. Aun así, Dios nos los abandonó porque era su pueblo elegido, aún había gente que amaba a Dios de corazón.

Era una mañana linda para trabajar, Gedeón estaba trillando el campo de su padre, solo y triste. Sus hermanos habían sido muertos en manos de los madianitas quienes les quitaban sus posesiones, los mataban y no les dejaban vivir felices.

"¿No es posible que no haya pasto?" Decía en su corazón. "¿Acaso siempre viviremos así?" Se preguntaba este joven. Era el único sobreviviente de sus hermanos.

Estaba inmerso en su tristeza cuando de repente se le apareció un ángel. ¡Imagínate que a ti se te aparezca un ángel! Dime, ¿qué harías?

El ángel le dijo:

—Jehová está contigo, hombre esforzado y valiente.

Él le respondió:

—Ah, Señor mío, ¿si Jehová está con nosotros por qué nos ha sobrevenido esto? ¿Dónde están todas las maravillas que nos cuentan nuestros padres? ¿Acaso solo salimos de Egipto para seguir siendo esclavos?

Jehová lo miró y le dijo:

—Ve, que con tus fuerzas salvarás a Israel de manos de los madianitas.

—¿Yo Señor? Pero ¿quién soy yo? Apenas un muchacho pobre y el más pequeño de mi familia.

Entonces Jehová le dijo:

—Yo estaré contigo.

—Oh, Señor, te ruego que si he hallado gracia me muestres alguna señal. Espérame aquí Señor y traeré ofrendas —suplicó Gedeón.

Así que Gedeón salió de prisa, preparó comida y la trajo ante el ángel de Dios. Este le dijo:

—Toma el pan y la carne que traes, ponlos en esta piedra y el caldo tíralo.

Extendiendo su cayado, el ángel tocó la carne y los panes. ¿Imagina qué pasó? Todo se quemó y se consumió. Gedeón quedó sorprendido y seguro de que quien lo visitaba era realmente Jehová.

Gedeón tomó fuerzas, derribó los altares que su padre tenía. Derribó a Baal, dios pagano. La gente de su pueblo le decía a su padre:

—Saca a tu hijo que lo vamos a matar.

—¡No! —dijo su padre—, no lo matareis. Este ídolo no vale nada. (¿Por qué no se defendió si se supone que es un Dios?)

—Ahora, el que venga a pelear para matar a mi hijo de seguro morirá.

Después de eso ya no lo molestaron más.

Referencias:

Jueces, Cap. 6

Diccionario Bíblico Adventista (Gedeon)

¿SEÑOR, ESTÁS CONMIGO? (PARTE 2)

"Temer a los hombres es un lazo, pero el que confía en el Eterno está seguro"
(Proverbios 29:25)

Jehová confirma el llamado que hace a sus hijos. Fátima iba a cantar por primera vez en la casa de Dios por eso estaba muy nerviosa esa mañana.

—¡Mami! Se me va a olvidar el canto —decía—. No podré, mami. Mira cómo me tiemblan mis pies.

—Oh, hija, no tengas miedo. Solo vas a alabar a Dios. Además, a ti te gusta cantar. Todo saldrá bien.

—Pero, mami —insistía la niña—, en serio tengo muchos nervios.

—Está bien, hija. Te contaré una linda historia para que agarres ánimo.

—¿Qué historia, mami? —preguntó la niña con curiosidad.

—Ahí te va —dijo la mami.

Se trata de Gedeón. Este fue un joven a quien Dios llamó a servirle.

Fátima preguntó:

—¿En qué mami?

—Lo llamó a pelear por su pueblo.

—¿A pelear, mami? ¡Qué miedo, mami!

Su madre le explicó lo siguiente:

—Sí, solo que él confiaba en Dios y sabía que Dios estaba con él, pero aun así tenía miedo. Salir a pelear no es cosa fácil, allí puedes perder tu vida.

—¡Sí, mami! —dijo Fátima.

El pueblo madianita, los amalecitas y los del oriente se unieron para pelear con Israel, ellos cruzaron el río Jordán y acamparon para el enfrentamiento. El espíritu de Jehová vino sobre Gedeón quien era celoso y valiente. Mandó aviso a sus hermanos, los cuales vinieron a su encuentro también para unirse y pelear, pero aun Gedeón quería tener la certeza de que Dios estaba con él.

Así que oró al Señor:

—Oh, Señor, si de verdad estás conmigo, por mi mano salvarás a tu pueblo de manos de estos idólatras. Muéstrame. Esta noche pondré un pedazo de tela en el campo y si el vellón amanece mojado y alrededor de la tierra está seco, es que tú estás conmigo.

¿Adivina qué pasó? Al siguiente día, así mismo amaneció: estaba mojado el pedazo de tela, tanto que Gedeón pudo llenar un vaso con esa agua y la tierra amaneció seca.

Pero aun Gedeón quería confirmar y tranquilizar sus nervios y su miedo. Tanto, que como un niño le pidió a Dios que le invirtiera la prueba. Y Dios le concedió su pedido: al siguiente día amaneció seco ese pedazo de tela y la tierra amaneció bien mojada.

Gedeón entonces avanzó con valor y seguridad. Sus miedos desaparecieron, sus nervios se acabaron porque supo que Dios estaba de su lado.

—Así que, hijita mía, como con Gedeón: Dios está aquí, ahora mismo, contigo.

Fátima pasó y alabó a Dios sin olvidarse del canto.

Referencias:
Jueces 6: 33-40

LOS 300 MÁS VALIENTES

"Después los oficiales dirán al ejército: 'Quien tiene miedo y siente desfallecer su corazón, vuelva a su casa, no sea que acobarde el corazón de sus hermanos'".
(Deuteronomio 20:9)

El miedo te evitará ver maravillas. Gedeón estaba por encabezar una batalla decisiva para el pueblo de Israel. Cansados de tanta opresión, los niños no podían jugar libres en los patios de sus casas, tenían miedo de que vinieran los madianitas, los amalecitas y los mataran. ¡Qué miedo!

Por eso, se habían reunido treinta y dos mil hombres de guerra para enfrentar a sus enemigos. Dios dijo a Gedeón:

—Es mucha gente, luego dirán que por sus propias fuerzas ganaron.

—¡No! Diles a los que tengan miedo que madruguen y regresen a sus casas.

Gedeón les habló a sus soldados enlistados:

—Varones esforzados y valientes, si alguno de ustedes se estremece de miedo es mejor que desista y se vaya a su casa mañana muy de madrugada.

¿Cuántos regresaron? Nada más que veintidós mil, quedando solo diez mil. Eran muchos los miedosos, ¿verdad? Y no era para menos.

Aun así, Dios dijo:

—Aún hay mucha gente. Llévatelos a beber agua, allí les pondré otra prueba. Llevaremos a guerra a los más valientes. Mira bien Gedeón —le dijo Dios—: el que lama las aguas con su lengua como lame el perro, ponlos aparte; y a los que doblen sus rodillas para beber, también ponlos aparte.

Los que lamieron el agua como el perro fueron los elegidos por Dios y los que tomaron agua de rodillas fueron despedidos, enviados a su casita. Ahora dime, ¿cómo lame el agua el perrito? Muy bien, esos fueron los valientes y a ellos, Gedeón les dio trompetas. Te preguntarás: ¿trompetas? ¿Con trompetas se va a la guerra? ¿Con qué se va a la guerra? Claro que, con armas, pero Dios no actúa como nosotros pensamos.

Además de trompetas, Gedeón le dio a cada uno de los valientes un cántaro vacío que solo contenía un pedazo de madera encendida con fuego adentro. Diciéndoles:

—Haréis como yo hago.

Al caer la noche, Dios le dio a Gedeón la seguridad de que ganarían con solo trescientos.

Gedeón llegó al extremo del campamento, tocó la trompeta ¡tututu! gritando:

—¡Por Jehová y por Gedeón!

Los demás también gritaron fuerte:

—¡Por Jehová y por Gedeón! —mientras quebraban los cántaros y sostenían la antorcha de madera.

Fue grande el escándalo. Tanto, que el pueblo enemigo comenzó a matarse entre ellos mismos de tanto miedo.

Gedeón y sus trescientos solo quedaron parados viendo cómo se mataban, ellos solo obedecieron a Dios.

Algunos salieron huyendo, pero como estaban en tierra israelitas no pudieron escapar, los atraparon y los mataron. Así fue como ganaron la guerra y tuvieron paz esos años.

Referencias:

Jueces, Cap. 7

EL NACIMIENTO DEL HOMBRE MÁS FUERTE DEL MUNDO

"No tomará nada que proceda de la vid; no beberá vino ni sidra, y no comerá cosa inmunda; guardará todo lo que le mande".
(Jueces 13: 14)

Debes comer saludable para ser fuerte. En casa del señor Manoa había mucha tristeza porque no había niños, todo era tristeza. La pareja ya se había resignado a no tener bebés. ¿Verdad que los bebés son lindos?

Cierto día, el ángel de Jehová se le apareció a la esposa de Manoa diciéndole:

—Oh mujer, tú eres estéril, no has tenido hijos. He visto que eres una mujer esforzada y valiente, sé muy bien cuánto anhelas tener un bebé en tus brazos. Por eso tú concebirás y darás a luz un hijo.

Ella preguntó:

—¿En verdad yo voy a tener un bebé en mis brazos?

El ángel le contestó:

—Sí lo tendrás, pero debes tener en cuenta que desde ahora no debes beber vino, ni sidra, ni comer cosa inmunda; y a ese bebé no le debes cortar el cabello. Será nazareo de Dios desde su nacimiento, él comenzará a salvar a Israel de mano de los filisteos.

Esta mujer se puso muy contenta. Cuando llegó, le dijo enseguida a su marido:

—¿No me lo vas a creer? Hoy vino un varón con aspecto de ángel de Dios, era temible en gran manera, del susto que me di ya ni le pregunté su nombre ni tampoco le di mi nombre, pero él me dio una noticia extraordinaria. ¡Me dijo que tendríamos un hijo!

Manoa le respondió:

—¿Cómo que tendremos un hijo, si tú no puedes tener hijos?

Ella continúo explicando:

—Sí, eso me dijo; y me dijo que debo cuidar mucho mi alimentación.

Manoa vio muy nerviosa y emocionada a su esposa ya que él sabía que si el ángel le pidió que cuidase su alimentación es porque no sería cualquier niño. Por lo tanto, oró al Señor:

—Oh, Señor mío, te ruego que vuelvas a enviar a ese mismo varón a nosotros para que nos explique cómo debemos educar a ese niño que nos vas a dar.

Dios contestó su oración. Se le volvió a aparecer a su mujer. Esta salió corriendo a buscar a su marido:

—¡Manoa, Manoa! ¡El varón que vino a mí el otro día se me volvió a aparecer! ¡Ven que te está esperando!

Manoa salió corriendo y enseguida le dijo a este distinguido varón:

—Dinos, por favor, ¿cómo debe ser la manera de vivir del niño y qué debemos hacer con él?

El ángel respondió:

—Tu esposa debe cuidar de no tomar nada que proceda de la vid; no beberá vino ni sidra, y no comerá cosa inmunda; guardará todo lo que le mande.

Manoa se puso feliz por la noticia de poder tener un bebé, él no sabía cómo agradecer a este varón. Entonces, le ofreció un cabrito y una ofrenda, la encendió. A la hora de subir la llama, el ángel de Jehová subió en la llama del altar ante los ojos de Manoa y de su mujer, los cuales, postrándose en tierra quedaron sorprendidos al reconocer que habían visto a Dios. Después de nueve meses les nació un hermoso bebé al cual llamaron Sansón.

Así como Jehová indicó a esta madre que debía evitar alimentos insanos a su bebé. Él te pide que desde hora que eres pequeño también te abstengas de alimentos chatarra para que seas sano, fuerte e inteligente.

Referencias:
Jueces, Cap. 13

DEL DEVORADOR SALIÓ COMIDA Y DEL FUERTE SALIÓ DULZURA (PARTE 1)

"Ay de los que a lo malo llaman bueno, y a lo bueno malo; que hacen de la luz tinieblas, y de las tinieblas luz; que ponen lo amargo por dulce, y lo dulce por amargo". (Isaías 5: 20)

Júntate con gente de bien. Sansón fue un niño al que no le faltó nada, sus padres hicieron todo lo que estuvo a su alcance por darle la mejor educación. No fallaba en los cultos de la iglesia y comía puras frutas y verduras. Me imagino que tus padres también te aman y te cuidan mucho, así como los padres de Sansón. ¿Es así? Sansón era muy fuerte.

Ahora te contaré sobre algunas cosas muy malas que Sansón hizo a pesar de todo el esfuerzo que hicieron sus padres.

—¿Sansón, a dónde vas? —gritó su madre.

—¿Qué te importa, mami? —contestaba Sansón—: Voy a Timnat.

—¿Qué vas a hacer a esa tierra de filisteos? No vayas, Sansón. Allá están nuestros enemigos —le decía su madre

Los filisteos eran malos, le robaban al pueblo israelita, les cobraban muchos impuestos y, a veces, los mataban, eran un pueblo idólatra. Los israelitas no se debían juntar con esa gente. A pesar de las advertencias de sus padres, Sansón se iba y se juntaba con esa gente. Sus amigos eran vagos y groseros. Cierto día, de tanto juntarse con esa gente, Sansón se enamoró de una mujer filistea.

Fue corriendo con sus padres para darles la noticia:

—Padres, ¡me voy a casar con una filistea!

—Pero hijo, ¿acaso no hay muchachas bonitas en Israel?

—No. —fue la respuesta de Sansón—. Ya me enamoré de ella y con ella me voy a casar.

Sus padres se pusieron tristes y no les quedó opción más que ir y pedir a esa joven idólatra.

Otro día, yendo de camino a Timnat, a Sansón se le apareció un león joven y rugía grrrr grrrr. Se lo quería comer. ¿Será que Sansón salió corriendo? No, Sansón no salió corriendo. Salió a enfrentarlo y tomándolo de la quijada lo despedazó con sus manos, él solito. Pero no le contó a sus padres nada. Así de fuerte era Sansón, en gran manera.

Otro día, cuando fueron para la boda con la chica, Sansón se asomó a ver al león que había matado unos días antes y ¿adivina qué es lo que había en ese león? ¡Un panal de miel!

¿A ti te gusta la miel? Es muy rica. Así que Sansón la agarró, comió un poco y se la compartió a sus padres. Imagina la tristeza de esos padres, todo su esfuerzo en la educación de su hijo y él bien desobediente. Ojalá aprendas a tomar buenas decisiones en la vida.

Referencias:

Jueces 14: 1-9

DEL DEVORADOR SALIÓ COMIDA Y DEL FUERTE SALIÓ DULZURA (PARTE 2)

"Así dice el Eterno: 'Maldito el que confía en el hombre, el que se apoya en la carne, y su corazón se aparta del Eterno'". (Jeremías 17:6)

Fíjate bien en quien confías. Estando en la boda, Sansón dijo a los invitados:

—Les voy a decir una adivinanza, si me la descifran les daré treinta vestidos de lino fino y treinta de fiesta. Ahí les va: DEL DEVORADOR SALIÓ COMIDA Y DEL FUERTE SALIÓ DULZURA.

¿Qué es? ¿Tú sabes? Todos los invitados a su boda eran filisteos y odiaban a Sansón. Lo peor es que, si no adivinaban ellos, darían las treinta piezas de lino fino y de fiesta. Por más que se quebraban la cabeza no podían adivinar. Así que recurrieron a forzar a la novia de Sansón, diciéndole:

—¡Obliga a Sansón para que te de la respuesta de la adivinanza! Si no lo

obligas te mataremos a ti y a tu familia.

Como la amenazaron, ella fue corriendo con Sansón a decirle:

—Sansón, dame la respuesta de la adivinanza —lloraba la joven.

De tanto llanto, Sansón le reveló la respuesta y esta se las dio a los filisteos.

—Muy bien —dijeron los filisteos—. Ahora sí, Sansón, ya tenemos la respuesta: ¿Qué cosa es más dulce que la miel y qué cosa es más fuerte que el león?

Sansón se enojó mucho con su novia porque ella había revelado todo y por su culpa tenía que conseguir en total 60 piezas de ropa. ¿De dónde será que las consiguió?

Como estaba tan enojado, salió corriendo de la fiesta, mató a 30 hombres filisteos, los despojó de su ropa y se las dio a los que habían descifrado la adivinanza.

Después, ya no regresó a la fiesta. Mejor se fue a su casa. ¿Qué pasó con la prometida de Sansón? Bueno, sus padres la dieron en casamiento a otro hombre.

Cuando se le pasó el coraje a Sansón, regresó y dijo:

—¿Dónde está mi novia? Iré a verla.

Los padres de la joven le respondieron:

—¡No, no pases Sansón! Ya se casó

con otro hombre, pensamos que ya no la querías.

—¿Cómo qué no? —respondió Sansón—: Sí la quiero. Pero ¿cómo que ya se casó? Ahora no respondo por las consecuencias.

Sansón se fue muy molesto. Cazó trescientas zorras, las unió cola con cola y les prendió fuego.

¿Qué fue lo que hicieron las zorras? Salieron corriendo por el calor del fuego que llevaban en las colas y al correr se quemaron las viñas de uvas. Todo destruyeron a su paso en tierra de los filisteos. Por ello, los filisteos se enojaron mucho con Sansón y lo buscaban para matarlo.

Sansón se equivocó desde el principio al elegir compañía enemiga de Dios y por eso cometió muchos errores.

Referencias:

Jueces, Cap. 14: 10-20; 15: 1-8

CUANDO SANSÓN ORÓ

"Entonces, Sansón dijo: 'Con la quijada de un asno, un montón, dos montones; con la quijada de un asno maté a mil hombres'".
(Jueces 15:16)

Dios siempre te quiere perdonar. Estamos estudiando la vida de Sansón, quien no era un hombre de mucha oración, al contrario, era vago y le gustaba andar en malas compañías. A pesar de que sabía que era elegido por Dios para liberar su pueblo.

Cierto día, Sansón se andaba escondiendo de los filisteos. ¿Te acuerdas por qué? Porque Sansón había destruido sus sembrados y matado a algunos filisteos y por eso lo odiaban.

Sansón se fue a esconder a una cueva lejos de su casa, en tierra de sus hermanos de Judá. Los de Judá quedaron sorprendidos cuando vieron que un gran ejército andaba en sus tierras.

—¿Qué hacen aquí? —preguntaron.

—Andamos buscando a Sansón —les respondieron los filisteos.

Los de Judá preguntaron:

—No nos van a molestar, ¿verdad? Porque nosotros somos sumisos a ustedes.

—Sí, ya lo sabemos. Ustedes son unos cobardes que prefieren vivir bajo nuestro yugo que enfrentarnos y más les vale que nos entreguen a Sansón o también los matamos a ustedes —amenazaron los filisteos.

—¡No, no se preocupen! —les contestaron—: Se lo vamos a entregar.

Ah, no era fácil atrapar a Sansón. Todos le tenían miedo, hasta sus propios hermanos ya que Sansón era muy fuerte. Por lo tanto, le gritaron de lejitos:

—¡Sansón, Sansón! ¿Estás ahí?

Sansón les respondió:

—¡Sí, aquí estoy! ¿Saben? A los filisteos no les tengo miedo y a ustedes tampoco, lo único que les tengo es desconfianza. Me voy a entregar pacíficamente, solo les pido que no me hagan ningún daño.

—No, no te haremos daño.

Luego, Sansón salió tranquilamente y sus propios hermanos de Judá lo amarraron con unas cuerdas nuevas y se lo llevaron al campamento filisteo.

—¡Hurra! —gritaban los filisteos emocionados y felices de que por fin matarían a Sansón.

Mientras ellos festejaban, ¿adivina qué pasó? Sansón se soltó de las cuerdas, las rompió como si fueran de papel. Enseguida vio una quijada de un asno que acababa de morir y con ese comenzó a matar a los filisteos

—¡Huyamos! —gritaban todos—. Si no escapamos, este hombre fuerte nos va a matar.

Pero por más que huyeron Sansón

mató a mil soldados. Después de esta batalla terminó cansadísimo. Él solito los mató, pero sus fuerzas estaban agotadas. En ese momento sintió la muerte, ya no tenía fuerzas ni para levantarse, tenía mucha sed, así que allí, en medio de su desesperación, se acordó de Dios y oró diciendo:

—Tú has dado esta gran salvación por mano de tu siervo. ¿Acaso moriré yo ahora de sed, y caeré en manos de los incircuncisos?

Entonces ocurrió un milagro. ¡Qué poderoso es nuestro Dios! Él hizo salir agua de un hueco que había por allí. Sansón tomó agua, recobró fuerzas y fue así como pudo irse a su casita.

Referencias:
Jueces (Cap.15)

SANSÓN, LOS FILISTEOS CONTRA TI

"¡Sansón, los filisteos sobre ti! Y luego que despertó él de su sueño, se dijo: 'Esta vez saldré como las otras y me escaparé'. Pero él no sabía que Jehová ya se había apartado de él". (Jueces 16: 20)

Tener dominio propio es una gran fortaleza. Ahora contesta, ¿en qué consistía la gran fuerza de Sansón? ¿En su cabello? ¿En sus fuertes brazos? ¿O es que Dios estaba con él? Hoy te contaré qué le pasó a Sansón por andar confiando en los filisteos.

Bueno, este fuerte Juez de Israel había juzgado a su pueblo por veinte añitos. Solo que ahora no va a poder salvarse.

—¡Miren! —decían los filisteos—: ¡Sansón se enamoró de Dalila!

¿Quién era Dalila? Ella era una mujer filistea muy bonita.

—¿Qué les parece si vamos y la sobornamos? Paguemos para que le saque la verdad a Sansón, ya que con él no se puede, que Dalila le pregunte en qué consiste toda su fuerza.

Así que le pagaron a Dalila diciéndole:

—Te daremos mucho dinero, solo tienes que hacer que Sansón te revele el secreto de su fuerza.

—Está bien. Lo haré —respondió ella—. Solo les pido que mientras trato de sacarle la verdad, venga un batallón de soldados y estén listos para atraparlo cuando yo lo descubra.

Y así lo hicieron, aunque que no fue fácil, ya que Sansón engañó a Dalila tres veces. ¿Quieres saber cómo?

La primera vez, le dijo que sí lo ataban con siete cuerdas frescas, él se debilitaría y sería como los demás. Entonces Dalila lo amarró en la noche y gritó:

—¡Sansón, los filisteos contra ti!

Pero como era mentira, él las rompía.

La segunda vez, le dijo:

—Si me atrapan fuertemente con cuerdas nuevas que no se hayan usado, yo me debilitaré y seré como cualquiera de los hombres.

Pero, de nuevo:

—¡Sansón, los filisteos contra ti!

—y él las rompía como un hilo.

La tercera vez dijo:

—Si tejieres siete guedejas de mi cabeza con la tela y las aseguras con la estaca —es decir, que usara su cabello como si fueran hilos para tejer—. Entonces, ahora sí, perderé mi fuerza.

Y otra vez Dalila gritó:

—¡Sansón, los filisteos contra ti!

—y él, levantándose con su gran fuerza, arrancó el telar y lo rompió.

Dalila muy decepcionada le dijo a Sansón:

—De verdad, Sansón, creo que no me amas. Ya no quiero verte más. Me has engañado tres veces. ¡Ya no me busques!

Como Sansón estaba enamorado de ella, no podía estar lejos, así que terminó por contarle toda la verdad, confesando:

—Es que soy nazareo, dedicado a Dios. Si algún día me llegan a cortar el cabello largo que tengo, de seguro pierdo mi fuerza.

Sansón ya había desobedecido a Dios, había tomado vino, comido uvas, se había contaminado con miel de un animal muerto, se había casado con gente pagana. Lo único que le quedaba era su cabello y reveló el secreto de su fidelidad a Dios. Este era su fin.

Esta vez Dalila gritó:

—¡Sansón, los filisteos sobre ti!

Él despertó de su sueño y se dijo:

—Esta vez saldré como las otras y me escaparé.

Pero él no sabía que Jehová ya se había apartado de él.

Los filisteos lo agarraron, lo amarraron, le quitaron los ojos y se lo llevaron preso a la cárcel. Después, lo pusieron a trabajos pesados de esclavos.

Referencias:

Jueces 16: 4-21

SANSON CUMPLE SU PROPÓSITO EN ESTA VIDA

"Entonces clamó Sansón a Jehová, y dijo: 'Señor Jehová, acuérdate ahora de mí, y fortaléceme, te ruego, solo esta vez, oh Dios, para que de una vez tome venganza de los filisteos por mis dos ojos'".
(Jueces 16: 28)

Jehová te perdona. Sansón se había quedado ciego. ¿Has visto alguna vez un cieguito? ¿Qué te parece si en este momento le agradeces a Dios por tus ojitos?. Lo triste de la ceguera de Sansón es que era por su desobediencia a Dios.

—¡Pobre Sansón! —los filisteos le gritaban.

—¡Trabaja, flojo, debilucho! ¿A dónde se ha ido tu fuerza? ¡Jajaja! —se reían de él—. Ahora eres nuestro esclavo.

¿Será que Sansón estaba arrepentido? ¡Claro que sí! Sansón solo se lamentaba el haber elegido un mal camino. Su cabello comenzó a crecer, Dios vio que Sansón estaba completamente arrepentido.

Cierto día, los filisteos le hicieron una fiesta a su Dios, Dagón, el dios de las aguas. A esta fiesta llegó muchísima gente, allí estaban los príncipes, los más ricos y gente común, eran tantos que no se podían contar por su gran número.

—¡Traigamos a Sansón!

—¡Sí, traigamos a Sansón! —gritaban todos—. ¡Ja, ja, ja! Burlémonos de él y de su Dios. Su Dios no lo pudo cuidar. Ja, ja, ja —y se reían.

Se burlaron tanto, hasta cansarse y olvidarse de él.

—Oye, amigo —le dijo Sansón a un muchachito que lo guiaba—: llévame a descansar en medio de las columnas donde descansa esta casa.

Estando allí, Sansón oró de nuevo a Dios, diciéndole:

—Acuérdate ahora de mí y fortaléceme. Te ruego, solo esta vez, oh Dios, para que de una vez tome venganza de los filisteos por mis dos ojos.

Tomó Sansón las dos columnas con la mano derecha una y con la mano izquierda la otra y con todas sus fuerzas las comenzó a presionar fuertemente diciendo:

—Muera yo con los filisteos.

Dios le devolvió su fuerza, los muros comenzaron a caer sobre todos los filisteos que allí estaban. Fue el fin de Sansón, allí murió junto con esa gente.

¿Será que Sansón cumplió el propósito por el que había nacido? Sí, sí lo cumplió, ya que ofreció su vida al matar miles de filisteos. Qué bonito hubiera sido si él hubiera sido fiel a las indicaciones de Dios, cuán diferentes hubiesen sido las cosas.

No esperes a que te pasen cosas tristes para ser obediente, decide ser un buen niño desde ahora.

Referencias:

Jueces, Cap.16: 23-31

Patriarcas y profetas, Cap. 54

NO ME PIDAS QUE TE DEJE

"No me ruegues que te deje, y me aparte de ti; porque a dondequiera que tú fueres, iré yo, y dondequiera que vivieres, viviré.

Tu pueblo será mi pueblo, y tu Dios mi Dios".

(Rut 1: 16)

Dios te acepta y te perdona. Aconteció hace muchos, pero muchos años, que la tierra se secó, dejó de llover y el agua escaseaba. Así que Elimelec, el padre de familia dijo:

—Mahlón y Quelión, nos vamos junto con su madre a Moab.

Los muchachos respondieron:

—Pero, padre, ¿qué haremos allá en Moab? Esa gente es idólatra, ellos matan a sus hijitos, los queman a su Dios.

—Pero, hijos, si no vamos, de seguro aquí moriremos de hambre.

Así que toda la familia emigró a Moab. Ya estando en Moab, no se sabe por qué, Elimelec murió. Sus dos hijos se casaron: uno con Rut y el otro con Orfa. Solo tardaron diez años y también ellos dos murieron, dejando a Rut y a Orfa viudas.

Noemí es el nombre de la madre de estos dos jóvenes que amaban a Dios y eran del pueblo de Israel.

—¿Qué haremos, hijas? —dijo Noemí a sus nueras—. Me enteré de que Dios ya visitó nuestras tierras y ya hay abundancia de pan y agua. ¿Qué les parece si vamos para allá?

De inmediato alistaron sus cositas y se pusieron en marcha. Pero Orfa iba llorando, ñañaña, lloraba Orfa. Por lo que Noemí le preguntó:

—Hija, ¿por qué estás llorando?

Orfa le contestó:

—Es que voy a extrañar mucho a mi familia, por eso estoy triste.

—¡Oh, hijas! —se quedó pensando Noemí—. Mejor regresen las dos a sus hogares. Yo no tengo nada que ofrecerles. Ya no me queda ningún hijo para que se puedan casar con él.

—No, suegrita, ¿cómo cree? —dijeron las dos—: No la dejaremos sola, nosotras somos lo único que le queda.

—Insisto, hijas mías, ya no tengo nada que ofrecerles. Mejor váyanse a sus casas.

Entonces Noemí las besó despidiéndose. Orfa se regresó a casa con sus padres y Ruth no se regresó.

¿Por qué no regresó Ruth? Porque ella había conocido al verdadero Dios, aunque murió su esposo y su suegro en ese lugar. Ella pudo darse cuenta de que es más feliz la persona cuando hace las cosas bien. Ella reconoció que está muy mal matar a los niños, desobedecer la ley de Dios, además de adorar otros dioses.

Entonces exclamó:

—No, Noemí, yo no regreso a mi casa. No me ruegues que te deje y me aparte de ti; porque a dondequiera que tú fueres, iré yo, y dondequiera que vivieres, viviré. Tu pueblo será mi pueblo, y tu Dios mi Dios. Donde tú murieras, moriré yo, y allí seré sepultada; así me haga Jehová, y aun me añada, que sólo la muerte hará separación entre nosotras dos.

Así que como estaba tan decidida a dejar su pueblo y sus costumbres, Noemí la aceptó y juntas emprendieron de nuevo el camino hacia la tierra de Judá.

Referencias:

Rut, Cap. 1

RUT SE VUELVE A CASAR

"Y las vecinas decían: 'A Noemí le nació un hijo'. Y lo llamaron Obed, que fue padre de Isaí, padre de David". (Rut 4:17)

El Señor no distingue raza ni color para cumplir sus propósitos. Noemí regresó con Rut a su tierra de nacimiento, la gente se burlaba de ella.

—¿Dónde están tus hijos y tu esposo? ¿Por qué trajiste a esta moabita idólatra? No la queremos, ella es una idólatra.

Las mujeres del pueblo la miraban como un ser despreciable, pero eso a Rut no le importó. Ella amaba mucho a su suegrita y, sobre todo, amaba a Dios.

—Oh hijita, no tenemos que comer. ¿Qué haremos?

—Mejor vamos a orar —dijeron las dos y se pusieron a orar.

Rut dijo a Noemí:

—La cosecha de cebada está en su mero punto. Suegra, déjeme ir a recoger espigas a algún campo a ver quién me deja para que tengamos que comer.

Noemí le respondió:

—Ve, hija mía.

Así que Rut se fue a recoger espigas, recogía de lo que quedaba o se caía de los dueños de esos sembradíos. Pero resultó que al campo que Rut se fue a espigar era nada más que de Booz, pariente de Elimelec.

—¿De quién es esta joven? —preguntó Booz.

Los siervos respondieron:

—Oh, ella es Rut, la moabita que regresó con Noemi y nos pidió permiso para espigar tras nosotros.

Booz le dijo a Rut:

—Oh, hija mía, no te vayas, quédate, ya le di orden a mis criadas que no te miren mal, que no te molesten.

Y de allí comenzó un romance muy bonito.

Rut le pidió a Booz que se casara con ella. ¿Cómo así? Así pasó, pero le pidió de una forma muy respetuosa de acuerdo con las costumbres de sus tiempos. Alguien debía casarse con ella y ese alguien debía ser pariente de su esposo.

Booz respondió al pedido:

—Hay un problemita que impide que nos casemos. Antes de mí hay un pariente más cercano que por derecho debería casarse contigo y no yo. Déjame preguntarle si él quiere casarse contigo, si él no acepta, me caso contigo.

¿Será que el otro pariente aceptó? El otro pariente no quiso casarse con ella, así que Booz y Rut se casaron. Sonó la música, en la fiesta hubo pastel, comida, regalos y mucho jugo de uva.

Después de unos meses les nació

un lindo bebé que se llamó Obed. Noemi no cabía de alegría porque perdió a sus hijos y a su esposo, pero Dios le dio un precioso nieto, y muy importante ya que fue el bisabuelo de David, el que llegó a ser el rey de Israel.

Lo más importante es ser fiel a Dios. Ojalá que de verdad tú lo busques de todo corazón, ya que hay personas que profesan amar a Dios, pero solo es de labios. Es por eso que en esta historia se nos enseña que los corazones transformados pueden ser de mucha utilidad para Dios.

Referencias:
Rut, Cap. 2-4

¿HASTA CUÁNDO SEGUIRÁS BORRACHA?

"Cuando hagas a Dios promesa, no tardes en pagarla, porque no se agrada de los insensatos. Paga lo que prometas".
(Eclesiastés 5: 4)

Pide con fe lo que realmente necesites, Jehová te contestará. Esta es la historia de una mujer que no podía tener hijos, pero su esposo Elcana se había casado con otra mujer llamada Penina, la cual le dio muchos hijos. En aquellos tiempos eso era normal, aunque no era aprobado por Dios.

—Ja, ja, ja, Ana, no sirves para nada. Tu vientre está seco por dentro, no puedes darle hijos a Elcana. Por eso él me ama más que a ti —se burlaba Penina de Ana.

Ana era una mujer buena, amable y cariñosa, ella no se ponía a pelear con Penina y se encerraba en su cuarto a llorar. Pero Elcana siempre estaba al pendiente de su esposa preferida.

¿Quién era la esposa preferida de Elcana? ¡Era Ana! Cierto día, la encontró llorando y le preguntó:

—¿Por qué lloras, Ana?

Ella le respondió:

—Es que no puedo darte hijos. Yo quisiera tener un bebé en mis brazos pero no tengo nada y Penina se burla de mí. Estoy cansada de tener que escuchar sus burlas. ¿Acaso no soy mejor que diez hijos?

A lo que Elcana respondió:

—Ana, yo te amo, eres mi tranquilidad en medio de tanto caos con Penina. Te amo más que a ella y tú lo sabes muy bien.

Ana comenzó a dejar de comer de tanta tristeza. Llegó el día de hacer un viaje al templo principal ubicado en Silo y Ana no soporto más. Llegó al templo, se arrodilló y con pesar en su corazón comenzó a orar y a llorar.

—Oh Señor, te suplico tengas compasión de mí. Tú sabes muy bien cómo anhelo abrazar un bebé que sea mío. Penina se burla mucho de mí. Oh, Señor, si tú me das un bebé, prometo dedicarlo para ti, traerlo aquí en Silo y dejarlo para que te sirva.

El sacerdote en turno se llamaba Eli, el cual le preguntó:

—¿Hasta cuándo estarás ebria? Deja tu vino, deja tu borrachera.

Ana respondió:

—No, Señor mío. Soy una mujer triste, no he tomado alcohol, solo he derramado mi alma al Señor a lo que Él respondió:

—Ve en paz y el Dios de Israel te otorgará el pedido que le has hecho.

¿Será que Ana tuvo su tan anhelado

bebé? Claro que sí. Dios le dio ese precioso regalo. Ana rebosaba de alegría al tener a su bebé, al ver cómo movían sus lindas manos, cómo lloraba... ñaa ñaa. Ana lo educó fielmente, le dedicó su vida entera para enseñarle a amar a Dios.

Ese niño se llamaba Samuel. Samuel creció lindo y fuerte, tan pronto como tuvo edad para separarse de su mami, Ana y Elcana hicieron un viaje a Silo para cumplir los votos hechos al Señor. Ana amaba profundamente a Samuelito, pero con todo el dolor de su corazón ella lo entregó a Eli diciéndole:

—Por este niño oraba y el Eterno me dio lo que le pedí. Yo, pues, lo vuelvo también al Señor. Mientras viva será del Eterno.

Ana dejó a Samuelito con Eli en el templo y se regresó a su casa tranquila porque ya había cumplido su promesa, después solo oraba por su hijito desde su casa.

¿Será que Dios le dio más hijos a Ana? Claro que sí, ella tuvo tres hijos más y dos hijas.

Referencias:
Samuel (Cap. 1)

¡SAMUEL! ¡SAMUEL!

"Samuel crecía y Jehová estaba con él; y no dejó sin cumplir ninguna de sus palabras".
(1 Samuel 3: 19)

Evita el ejemplo malo de los adultos. ¿Alguna vez te has preguntado qué será escuchar la voz de Dios? ¿Te gustaría escuchar la voz de Dios?

Esta era una noche común, los pajaritos ya se habían ido a dormir, los vecinos también ya se habían ido a dormir y en el templo del Señor el sacerdote Eli también ya se había ido a dormir.

—¡Samuelito! —dijo Eli—. Ya me voy a dormir. Ya sabes que no veo muy bien.

—Sí, sacerdote —respondió Samuelito—. No se preocupe, yo me encargo de encender las lámparas y cerrar todas las puertas.

Samuelito era muy trabajador, él amaba mucho a Dios. Después que terminó sus quehaceres nocturnos, agarró su cobijita y se acostó a dormir.

Samuelito dormía rico y sabroso, cuando de repente escuchó:

—¡Samuel! ¡Samuel!

A lo que él respondió:

—Aquí estoy.

Salió corriendo, corrió hacia Eli y le dijo:

—Aquí estoy, ¿para qué me has llamado? —le dijo—. Yo no te llamé. Vuelve a acostarte.

Él se volvió y se acostó.

El Señor volvió a llamar a Samuel y él se levantó. Fue a Eli y le dijo:

—Aquí estoy, ¿para qué me llamaste?

Eli le dijo:

—Hijo mío, no te llamé. Vuelve y acuéstate.

Samuel no había conocido aún al Eterno, ni le había sido revelada la palabra del Señor.

Por tercera vez, el Eterno llamó a Samuel y él se levantó. Nuevamente fue a Elí y le dijo:

—Aquí estoy, ¿para qué me llamaste?

Entonces Elí entendió que el Eterno estaba llamando al joven y le dijo:

—Ve y acuéstate. Y si te llaman otra vez, dirás: "Habla, Señor, que tu siervo oye".

Así Samuel volvió y se acostó en su lugar. Y vino el Eterno y llamó como las otras veces:

—¡Samuel! ¡Samuel!

Entonces Samuel respondió:

—Habla, que tu siervo oye.

Entonces Dios habló con Samuel diciéndole que haría justicia con la casa de Eli, ya que Eli no regañaba a sus hijos. Estos hacían lo que querían en el templo, todos sabrían que los pecados de ellos serían juzgados.

Desde muy pequeño Dios habló con Samuel. Aunque Samuelito veía como se portaban mal los hijos del sacerdote Eli, él no seguía su ejemplo porque tenía temor de Jehová, por eso Dios lo eligió como su profeta.

Así como Samuelito, te invito, aunque veas malos comportamientos en la gente mayor, no sigas su ejemplo. Tú sabes que está mal.

Referencias:

Samuel, Cap. 3

EL PRIMER REY DE ISRAEL

"Te di rey en mi furor, y te lo quité en mi ira".
(Oseas 13: 11)

Sé feliz con lo que te dan tus padres.

—¡Queremos rey! ¡Queremos rey! —gritaba la gente.

—¿Cómo que quieren un rey? —preguntó Samuel.

¿Quién era Samuel? Era Samuelito, aquel muchachito a quien Dios le habló mientras dormía. Sí, él ya había crecido, durante toda su juventud lo respetaba el pueblo ya que Dios le hablaba y era un buen sacerdote, justo y recto delante de Dios. Pero ahora el pueblo anda exigiendo un rey.

—Está bien Samuel —contestó Dios—: escúchalos, yo les daré un rey, así como ellos lo exigen. Ellos no te han desechado a ti, sino a mí. De por sí, desde que los saqué de Egipto se han revelado y sirven a otros Dioses.

El profeta Samuel preguntó:

—¿Y quién será el Rey que reinará Israel, Señor?

—No te preocupes, yo lo enviaré a ti —respondió el Señor.

Así que cierto día Samuel se fue a una fiesta de sacrificio en cierto pueblito. Estando allí, ¿adivina que pasó?

Llegó un joven alto, guapísimo, de buen porte, nadie como él en todo Israel. Llegó preguntando a Samuel:

—¿Usted sabe de casualidad dónde está la casa del vidente?

—Yo soy hijo de Cis, de la tribu de Benjamín —le respondió Samuel—; y sé que desde hace tres días se le perdieron unas asnas a tu padre y por eso es por lo que vienes a consultarme. No te preocupes ya las han encontrado.

—Entonces ya no tengo nada que hacer aquí. Le agradezco profeta, yo debo irme ya, de seguro mi padre estará preocupado por mí.

Samuel le respondió:

—No, hijo, no te vayas. ¿Para quién es todo lo que hay de codiciable en Israel, sino para ti y toda la casa de tu padre?

Saúl quedó intrigado, porque él ya sabía que el pueblo andaba exigiendo rey y dijo:

—Oh, mi Señor, yo soy hijo de Benjamín. Esta es la tribu más insignificante de nuestra gran familia.

—Anda, acompáñame —le dijo Samuel—, quédate al festín.

Y como Saúl estaba intrigado, decidió quedarse a comer con ellos.

El profeta Samuel platicó mucho con Saúl, así como preparándolo para ser rey. Al día siguiente, Saúl emprendería camino a su casa. Pero antes de irse, cuando estos dos personajes estuvieron a solas, Samuel le habló a Saúl diciendo:

—Tengo un mensaje para ti, Saúl, Dios te ha elegido rey de su pueblo.

Después, lo besó y le derramó aceite sobre su cabeza como símbolo de dedicación a Dios.

—¿Yo seré rey?

—Sí. Tú eres el elegido.

Saul tenía miedo de asumir ese importante cargo. Además, Saúl carecía de las cualidades más importantes para ser sabio, no se dominaba, era impetuoso de carácter y no había sentido el poder de Dios. Pero aun así Dios, lo utilizó debido a que el pueblo exigía rey y no aceptarían a una persona menos imponente que Saúl.

Luego, Samuel presentó al primer rey dando un poderoso discurso frente al pueblo entero:

—¡Aquí tienen su rey! Quien ha de guiarlos. Solo les pido una cosa: ¡Teman a Jehová! ¡Sírvanse de verdad con todo el corazón! Pero, si hacen todo lo contrario, ustedes junto con su rey morirán.

Referencias:

Samuel 8-10

Patriarcas y profetas (Cap.59)

TÚ YA NO SERÁS EL REY

"Porque la rebeldía es como pecado de adivinación, y la obstinación como ídolos e idolatría. Por cuanto tú desechaste la Palabra del Eterno, él te ha desechado para que no seas rey". (1 Samuel 15: 23)

Escucha con atención las indicaciones: ¿Quieres saber cómo le está yendo al rey Saúl en su reinado?

Dios vino sobre él y con el espíritu de Dios pudo vencer a los amonitas. Un pueblo enemigo, pero los derrotó a todos. El pueblo estaba feliz porque ya tenían rey y era poderoso.

Cuando Saúl comenzó a reinar era humilde y siempre dispuesto a escuchar consejos, pero ahora se sentía poderoso y no obedecía mucho a las instrucciones de Dios dadas por el profeta Samuel. Por eso, Dios le mandó a decir:

—Por tu desobediencia serás quitado. A partir de ahora elegiré un nuevo Rey para Israel.

Ahora te contaré cómo Dios decide poner una última prueba de lealtad a Saúl y cómo este otra vez desobedece.

—Saúl, Dios te manda este mensaje —entró hablando Samuel ante el rey.

—Diga, profeta Samuel —contestó Saúl.

—Debes acabar con los amalecitas, Dios desea acabar con todos ellos y manda a que los extermines por completo. Mata a todos, hombres, mujeres, niños, aun los de pecho, vacas, ovejas, camellos y asnos.

¿Qué pedido tan más lamentable verdad? Pero es que antes así era, la vida se ganaba con guerras, de otra forma no había paz. Además, ese pueblo tenía una deuda con Israel.

De inmediato, Saúl convocó a todos los hombres de guerra. ¡Eran muchísimos! Imagínate, doscientos mil de pie y diez mil hombres de Judá. Hicieron emboscada y derrotaron a los amalecitas.

Al ver que tenían muchas riquezas, ganado y ovejas, Saúl dio esta orden a sus soldados:

—Tomen lo mejor del ganado y de las ovejas, lo demás quemenlo y mátenlo.

Mientras el rey Amalec salía huyendo de en medio del pleito, Saúl lo vio de lejos.

—¡Que no escape! —gritó.

—¡No! Por favor, no me mate, tengo mucho oro escondido, si me preservan la vida prometo darles todo mi tesoro. ¡No me maten! —imploraba al rey Amalec.

Saúl respondió:

—Está bien, te vamos a preservar la vida, te vamos a llevar ante el pueblo para que vean quien es su rey. Verán que soy poderoso y tú serás mi trofeo por un rato. El pueblo me amará.

Así que Saul no mató a Amalec, de esta forma desobedeció a Dios. Su corazón estaba lleno de orgullo.

Dios le mandó aviso a Samuel diciendo:

—Me pesa haber hecho rey a Saúl, porque se ha apartado de mí y no ha cumplido mis palabras.

Cuando Samuel supo eso, se puso triste, madrugó para ir ante el rey. Al llegar escuchó ruidos de muchos animales:

—¿Qué es eso que oigo? —preguntó—. ¿No son de casualidad bramido de ovejas?

Saul respondió:

—Sí, eso es el pueblo. Decidí perdonar lo mejor de las ovejas y ganado. Lo vamos a ofrecer a Dios en gratitud por la victoria.

Samuel volvió a hablar a Saúl:

—Dios te eligió de entre las más chiquitas de las tribus. Eras humilde y estabas dispuesto a aprender. Dios te dio una misión muy importante, pero has desobedecido. ¿Por qué preservar la vida de Amalec? ¿Por qué tomaste lo que no debiste tomar? Dios fue claro: destruye todo, no dejes nada vivo; y no obedeciste.

Saúl contestó:

—Al contrario, profeta, yo obedecí, destruí a los amalecitas.

—Qué rebelde eres, Saúl. Por tu desobediencia tú ya no serás rey de Israel. Dios ya eligió a otro que es mucho mejor que tú.

Al decir esto, Samuel salió de la presencia de Saúl triste y nunca más se volvieron a ver.

Referencias:
Samuel 11-15
Patriarcas y profetas, Cap. 60 y 61

EL HUMILDE PASTOR DE OVEJAS

"La veneración del Eterno enseñó sabiduría al hombre, y la humildad precede a la honra". (Proverbios 15: 33)

Jesús honra a los humildes de corazón. ¿Alguna vez has tocado una ovejita? Qué bonitas son, ¿verdad? ¿Cómo hacen las ovejas? BEEE BEEE. Déjame decirte que no es fácil cuidar de ellas, ellas son muy tímidas, tontas e indefensas. Con esas cualidades, ellas se pueden perder con mucha facilidad, se asustan con todo y cualquier animal se las puede comer.

—¡David, vete a cuidar el rebaño de ovejas! —dijo Isaí, el papá de David.

—A la orden, papá. Nos vemos por la tarde. ¡Vengan ovejitas, vengan corderitos! —hablaba David a sus ovejitas—. Les voy a cantar una nueva canción que he compuesto.

El pequeño David se sentaba a la sombra de un frondoso árbol. Mientras el aire acariciaba su rostro, él tocaba bella música para sus ovejitas. Bee, bee... bramaban las ovejas. Me imagino que eran muy felices con David y su música. David es humilde y muy obediente.

—¡Oh, ya es hora de tomar agua fresca! Vengan, vamos a tomar agua.

Luego, David las conducía a un arroyo de aguas tranquilas, ya que si las llevaba a un arroyo con mucho ruido ellas no tomarían agua del miedo, así son las ovejas.

Un día de tantos, imagina que pasó:
—¡Grrrr grrrr!
¿Qué es eso? ¡Sí, es un león!
—¡Mi oveja no te la comas! —gritaba David—.

¡Oh! ¡No puede ser! Una pequeña oveja se ha quedado hasta atrás, el león viene a comérsela. ¿Será que David va a salir huyendo del miedo? ¡No, claro que no! David ama a sus ovejas y las cuida.

—Shu shu, león, vete de aquí, no te comas a mi oveja.

David está afligido por librar a sus ovejitas. ¿Qué hará?

—Ni modo, leoncito —dijo David—: te tendré que matar, no sea que acabes con todo mi rebaño.

Luego, David saca su lanza y comienza a girar y girar y pum: le da al león.

—¡No, el león no ha muerto! ¡Se va a comer mi oveja! —exclama David y se le va encima al león arrancando a su ovejita de la quijada del León.

¡Bravo! David ha matado al León. ¡Qué valiente joven! ¿Por qué será que es muy valiente? ¿Tú eres valiente? Es qué David confía en Dios y sabe que no está solo.

Referencias:

Samuel 17: 34-37

Patriarcas y Profetas, Cap. 62

DAVID ES UNGIDO COMO REY

"Y Jehová respondió a Samuel: —No mires a su parecer, ni a lo grande de su estatura, porque yo lo desecho; porque Jehová no mira lo que mira el hombre; pues el hombre mira lo que está delante de sus ojos, pero Jehová mira el corazón". (1 Samuel 16: 7)

Es mejor conocer a las personas antes que juzgarlas por su apariencia.

—Ve a Belén y llévate un becerro, preséntate en la casa de Isaí, diles: "A ofrecer un sacrificio he venido". Y ungirás al que yo te diga para que sea el nuevo rey —fue la orden de Jehová para Samuel.

Todos tenían miedo cuando vieron al profeta entrar por la ciudad, era tanto que le preguntaron:

—¿Es pacífica tu venida?

A lo que el profeta Samuel contestaba:

—Claro que sí, a ofrecer sacrificio he venido. Vengan conmigo, acompáñenme.

Al llegar a casa de Isaí ofrecieron el sacrificio, después del sacrificio comenzaría el festín. El profeta dijo:

—No comenzaremos la fiesta sin antes haber cumplido la misión que Dios me encomendó.

—¿Cuál es esa misión? —preguntó Isaí.

El profeta respondió:

—Tu casa es afortunada porque Dios elegirá de entre tus hijos a un nuevo rey para Israel.

—¿De mis hijos? —le preguntó Isaí.

—Sí, de tus hijos: tráelos, quiero verlos para saber cuál será el elegido por Dios.

La palabra del Señor a Samuel fue:

—No mires a su parecer, ni a lo grande de su estatura, porque yo lo desecho; porque Jehová no mira lo que mira el hombre; pues el hombre mira lo que está delante de sus ojos, pero Jehová mira el corazón.

Isaí le presentó a Eliab, su hijo mayor, era alto y de buen parecer, Samuel pensó que ese sería el rey, pero Dios le hizo recordar que no es la apariencia. ¿Acaso será Abinadab? ¿O Sama? El profeta esperaba que Dios le diera la orden, pero no. Pasaron siete hijos de Isaí y ninguno era.

El profeta entonces preguntó:

—¿Ya no tienes más hijos?

—Sí, sí tengo, aun me queda el más pequeño. Pero él está cuidando las ovejas.

—¡Anda, ve a llamarlo, necesito verlo! ¡No comeremos hasta que él venga!

Así que corrieron a llamar al más pequeño de los hijos:

—¡David, David! El profeta Samuel te manda a llamar.

—¿A mí? ¿El profeta? ¿Y qué quiere de mí? —quedó pensativo este joven, pero no lo pensó dos veces: salió corriendo al llamado.

David era rubio, de hermosos ojos y de buen parecer. Entonces, Jehová le dijo a su profeta:

—Levántate y úngelo.

Samuel tomó el cuerno del aceite y lo ungió en medio de sus hermanos.

Desde aquel día en adelante el Espíritu de Jehová vino sobre David. Se levantó, luego Samuel, y se volvió a Ramá.

Qué linda historia: de pastor a rey. Dios hace cosas que no entendemos, así que no te desanimes no importa qué posición social tengas, Dios solo mira el corazón.

Referencias:

Samuel (Cap.16: 1-13)

DAVID DERROTA A GOLIAT

"Entonces dijo David al filisteo: 'Tú vienes a mí con espada y lanza y jabalina; mas yo vengo a ti en el nombre de Jehová de los ejércitos, el Dios de los escuadrones de Israel, a quien tú has provocado'". (1 Samuel 17: 45)

Si Dios está contigo nada hay que temer.

—¡Mamá, mamá! ¡Me dan miedo las cucarachas! Mira, allí hay una cucaracha. ¡Mátala por favor! —gritó Tito desesperado de miedo.

—¿Qué es lo que haces arriba de la silla? ¿Acaso no la puedes matar?

—No, mami, tengo mucho miedo.

—¿Cómo que tienes mucho miedo sí es más chiquita que tú? ¿No que ya eres grande?

—No, mami, me da miedo —contestaba Tito.

—Oh Tito, no quiero que crezcas así. Ven acá, te voy a contar una historia que después de esta, ya no le tendrás miedo a las cucarachas.

—Está bien, mami —respondió Tito.

—¡Manden a un hombre a pelear conmigo! —gritaba un gigante con voz de trueno. ¡Manden a un hombre a pelear conmigo! ¡Si ustedes ganan, nosotros seremos sus siervos, pero si nosotros ganamos ustedes serán nuestros siervos!

Todos tenían miedo, este hombre era altote. ¿Cuánto mides de estatura? Pues Goliat, ese gigante, medía casi tres metros de alto, sí era muy alto.

¡No! Ni Saúl que aún era el rey se atrevía a enfrentarlo. Todos se escondían de miedo ya que todos los días este Goliat insultaba al pueblo diciendo:

—¿Qué, tienen miedo? ¿Acaso su Dios no los defenderá? ¿No hay hombres en Israel? ¿Por qué se esconden?

Hasta que cierto día David llegó y escuchó a este gigante, escucho el desafío:

—¿Quién peleará conmigo?

Entonces habló David a los que estaban junto a él, diciendo:

—¿Qué harán al hombre que venciere a este filisteo y quitare el oprobio de Israel? ¿Quién es este filisteo incircunciso para que provoque a los escuadrones del Dios viviente? ¡Yo pelearé con él! —dijo David.

—¿Tú vas a pelear con él? —le preguntó su hermano, Eliab, el mayor—. ¿Tú? Tú no sirves para esto hermano, tu lugar es con las ovejas, no debiste venir.

Pero David estaba tan resuelto a pelear que lo llevaron ante la presencia del rey.

—¿Tú vas a enfrentar al gigante? —le preguntó el rey Saúl—. No, hijo, ese gigante te va a ganar, tan solo eres un muchacho.

—No, Señor, así como me ve de pequeño y delicado, yo ya he matado osos, leones, y heridos, los he matado con mis manos.

—Bueno —dijo Saúl—, si no hay otro, tú eres el único valiente aquí, pues adelante.

Luego David tomó su cayado en su mano, escogió cinco piedras lisas del arroyo, las puso en el saco pastoril, en el zurrón que traía, tomó su honda en su mano y se fue hacia el filisteo.

—¡Ja, ja, ja! —comenzó a reírse Goliat—. ¿Soy yo perro para que vengas a mí con palos? Mis dioses son más poderosos que tu Dios.

Entonces dijo David al filisteo:

—Tú vienes a mí con espada, lanza y jabalina; mas yo vengo a ti en el nombre de Jehová de los ejércitos. ¡El Dios de los escuadrones de Israel, a quien tú has provocado! Jehová te entregará hoy en mi mano y yo te venceré, te cortaré la cabeza y daré hoy los cuerpos de los filisteos a las aves del cielo y a las bestias de la tierra; y toda la tierra sabrá que hay Dios en Israel. Y sabrá toda esta congregación que Jehová no salva con espada y con lanza; porque de Jehová es la batalla, y él os entregará en nuestras manos.

Y aconteció que cuando el filisteo se levantó y echó a andar para ir al encuentro de David, este se dio prisa y corrió a la línea de batalla contra el filisteo. Y metiendo David su mano en la bolsa, tomó de allí una piedra, y la tiró con la honda e hirió al filisteo en la frente; y la piedra quedó clavada en la frente, y cayó sobre su rostro en tierra.

Así venció David al filisteo con honda y piedra e hirió al filisteo y lo mató, sin tener David espada en su mano.

—¡Qué historia tan increíble, hijito! David fue muy valiente.

Entonces Tito respondió:

—Sí mami, ahora ya no le tendré miedo a las cucarachas.

Cuando tengas miedo por favor recuerda que Dios está a tu lado.

Referencias:

Samuel, Cap. 17

EL PERDÓN DE DAVID

"Tú eres Dios que perdonas, clemente y piadoso, tardo para la ira y grande en misericordia, porque no los abandonaste".
(Nehemías 9:17)

Decide perdonar porque el odio consume la vida y te hace infeliz. ¡Saúl hirió a sus miles y David a sus diezmiles! ¡Saúl hirió a sus miles y David a sus diezmiles! Mira, las mujeres están danzando y cantando con panderos. Ellas están felices porque David mató al gigante Goliat.

—¡Ganamos la batalla gracias al valiente David! —decían los soldados.

—Saúl hirió a sus miles y David a sus diezmiles. ¿Cómo es posible que a David le den diez mil y a mí solo miles? Tan solo falta que le quieran dar mi reino —dijo Saul, muy enojado.

El espíritu del Señor se estaba retirando de Saúl, porque él comenzó a desobedecer a Dios. Otro día se le metió un espíritu malo y enseguida mandaron a llamar a David, porque David tenía el don de la música. Solo que Saúl intentó matarlo con su lanza, se la tiró dos veces mientras este la evadía.

La hija de Saúl ya estaba ofrecida en matrimonio al que venciera al gigante, así que por derecho debía casarse con David. Pero Saúl procuraba la muerte de David, tanto que un día le dijo:

—Te daré a mi hija por esposa, solo que si la quieres tendrás que matar a cien filisteos.

Esto lo decía para que David muriera, pero Dios estaba con David, tanto que él salió y mató a doscientos hombres y no murió. Fue así como David se casó con Mical, la hija de Saúl.

Pero como Saul lo quería matar tuvo que salir huyendo del palacio, sabía que Dios estaba con él y que él sería el próximo rey de Israel. Andaba solo y con hambre huyendo del ahora rey de Israel, pero no tardó. Y muchos hombres valientes se unieron a David, porque ya era famoso y sabían que Dios estaba con él.

Cierto día, mientras huía, se escondió en una cueva oscura y mientras él estaba allí con sus amigos, entró Saúl a hacer algo en secreto. David fue hasta el fondo de la cueva en lo más oscuro. Cuando sus amigos vieron a Saúl muy cerca, le dijeron a David:

—¡Miren! ¡Es el rey Saúl! ¡Esta es tu oportunidad! —le dijeron sus amigos—. ¡Mátalo! ¡Mátalo para que deje de perseguirte!

¿Será que David lo mató? No, David no lo mató. Solo se acercó quietecito y le cortó la orilla del manto a Saúl. Luego Saul se dispuso a seguir en su búsqueda.

—¡Eh, rey Saúl!

Cuando Saúl volvió a ver quién le hablaba, se fijó que era David quien estaba mostrando reverencia a su rey.

—¿A quién persigues? ¿A un perro muerto? ¿A una pulga?

—Mira, Dios te puso en mis manos, mira el pedazo de tela de tu manto que yo mismo he cortado, me dijeron que te matara, pero no, yo no puedo hacer justicia con mis manos. No puedo matar al ungido de Dios. Mejor que Dios haga justicia.

—¡Oh, hijo mío, más justo eres tú que yo! —contestó Saúl—. ¿Quién encuentra a su enemigo y lo deja vivo? Ciertamente, tú serás un rey justo.

Y después por un tiempo dejó de perseguirlo, pero David no se confió y siguió huyendo de Saúl.

Es difícil amar a nuestros enemigos, ojalá puedas pedirle a Dios, que te dé un corazón perdonador, libre de rencores y dejes que Dios haga justicia.

Referencias:
Samuel, Cap. 21 y 24

LA NECEDAD DE NABAL

"No te apresures a enojarte, porque la ira en el seno de los necios reposa". (Eclesiastés 7:9)

Las personas egoístas y enojonas siempre andan en problemas. Me imagino que has de conocer amiguitos o personas adultas que siempre se meten en problemas, ¿verdad? Personas que siempre se burlan de los demás, egoístas, peleoneras, mentirosas, mal habladas. en fin, de todo tipo. A esa gente no les va bien.

Te contaré la historia de un hombre que, literalmente, su nombre significa lo que era. Nabal: "tonto" o "insensato". Pero, su esposa era todo lo contrario a él: Abigaíl, su nombre significa "mi padre es gozo". ¿Tú sabes qué significa tu nombre? Si no lo sabes investígalo.

Nabal era un hombre rico, imagínate poseía cerca de tres mil ovejas y mil cabras, además de mucha tierra. Se había casado con una mujer muy sensata, que tenía todo lo que a él le faltaba.

Cierto día, David, el elegido de Dios, andaba huyendo para salvar su vida porque el rey Saúl lo perseguía para matarlo. El profeta Samuel ya había muerto. Ahora, se fue a refugiar a un desierto, pero estando allá se encontraron a los pastores de Nabal, cuidando a sus ovejas.

David, era experto cuidando ovejas y buen soldado, en esas tierras desiertas había muchos ladrones y maleantes. Por tanto, ellos habían cuidado de ese gran rebaño protegiéndolo de salteadores.

—¡Tenemos hambre! —decían los soldados de David—. ¡Quisiéramos comer rico! Sí, pero no hay nada más que lo que ya tenemos.

Entonces, los soldados que acompañaban a David idearon un gran plan.

—David, el dueño de las ovejas que hemos estado cuidando este tiempo, se encuentra esquilando a sus ovejas, cortando la lana, y está haciendo una gran fiesta. Además, él tiene mucha riqueza, tal vez si le mandamos a pedir algo él nos convide de lo que tiene.

—Mmm... Tienen razón —dijo David.

Así que envió a diez jóvenes para pedir algo a Nabal.

Al llegar frente a Nabal estos jóvenes le dijeron:

—Oh, Señor, sabemos que estás de festejo en tu casa. David manda a decir que nos convides de lo que tengas a la mano. Nosotros hemos cuidado de tus ovejas y protegido a tus siervos. Si gusta, pregúnteles cómo les hemos tratado.

¿Será que este hombre les dio algo? No, este hombre era egoísta y necio.

—¿Quién es David? —preguntó—. ¿Acaso he de darles de mi agua, de mi vino y de la carne que ya he preparado? ¿Acaso voy a convidar a gente que ni conozco?

Los muchachos se dieron la media vuelta y le contaron todo a David. Este reaccionó como no debió reaccionar, se enojó mucho y dijo:

—Este hombre me las pagará. Vamos, muchachos, acabemos con todo lo que tiene.

Tomó a doscientos de sus amigos soldados, todos con sus espadas, iban a matar a Nabal y a quemar su casa. Solo porque Nabal no quiso convidar un poco de comida, comida que le sobraba en abundancia.

Referencias:

Samuel 25: 2-13

Patriarcas y profetas, Cap. 65

POR SABIA, ABIGAÍL SE CASÓ CON UN FUTURO REY

"Y si alguno de vosotros tiene falta de sabiduría, pídala a Dios, el cual da a todos abundantemente y sin reproche, y le será dada". (Santiago 1: 5)

Si tus amigos se meten en problemas y está de tu parte ayudar a mejorar las cosas, debes hacerlo. Nabal, el esposo de Abigaíl estaba en problemas, había cometido un gran error al negar ayuda a David, futuro rey de Israel.

Los criados de Nabal fueron corriendo con Abigaíl y le dijeron:

—De prisa, mi Señora, David envió mensajeros a nuestro amo para pedir algo de comida, pero este los ha tratado mal. ¡De seguro este es el fin de nuestro amo y toda su casa!

—¡De prisa! —indicó Abigaíl—. ¡Vamos a preparar comida! ¡Mucha comida! Ovejas guisadas, panes, grano, vino, grano tostado, uvas pasas y panes de higos. Llevaremos mucho. Ustedes van a ir por delante y yo los seguiré en mi asno.

Al descender por una parte secreta del monte, David y sus hombres venían frente a ella, y ella les salió al encuentro. David iba enojado. Pensaba, "¿cómo es posible que este hombre nos pague mal cuando nosotros le hicimos bien? Nosotros le hemos cuidado todo lo que tiene en su rebaño y así nos paga".

Cuando Abigaíl vio a David, se bajó prontamente del asno, y postrándose sobre su rostro delante de David, se inclinó a tierra. Se echó a sus pies diciéndole:

—Señor mío, sobre mí sea el pecado; pero te ruego que permitas que tu sierva hable y escuches a tu sierva. No haga caso ahora, mi señor, de ese hombre perverso, de Nabal. Conforme a su nombre, así es, se llama Nabal y la insensatez está con él. Mas yo, tu sierva, no vi a los jóvenes que tú enviaste. Toma este presente y perdona a tu sierva, por cuanto mi señor pelea las batallas de Jehová, y mal no sea hallado en ti en tus días.

Y dijo David a Abigaíl:

—Bendito sea Jehová, Dios de Israel, que te envió para que hoy me encuentres. Y bendito sea tu razonamiento, y bendita tú, que me has estorbado hoy de ir a derramar sangre, y a vengarme por mi propia mano.

Entonces David tomó el presente diciéndole:

—Vete en paz a tu casa.

Nabal estaba ebrio así que Abigail esperó a la mañana siguiente para contar todo a Nabal.

—¿Sabes, Nabal? El día de ayer estuviste a punto de morir —le dijo Abigaíl—. El futuro rey de Israel venía para acabar con tu vida porque tú no quisiste convidar un poco de comida a sus soldados. Si tú no estás muerto es porque yo lo pedí.

Nabal quedó frío del miedo. El solo pensar perder sus posesiones, amaba mucho las riquezas. Por lo tanto, enfermó de la preocupación y después de diez días, murió. Entonces, al enterarse David que había muerto, tomó por esposa a Abigail y se casaron.

El éxito no viene de la casualidad, viene porque pedimos sabiduría a Dios y estamos atentos a aprovechar todas las oportunidades que se nos presentan.

Referencias:
Samuel 25: 14-42

¡POR FIN! DAVID ES CORONADO REY

"Y la paciencia produce un carácter aprobado; y la aprobación alienta la esperanza". (Romanos 5: 4)

Sé paciente al esperar que te cumplan una promesa. Estos días te he contado acerca de David, Dios lo ungió en secreto como futuro rey de Israel.

El rey Saúl lo descubre poco tiempo después, ya que se da cuenta de que el espíritu de Dios está con él y decide iniciar una persecución para matarlo. "Pobre David, anduvo errante huyendo de un lado para otro. Escapando para salvar su vida", me imagino que a veces se preguntaba.

—¿Cuándo seré rey de Israel, Señor? Saúl quiere mi muerte. ¿Cuándo por fin descansaré de esta persecución?

Él sabía que sería rey, pero, aun así, no perdió la paciencia, no salió y mató a Saúl. Al contrario, él seguía huyendo. Hasta que, por fin, cierto día le llegó la noticia de que los filisteos habían matado a Saúl y a tres de sus hijos. A pesar de todo, David amaba a Saúl y a su familia, le había tocado convivir con ellos. Por eso se puso muy triste al recibir esa noticia.

Después que terminaron los días de luto por ellos, le preguntó al Señor:

—¿Qué haré, Señor? Dime, ¿a dónde me dirijo? Porque ya murió el que buscaba matarme.

Dios le contestó:

—¡David! Es hora de que reines sobre Israel. ¡Prepárate para ocupar este importante cargo! Sube a Hebrón y serás coronado rey de Israel frente al pueblo.

Te preguntarás, ¿qué había en Hebrón de bueno? Hebrón era la ciudad principal de Judá, una de las tribus más grandes de Israel, era una tierra fértil. También allí crecían las uvas más grandes de Israel.

Imagínate este momento. Era una mañana fresca, los pajaritos cantaban, los árboles se mecían y David avanzaba poco a poco con sus seiscientos amigos que habían decidido acompañarle en su travesía de escondite. Ellos habían decidido serle fiel, aunque aún no fuera coronado rey, pero ahora entraban junto a sus esposas y niños a Hebrón.

La gente de Hebrón levantaba palmeras, tocaban los panderos y danzaban felices, recibiendo a David. Todo estaba preparado para subirlo al trono y coronarlo rey.

Al llegar, los ancianos de la ciudad decidieron volver a ungir a David con aceite en su cabeza para que este acto fuese público. Todos aplaudieron e hicieron una gran fiesta

—¡Tenemos nuevo rey en Israel! —gritaban llenos de júbilo.

David tuvo que esperar mucho tiempo para llegar a este hermoso momento. Él no se desesperó en ningún momento, fue paciente y Dios le concedió lo que le había prometido.

Así como David, debes ser paciente. A los niños que saben esperar siempre les conceden lo que piden, pero los que no saben esperar a veces sus padres terminan quitándoles lo que prometieron.

Referencias:

Samuel 2: 1-7

Patriarcas y profetas, Cap. 69: David fue llevado al trono"

LE ROBÓ LO ÚNICO QUE TENÍA

"Ten piedad de mí, oh, Dios, conforme a tu misericordia: Conforme a la multitud de tus piedades borra mis rebeliones. Lávame más y más de mi maldad, y límpiame de mi pecado". (Salmo 51:1-2)

Un solo error te puede quitar la paz.

—Memito, ¿por qué le robaste a Paquito su carrito? ¿No ves que es el único juguete bonito que tiene? Y tú tienes demasiados —dijo la madre a Memito.

A lo que Memito respondió:

—Ah, mami, es que me gustó mucho, mira como alumbra.

La madre insistió:

—No, Memito, esto no se va a quedar así. Tienes que devolverlo.

Memito estaba determinado a no devolver ese juguete. Entonces, a su madre se le ocurrió contar una historia a su pequeño ladrón.

Jehová envió a Natán a David y viniendo a él, le dijo:

—Había dos hombres en una ciudad, el uno rico y el otro pobre. El rico tenía numerosas ovejas y vacas; pero el pobre no tenía más que una sola ovejita, la cual él había comprado y criado, y que había crecido con él y con sus hijos juntamente, comiendo de su bocado, bebiendo de su vaso, y durmiendo en su seno. La tenía como a una hija. Y vino uno de visita al hombre rico y este no quiso tomar de sus ovejas y de sus vacas para guisar para el caminante que había venido a él, sino que tomó la oveja de aquel hombre pobre, y la preparó para aquel que había venido a él.

—¡Este hombre es muy malo! —gritó el rey David. ¿Quién es ese hombre? ¡Debe morir! Debe pagar todo el mal que hizo al pobre hombre. ¡Mira que robarle lo único que tenía!

Entonces, dijo Natán a David:

—¡Tú eres aquel hombre! ¿Por qué te apartaste de Dios y dejaste de hacer el bien? ¿Por qué le quitaste a Urías su esposa, la única que tenía? ¿Por qué lo mandaste a matar? Tú tienes muchas esposas, no necesitabas más. ¡Dios te ha dado mucho! Tienes, porque le has sido fiel, pero ahora Dios te castigará y ese bebé que espera Betsabé morirá. Y la espada nunca se apartará de tu casa.

Después de este discurso, Natán se fue a su casita. Fue justo en ese momento cuando David se arrepintió de su pecado, se apartó y tirándose en tierra, lloraba amargamente por lo que había hecho:

—¡Señor, perdóname! Límpiame.

¿Será que Dios lo perdonó? Claro que sí, Dios es misericordioso y cuando nos arrepentimos nos perdona.

Solo que las consecuencias de nuestra desobediencia tienen que llegar y el bebé de Betsabé murió.

Y de allí en adelante la vida de David y su reinado ya no fue tan feliz como antes.

—¡Oh mami! Ahorita vengo, mami —dijo Memito—. Mejor le devolveré a Paquito su carrito que seguro lo ha de estar buscando.

Referencias:

Samuel 11 y 12

SALOMÓN, EL HOMBRE MÁS SABIO DEL MUNDO

"Da, pues, a tu siervo corazón entendido para juzgar a tu pueblo, y para discernir entre lo bueno y lo malo; porque ¿quién podrá gobernar este tu pueblo tan grande?".
(1 Reyes 3: 9)

Si te falta sabiduría e inteligencia: solo pídela a Dios. Sansón el hombre más fuerte, Moisés el hombre más paciente, Josué el hombre más valiente y ahora Salomón, el hombre más sabio de la tierra.

¿Quién fue Salomón? David estaba a punto de morir, ya era viejito, había reinado cuarenta años, él sabía que tenía que elegir a un rey que le sucediera. En su corazón estaba el deseo de edificar un templo para Dios porque en ese tiempo no había. Cierto día, Jehová le dijo:

—No, David, tú no me edificarás casa. Tú has matado a mucha gente.

David preguntó:

—Entonces, ¿quién será, Señor?

Dios le contestó:

—Salomón, tu hijo. Él edificará mi casa y mis atrios; porque a este he escogido por hijo y yo seré para él padre. Y confirmaré su reino si él se esfuerza en cumplir mi voluntad y seguir mis mandamientos.

¡Qué maravilloso! Dios mismo le dijo que su hijo Salomón sería el futuro rey de Israel. Salomón era hijo de Betsabé, la mujer que David le quitó a Urías. Dios le había dado otros hijos con esta mujer en respuesta a su solicitud de perdón.

Salomón era aún un joven y tenía mucho que aprender, así como tú. Pero él estaba nervioso, asustado y no sabía cómo conducirse. Por tanto oró al Señor y le ofreció ofrendas. Cierta noche, Dios se le apareció en visión diciéndole:

—Salomón, pide lo que quieras que yo te lo daré.

¿Qué pedirías tú si Jehová mismo, el dueño de todo, te hiciera esa pregunta? ¿Le pedirías muchos juguetes? ¿Le pedirías una casa? ¿Le pedirías sacar puro diez en tus exámenes? ¿Le pedirías riquezas? Muchas cosas, ¿verdad? Pero ¿sabes? Salomón no pidió nada de eso, él se puso a pensar muy bien y mira que le contestó al Señor.

—Señor, no quiero riquezas, solo quiero un corazón entendido para juzgar a tu pueblo y reconocer que es lo bueno y lo malo. Porque, ¿quién podrá gobernar a tan grande pueblo?

En resumen, ¿qué pidió Salomón? Él pidió sabiduría y, por supuesto, Dios se la dio. Salomón fue el hombre más sabio del mundo. En otra historia te contaré algo acerca de ello.

Referencias:

1 Reyes 3: 3-15.

¿SERÁ CIERTO?

"Me apliqué a saber, examinar e inquirir la sabiduría y la razón, la insensatez de la maldad y el desvarío del error".
(Eclesiastés 7: 25)

La gente que es sabia lo demuestra.

—¿Será que Salomón era sabio? ¿Cómo podemos saber que Salomón es sabio? —se preguntaba la gente—: ¿Será que este joven podrá reinar bien en Israel?

—Yo creo que no —decían otros.

Mucha gente dudaba de su rey, hasta que cierto día, mientras el nuevo rey Salomón estaba sentado en su trono real, entraron dos mujeres peleando.

—¡Este es mi hijo!

—¡No! ¡Es mío! ¡Dame a mi bebé!

—¡No, porque él es mío! —decía la otra.

Traían a un niño en brazos peleándose por él y Salomón preguntó:

—¿Por qué se pelean por este bebé?

Una mujer respondió:

—Oh, mi Señor, resulta que nosotras dos estábamos embarazadas esperando cada una nuestro bebé, mi bebe nació primero y al tercer día nació el de ella. Pero una noche mientras dormíamos, ella aplastó a su bebé y como vio que había muerto, me quitó el mío y en su lugar me puso a su bebe muerto.

Entonces, la otra mujer respondía:

—¡No! Mi hijo es el que vive y tu hijo es el que ha muerto.

—No: tu hijo es el muerto, y mi hijo es el que vive —volvió a decir la otra.

El rey entonces dijo:

—Esta dice: "mi hijo es el que vive y tu hijo es el muerto"; y la otra dice: "no, el tuyo es el muerto y mi hijo es el que vive". Traedme una espada.

Y trajeron al rey una espada. En seguida el rey dijo:

—¡Partan a la mitad este niño! Dad una mitad a una y la otra mitad a otra.

Entonces, la mujer de quien era el hijo vivo habló al rey porque sus entrañas se conmovieron por su hijo, y dijo:

—¡Ah, señor mío, dad a esta el niño vivo y no lo mates!

Mas la otra dijo:

—Ni a mí ni a ti. ¡Pártelo!

Entonces el rey respondió diciendo:

—Dad a aquella el hijo vivo, y no lo matéis; ella es su madre.

¿Qué habríamos hecho tú y yo? ¿A lo mejor cometemos alguna injusticia verdad?

Mucha gente venía a escuchar a este rey, venían reyes de otros lugares, no podían creer cómo este rey se hacía cada vez más rico y poderoso.

Todos supieron de la sabiduría de Salomón, comenzaron a respetarlo y

se llenaban de orgullo de saber que su
rey era el más sabio de esa tierra.

Referencias:

1 Reyes 3: 16-28.

DIVISIÓN ENTRE HERMANOS

"Porque la paga del pecado es muerte".
(Romanos 6: 23)

La desobediencia trae muy malas consecuencias. A estas alturas tú sabes que es lo que Dios le pedía al pueblo de Israel para que tuviese todas sus bendiciones. Solo era que fuesen obedientes, pero ellos decidieron desobedecer, adorar a otros dioses, pasar a sus hijos por fuego ofreciéndoles a sus ídolos.

El rey Salomón también realizó lo malo delante de los ojos de Jehová, a pesar de que poseía mucha sabiduría. Esto lo hizo por andar casándose con mujeres idólatras. Entonces, su corazón se apartó del Señor.

Sus esposas le decían:

—Esposo, por favor, extraño adorar a mis Dioses, si no me construyes un altar a mis Dioses me voy a ir y te voy a dejar. ¡Tú no me amas!

Salomón le contestaba a su esposa egipcia:

—No, ¿cómo crees? No te vayas, yo te amo mucho, te voy a construir un altar para tu dios.

Las otras esposas se ponían celosas al ver que a la esposa egipcia le construían su altar. Por tanto, ellas comenzaron a exigir y a decirle:

—Si le construyes un altar a ella, también a mí.

—Quiero un altar bonito, cubierto de oro para mi Dios Moloc —murmuraba otra.

—Está bien, lo haré solo porque las amo mucho y por la alianza que tenemos con su pueblo.

Me imagino que así respondía Salomón a todas sus esposas. Así que Salomón les construyó altares a los dioses de sus mujeres y, no solo eso, también las acompañaba en sus ritos. ¿Será que eso agradó a Jehová?

¿Qué dice el primer mandamiento de la ley de Dios? Dice: "No tendrás dioses ajenos delante de mí". Así que Salomón pervirtió su corazón y por eso Jehová se apartó de él.

Cuando Salomón murió y por consecuencia de su desobediencia, el pueblo se dividió en dos partes. Ahora no se llevaban, eran enemigos y eran hermanos que no se podían ver.

El primer reino se formó de diez tribus, el segundo fue constituido por la tribu de Judá y parte de Benjamín. Así que había dos reyes para este valioso pueblo.

Ojalá siempre te portes bien, no vaya a ser que por desobediencia tus hermanos se alejen de ti y dejen de confiar en ti.

Referencias:

1 Reyes 11

EL REY MÁS MALO

"Jehová está lejos de los malvados, pero escucha la oración de los justos".
(Proverbios 15: 29)

Júntate con gente de bien. ¿Has conocido a gente gruñona que siempre anda de mal humor? Yo sí, cuando era pequeña solo escuchaba cómo un señor le pegaba a su esposa en las noches y escuchaba a los niños como lloraban de tristeza. Ahora te contaré la historia de un hombre a quien Dios registra como el rey más malo de Israel.

—¡Viva el rey Acab! —gritaba la gente del pueblo.

Estaban felices porque pensaban que su rey sería bueno y que haría cambios para el bien del pueblo. Pero, en resumen. Este fue el maravilloso discurso de Acab:

—¡Les saludo, pueblo muy querido! Les prometo ser el mejor rey que nunca han tenido, dejaré que todos hagan su voluntad, solo no dejen de cumplir con los impuestos que deben pagar.

El pueblo elegido, que solo debía adorar a Dios, obedecer, y el que brillaría por Jehová en esta tierra, se había pervertido tanto que adoraban a Dioses paganos, se casaban con idólatras,

cometían los peores pecados y por eso Dios estaba triste por sus acciones.

Cierto día, el rey dio un anuncio real. Las trompetas tocaron. ¡Tututu!

—Me voy a casar con una joven muy bella, este matrimonio será para el bien de nuestro pueblo.

La gente se preguntaba: "¿Con quién se casará el rey?" Para su sorpresa, se casó con la hija del sumo sacerdote de Baal. ¿Quién era Baal? Un dios pagano, el dios de la lluvia.

Pero, dime, ¿quién creó la lluvia? La creó el Dios del cielo y de la tierra, no hay otro dios.

Acab se casó con Jezabel y juntos llevaron al pueblo a adorar muchas más imágenes. Jezabel era mala, regularmente le decía a Acab:

—Oh rey, tu Dios ya no existe, ya que nunca les habla. ¿Qué te parece si construimos un altar para mi dios Baal, mi dios de la lluvia? También para Asera, así el pueblo te amará aún más.

Acab siempre hacía lo que su esposa le pedía.

—¡Viva el rey de Israel! —gritaba la gente y juntos adoraban a esos dioses paganos.

—¡Adoramos, pueblo lindo! —les decía Acab—. Para que estemos más felices aquí les traje cuatrocientos cincuenta profetas paganos para que nos enseñen cómo adorar a sus dioses ya que nuestro Dios es invisible.

Cuando el pueblo escuchó esa maravillosa noticia, le preguntaron:

—¿Qué harás con los profetas de Jehová de los cielos? Ellos solo nos andan molestando, diciéndonos que no te hagamos caso., que ya no adoremos a otros dioses.

Acab les respondía:

—No les hagan caso, es más, los mataré a todos.

El pueblo seguía todo lo que el rey mandara, al final era el líder.

Acab no fue un hombre firme porque de repente adoraba a Jehová y, luego, adoraba a los dioses de su esposa Jezabel. El pueblo estaba cegado por el engaño, preferían adorar a otros dioses. Es por ello por lo que Dios le mandó un triste mensaje con el único profeta que pudo salvar su vida. (Más adelante te contaré sobre eso.)

La vida de este hombre no terminó bien, él nunca se arrepintió. Por eso tuvo una muy triste muerte.

Referencias:
1 Reyes 16: 29-34

UN MENSAJITO PARA EL REY

"Y cualquiera que haya dejado casas, o hermanos o hermanas, o padre o madre, o mujer, o hijos, o tierras, por mi nombre, recibirá cien veces más, y heredará la vida eterna". (Mateo 19: 29)

Sé valiente al decir la verdad. El rey Acab con su esposa Jezabel estaban llevando al pueblo a olvidarse del verdadero Dios. Por eso Dios le mandó un masajito con el único profeta que amaba de corazón a Dios.

¿Tú amas a Dios? Pues debes saber que este profeta era muy conocido porque era de fe y oración. Siempre que podía, reprendía al pueblo diciéndoles:

—¿Por qué actúan tan mal? Dios es el único, no deben cambiarlo por otros dioses.

Este siervo de Dios se preguntaba el por qué Dios no los reprendió. Hasta que cierto día, ¿adivina que pasó? Dios le habló. Sí, Dios le habló diciéndole:

—Elías ve y dale un mensajito al rey Acab. Deberás decirle que no lloverá.

Enseguida Elías se alistó y salió muy de mañana, ni pidió permiso para entrar al palacio real. Entró, así como acostumbraba vestir, sus ropas sencillas, nadie lo vio entrar, al llegar

se quedó de frente observando al rey diciendo:

—Vive Jehová, Dios de Israel, en cuya presencia estoy, que no habrá lluvia ni rocío en estos años, por mi palabra.

Acab no tuvo tiempo ni de reaccionar, cuando quiso preguntar "¿por qué?" Elías ya no estaba. Se había ido. Acab quedó asombrado y con miedo, todo el pueblo se enteró del anuncio que le habían dado, pero los profetas de Baal le decían:

—Eso es mentira, la lluvia cae porque tenemos a nuestro dios Baal. Él es poderoso y este hombre es un mentiroso.

Pero debes saber que los arroyos comenzaron a secarse, la tierra parecía quemada como por fuego y el calor del sol destruyó la poca vegetación que quedaba.

—¡Mamá, tengo sed! —decían los niños y las niñas.

—No hay agua, hijos —decían los padres—, Baal no nos manda la lluvia.

Muchos padres veían cómo sus hijos morían, pero ni aun así se arrepentían.

Los sacerdotes juntos con el pueblo le ofrecían grandes ofrendas a Baal diciéndole:

—¡Dios Baal mándanos lluvia!

Tarde y mañana le ofrecían rituales, pero nada, la lluvia no caía.

Aún había algunos mensajeros de Dios quienes exhortaron al pueblo:

—¿Acaso no saben que ese dios es de madera, es de piedra? ¡Adoren al verdadero Dios y verán cómo les va a mandar la lluvia!

Pero nada, esta gente parecía cegada por su maldad.

—¡Matemos a Elías! —dijo Jezabel—: Busquen a Elías y mátenlo. Solo así nuestros dioses nos devolverán el agua.

Así que comenzó una cacería para encontrar a Elías, pero no lo encontraron porque él estaba escondido, por orden del Señor Todopoderoso.

Elías estaba en grandes problemas, pero él estaba confiado porque Dios cuidaba de él. Sí algún día te toca hablar por Jesús, no temas, él cuida de sus hijos que le obedecen.

¿Quieres saber cómo lo cuidó? En la siguiente historia lo sabrás.

Referencias:

1 Reyes 17 y 18
Profetas y Reyes, Cap. 9

UN CUERVO ALETEÓ

"Y el hombre comió pan de ángeles, les envió comida hasta saciarlos". (Salmo 78: 25)

Jehová provee para sus hijos. Todo estaba tranquilo, el arroyo sonaba al chocar con las piedras, allí estaba Elías orando a Dios:

—¡Dios, tengo hambre! Ya se me acabó mi provisión, no hay nada por aquí. ¡Oh Señor, indícame qué es lo que debo hacer, en el nombre de Jesús. Amén.

Después de la oración, Elías se sentó a observar el cielo, tranquila y pacientemente, solo que su estomaguito le rugía de hambre. ¿Has escuchado como tu estómago a veces hace ruiditos cuando tienes hambre? ¿Cómo hace? Grrrr grrrr.

Silencio, había mucho silencio en ese lugar. Entonces, pass pass pass, se escuchó el aleteo de un ave. "¿Qué será?" Se preguntó Elías. Ah, pero si es un cuervo. Viene un cuervo.

—Hola, cuervito —lo saludó Elías—. ¿Qué te traes por aquí? ¿Traes pan, cuervito?

Elías quedó sorprendido de ver como el cuervo le traía el pan. Luego lo tomó y comenzó a comerlo.

—Ummmm qué rico pan —dijo Elías.

Estaba a punto de terminar su rico pan cuando escuchó otro cuervo que venía: paass paaass.

—Y tú, ¿me traes carne?

Elías no lo pensó tres veces, tomó la carne y comenzó a comérsela.

Mientras saboreaba pensaba: "¡Qué sabrosa carne!"

—¡Gracias, Señor por alimentar a tu siervo!

Elías agradeció a Dios por la comida. ¿Tú agradeces a Dios?

Elías estaba escondido porque el rey Acab lo buscaba para matarlo, Dios le había dicho que se escondiera y él siempre fue obediente.

Aunque creas que estos son tiempos diferentes, no es cierto, Dios es el mismo ayer y hoy. Él cuida de sus hijos que lo aman de verdad. Atrévete a pedir su ayuda cuando lo necesites.

Referencias:
Reyes, Cap.17: 1-6

CAYÓ FUEGO DEL CIELO

"Entonces Elías acercándose a todo el pueblo, dijo: '¿Hasta cuándo claudicaréis vosotros en dos pensamientos? Si Jehová es Dios, seguidlo y si Baal, id en pos de él'". (1 Reyes 18: 21)

La oración es la mejor arma en tiempos de angustia.

—¡Griten con más fuerza! A lo mejor su Dios está durmiendo o se fue a meditar. Ah, ya sé, tiene algún trabajo que hacer o mejor aún, a lo mejor se fue de viaje. ¡Griten! De seguro hay que despertarlo —les decía Elías a los profetas de Baal.

¿Por qué les gritaba así? Ah, resulta que hacía más de tres años que no llovía. Dios había permitido que no lloviera en esas tierras para hacerles entender a sus hijos que Él es rey del universo, es dueño de todas las bendiciones y no esos dioses que ellos adoran.

Elías estaba en un gran desafío: Se había presentado ante la presencia del rey Acab. Solo que el rey Acab odiaba a Elías, porque pensaba que él era el culpable de la sequía. Pero Elías le había dicho:

—Tú eres el culpable, por haber permitido que el pueblo entero se vaya a adorar a otros dioses. Ahora hagamos esto.

Acab le preguntó:

—¿Qué quieres que hagamos, Elías?

Elías le respondió:

—Mañana muy temprano quiero que convoques a todo el pueblo junto con los cuatrocientos cincuenta profetas de Baal y los cuatrocientos profetas del bosque, todos estaremos en el monte Carmelo. Tomarás, pues, dos bueyes y los profetas de Baal ofrecerán uno a sus dioses y yo ofreceré otro para mi Dios. El Dios que responda con fuego y consuma la ofrenda será nuestro Dios.

¡Qué desafío tan grande! Ellos solo pondrían la carne en la leña y el DIOS verdadero enviaría fuego para consumirla.

Todo el pueblo se reunió para ver los rituales. Luego, Elías les dijo:

—Primero ustedes que son mucho más gente que yo.

Entonces comenzó el ritual de los profetas. Eran muchísimos, gritaban, danzaban alrededor de la ofrenda con fuertes gritos que retumbaban por todo el bosque, se arrancaban el cabello, se laceraba la piel con tal de que un dios les contestara y consumiera la ofrenda. ¿Será que su dios los escuchó? ¡Jajaja! No, claro que no.

Esos profetas mentirosos esperaban una pequeña oportunidad para mandar, aunque sea una chispa de fuego para seguir engañando al pueblo. Pero Elías estaba atento a cada uno de sus movimientos y Satanás también estaba allí. Sin embargo, Dios le había prohibido intervenir. Entonces llegó la tarde y nada de nada.

Es por eso por lo que Elías se burlaba diciéndoles:

—De seguro su dios se fue a echar una siestita, o anda de paseo. ¡Griten, griten fuerte! ¡Hay que despertarlo!

Los profetas se cansaron de gritar, se habían cortado tanto la piel que sangraban, cansados de implorar ayuda a su dios se fueron a sentar, dándose por vencidos. Después de eso el silencio reinaba en ese lugar. Nada, ni el sonidito de una mosca, se escuchó.

Los ojos de todos quedaron fijos en Elías quien temblorosamente y con mucho respeto, reconstruyó el altar que allí había. En el cual antes ofrecieran sacrificios al Dios vivo. Tranquilamente, colocó la carne de los bueyes e hizo una zanja alrededor del altar.

Con voz tranquila hizo un pedido:

—Ahora quiero que llenen cuatro cubetas de agua y la avienten sobre la leña y la ofrenda tres veces.

Así lo hicieron, le aventaron tanta agua que corría por la zanja. Todos observaban para ver si Dios contestaba.

Luego Elías elevó una oración al Señor:

—Jehová, Dios de Abram, Dios de Isaac, Dios de Israel, sea hoy manifiesto que tú eres Dios de Israel, que yo soy tu siervo y que por mandato tuyo he hecho todas estas cosas. Respóndeme,

Jehová, para que reconozca este pueblo que tú Jehová, eres Dios, y que tú haces que su corazón se vuelva a ti.

Apenas terminó de orar, cuando de inmediato descendieron llamas de fuego, como brillantes relámpagos que consumieron el sacrificio y evaporaron el agua, hasta desaparecieron las piedras del altar

—¡Fuego! —decían todos—. ¡Jehová es el Dios! ¡Jehová es el Dios!

Por fin Israel había abierto los ojos y ahora reconocían al Dios verdadero. Enseguida voltearon a ver a los profetas paganos y dijeron:

—¡Atrapémoslos! Ellos son unos mentirosos.

Todos murieron, ninguno quedó vivo. Elías los degolló a todos.

Después de que el pueblo reconoció esta gran verdad, Dios les mandó lluvia y la sequía terminó.

Referencias:
1 Reyes 18
Profetas y Reyes, Cap. 11

ELISEO ES LLAMADO

"El entendido en la palabra hallará el bien: el que confía en Jehová es bienaventurado".
(Proverbios 16: 20)

Dios nos pide que le sirvamos en primer lugar.

—¡Anda Eliseo! ¡Ve a arar los campos! ¿No ves que acaba de llover?

—Sí, padre, qué bendición. Nuestro Dios se acordó de nosotros. Alabado sea su nombre —dijo Eliseo—. Enseguida, padre, nada más déjame tomar algo de desayuno.

Eliseo es ayudante de su padre, él no es flojo.

Dios le había dicho a Elías:

—Elías, necesito que busques a un profeta para que ocupe tu lugar porque a ti estoy por jubilar.

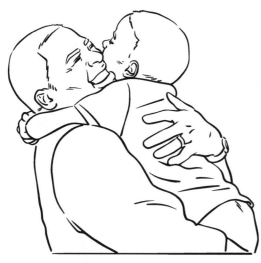

—Pero ¿quién será él, Señor?

Elías andaba en busca de un sucesor, hasta que ese día, justo ese día, pasó junto a los campos del padre de Eliseo. Este era un hombre rico que se dedicaba a la agricultura, nada les faltaba y cuando vio a Eliseo dijo en su corazón: "Este es el elegido, este joven ama a Dios desde pequeño, él será útil como profeta de Dios". Enseguida se le acercó, se quitó su capa poniéndosela a Eliseo.

—Profeta, ¿tú me eliges como tu seguidor? Claro que iré, acepto; solo déjeme despedirme de mis padres.

Eliseo no se puso a pensar: "ay es que mi camita, mi comida rica que me hace mami". No, él salió corriendo tras el profeta de Dios, él aceptó el llamado de inmediato, porque él sabía que no era Elías sino Dios quien lo elegía.

La vida de Eliseo no estuvo exenta de tentaciones, experimentó muchas pruebas. Pero, en toda emergencia, él confió en Dios.

Otro dato curioso sobre Eliseo es que a él le tocó ver como Elías subía al cielo en un carro de fuego tirado por caballos.

¡Qué maravilloso!

Referencias:
Reyes, Cap.19: 19-21

COSA DIFÍCIL HAS PEDIDO

"Cuando habían pasado, Elías dijo a Eliseo: 'Pide lo que quieras que haga por ti, antes que yo sea quitado de ti'. Y dijo Eliseo: 'Te ruego que una doble porción de tu espíritu sea sobre mí'". (2 Reyes 2:9)

Lo más importante es Dios en tu vida. ¿Te imaginas poder ver un carro de fuego en el cielo? A un solo hombre le ha tocado ver este maravilloso acontecimiento. Solo de imaginarlo se me enchina la piel de miedo a lo desconocido.

—¡Vamos Eliseo! —dijo Elías—. ¡Vamos a despedirnos de las escuelas de los profetas! Vamos a Betel, a Jericó y a Gilgal.

Cuando los dos regresaban de Gilgal, se le acercaron otros profetas solamente a Eliseo y le preguntaban:

—¿Sabes que el día de hoy Jehová te va a arrebatar a tu Señor?

Así que Eliseo entendió bien claro el mensaje y no se apartó ni un momento ese día de Elías porque él ya había entendido que Elías ya no estaría con él.

—¡Vamos a Jericó, acompáñame!

Pero para llegar a Jericó tenían que pasar el río Jordán. Elías bien tranquilo, tomó el manto que traía, lo dobló y golpeó las aguas, las cuales se apartaron a uno y a otro lado, y pasaron ambos por lo seco.

Cuando habían pasado, Elías dijo a Eliseo:

—Pide lo que quieras que haga por ti, antes de que yo sea quitado de ti.

A lo que Eliseo le respondió:

—Te ruego que una doble porción de tu espíritu sea sobre mí.

—Cosa difícil has pedido. Si me vieres cuando fuere quitado de ti, te será hecho así; más si no, no.

Y aconteció que yendo ellos y hablando, he aquí un carro de fuego con caballos de fuego apartó a los dos; y Elías subió al cielo en un torbellino.

Viéndolo, Eliseo clamaba:

—¡Padre mío, padre mío, carro de Israel y su gente a caballo!

Y nunca más le vio; y tomando sus vestidos, los rompió en dos partes. Alzó luego el manto de Elías que se le había caído y volvió, y se paró a la orilla del Jordán. Y tomando el manto de Elías que se le había caído, golpeó las aguas, y dijo:

—¿Dónde está Jehová, el Dios de Elías?

Así que hubo golpeado del mismo modo las aguas, se apartaron a uno y a otro lado, y pasó Eliseo. Viéndolo los hijos de los profetas que estaban en Jericó al otro lado, dijeron:

—El espíritu de Elías reposó sobre Eliseo.

Y vinieron a recibirle, y se postraron delante de él.

Como has visto, Eliseo pidió la bendición del espíritu de Dios en su vida ya que él sería el nuevo profeta más importante, pero, sin Dios, ¿qué podría hacer? Nada.

Dios le concedió el deseo porque él estaba dispuesto a servir.

Referencias:
2 Reyes 2

¡VENENO!

"Y respondió su sirviente: —¿Cómo pondré esto delante de cien hombres? Pero él volvió a decir: 'Da a la gente para que coma, porque así ha dicho Jehová: Comerán, y sobrará'".
(2 Reyes 4: 43)

Debemos compartir con los más necesitados. Los hijos de los profetas eran jóvenes que asistían a clases. ¿Tú estudias? ¿En qué grado vas de la escuela? Qué bien que estudias. ¿Qué quieres llegar a ser cuando seas grande? Tal vez doctor, maestra, enfermero o arquitecto, bueno, un sinfín de carreras y oficios.

Bueno, estos muchachos se preparaban para predicar la palabra de Dios. Pero resulta que en esos tiempos había mucha hambre, no había suficiente comida y todos tenían hambre.

Eliseo había llegado a visitarlos, les había llegado a dar una clase muy importante. Nadie quería perderse esa clase, no vaya a ser que reprobaron el examen. Eliseo al ver a los jóvenes les preguntó:

—Pero ¿qué es lo que pasa muchachos? Los veo desnutridos, todos están flacos, mírense como están. ¿Tienen hambre?

—¡Sí, tenemos hambre! —dijeron todos.

—Bueno, en esta ocasión haré una excepción.

Pongan una olla grande al fuego y vayan, busquen comida. ¡Anden! ¡Rápido! Busquen en los campos a ver si encuentran alguna verdura para guisarla.

Enseguida, los muchachos salieron a buscar.

—¡Ya encontré algo bueno! —gritó un joven.

—¿Qué es?

—Es calabaza. Vengan, amigos, ayúdenme a llevar las calabazas para cocinarlas.

Imagino que los chicos lavaron las calabazas, le pusieron su cilantro, su ajito y su sal porque no había más. Al probarla todos dijeron:

—¿Qué es esto? Amarga mucho. ¡Es veneno!

—¡Ay me duele el estómago! —gritaban algunos chicos.

—¡Sí, es veneno! —dijo Eliseo—. Tráiganme un poco de harina.

Enseguida, Eliseo roció harina a la olla. Después, la probaron y el sabor amargo había desaparecido. ¡Milagro! Todos pudieron alimentarse ese día y pudieron disfrutar de una bella clase.

Al siguiente día tampoco les faltó la comida, Dios envió a un buen hombre a llevar sus ofrendas a los sacerdotes. ¿Qué era? ¡Era comida! Qué rico. Eran panes de cebada y trigo nuevo en su espiga. Todo eso alcanzó para todos.

Debes compartir, aunque veas que queda poco de la comida que más te gusta en la mesa. Comparte y tal vez Dios te use a ti para saciar el hambre de otros.

Referencias:
2 Reyes 5: 38-44

MI DIOS PUEDE SANARTE

"Y mirándolos Jesús, les dijo: 'Eso es imposible para los hombres, pero para Dios todo es posible'". (Mateo 19: 26)

Comparte con otros las grandes verdades sobre Dios y su poder.

—¿Por qué llora, Señora?

—No puedo decirte, criadita, no puedo, es algo horrible.

La criadita se la quedaba mirando. Todos los días la señora andaba triste por la casa, llorando.

Hasta que cierto día la criadita se le acercó diciendo a su señora:

—No sé qué es lo que le pasa, mi Señora. Solo sé que para mi Dios no hay nada imposible.

La Señora le respondió:

—¿Cómo que no hay nada imposible? Mírate, tú aquí estás, muy lejos de tu casa, sin poder ver a tus padres, siendo mi esclava.

—Sí, mi Señora, tengo muchos motivos para estar triste y renegar de mi Dios, pero no, yo sé que mi Dios vive y para algo me trajo a estas tierras.

A lo que esta señora respondió:

—Admiro tu dedicación y tu entrega en lo que haces. A ver, dime si tu Dios es poderoso, ¿podrá sanar a mi esposo de una enfermedad incurable?

La criadita preguntó con mucha curiosidad:

—¿Qué es lo que tiene su esposo, mi Señora?

—Mi esposo tiene lepra.

—¿Lepra?

—Sí, y ya lo hemos llevado a los mejores doctores, pero no está sano y por eso estoy muy triste.

—No se preocupe, yo conozco a un profeta de Dios que se llama Eliseo. Él puede sanar a su esposo, no tengo ninguna duda.

—¿Estás segura?

—Por supuesto —respondió con seguridad esta pequeña criadita.

Así que esta señora le contó todo a su esposo Naamán. Este andaba desesperado por sanar tanto que no le importó ir a donde estaba el humilde Eliseo.

La indicación del profeta de Dios para este general fue:

—¡Ve y lávate siete veces en el Jordán y quedarás sano de tu enfermedad!

Naamán se preguntó:

—¿Será cierto eso? No me dan ganas de meterme a esa agua sucia, pero si insisten. Está bien, no tengo nada que perder —dijo este hombre.

Fue y se metió... 1, 2, 3, 4, 5, 6, 7.

—¡Milagro! —gritaron sus soldados—. ¡Quedó limpio, mi señor!

—¡Sí! Mi piel es como la de un bebé.

Ya de regreso en su casa, Naamán

agradeció a la pequeña criada el favor que le hizo, y le dijo:

—Yo reconozco que no hay otro Dios en toda la tierra, sino sólo en Israel.

Naamán era un general muy importante y a pesar de que él había capturado a esta joven, ella no dudó en compartir a su Dios y de esa forma testificar que es el único Dios poderoso.

Referencias:

2 Reyes 5: 1-14

LEPROSO POR AMBICIOSO

"Procura que no te seduzcan las riquezas, ni el copioso soborno te extravíe".
(Proverbios 36: 18)

No aceptes soborno de nadie. Eliseo era un gran profeta de Dios, tranquilo y lleno de paz. Pero, cierto día, llegó un poderoso general del rey de Siria, enemigo de Israel. Llegó pidiendo ayuda porque tenía lepra. Eliseo no salió a recibirlo, no le tomó mucha importancia, solo le mandó un mensaje con su criado Giezi.

El mensaje era este: "Ve y zambúllete siete veces en el Jordán y quedarás sano". Naamán lo hizo así, quedando sano. No cabía de alegría y gratitud para con Eliseo, tanto que regresó a casa de Eliseo para agradecer.

Le llevaba muchos regalos, unas mulas cargadas de joyas, oro y vestidos costosos, ya que su salud era lo más importante y nada se comparaba con lo que este había hecho por él. Cuando Eliseo vio todos los presentes solamente exclamó:

—No recibiré nada de lo que me ofreces, quien te ha sanado es Dios, no he sido yo. Mejor ve y ofrécele holocaustos a Dios.

Naaman quedó sorprendido, no podía entender que alguien se negara a recibir tan valiosos regalos, preguntando a Eliseo:

—¿De verdad no aceptas nada?

—No. No aceptaré nada. ¡Vete en paz! ¡Dios ya te ha sanado!

Por tanto, Naaman le respondió:

—Yo no ofreceré sacrificios a otro Dios ni me inclinaré ante ellos, solo adoraré a tu Dios, él me ha sanado. Bueno, ya que no quieres nada me retiro. Dios siga con usted, profeta.

Luego de esto se retiró a su casa.

Pero Giezi se quedó pensando: "¿Cómo que no aceptó nada mi Señor de este Señor? Si traía mucho dinero. Pero esto no se va a quedar así".

Giezi salió corriendo y alcanzó a Naamán. Este se bajó de su carro y le preguntó: —¿Todo bien?

Entonces Giezi mintió al decir:

—Mi Señor envía a decirte que ha recibido visitas, son dos hijos de los profetas. Por favor, envíame un talento de plata y dos vestidos.

Naamán con gusto se los envió.

¿Pero eso que estaba haciendo Giezi era bueno? Por supuesto que no, y todavía al llegar a casa los escondió, pero Eliseo ya sabía todo. Al entrar, le preguntó:

—¿De dónde vienes?

Giezi contestó:

—Tu siervo no ha ido a ninguna parte. ¿Acaso no has visto el milagro que ha hecho Dios? ¿No ves que no es momento de pensar en ti mismo? Es momento de agradecer.

Eliseo le dijo:

—Ahora, por haber recibido esos presentes, la lepra que se le quitó a Naamán se te pegará a ti.

Giezi quedó blanco como la nieve, salió huyendo de allí. Así murió Giezi, lleno de lepra, por mentiroso y avaro.

Giezi sabía bien el poder de Dios, ¿acaso si necesitaba dinero Dios no se lo hubiese dado? Pero el desconfió y ambicionó el soborno.

No aceptes nada, debes mantenerte del lado correcto.

Referencias:
2 Reyes 5: 15-27

EL HACHA FLOTÓ

"Mi Dios, pues, suplirá toda necesidad vuestra, conforme a su gloriosa riqueza en Cristo Jesús". (Filipenses 4:19)

No existe tristeza que Dios no vea y supla cuando se las confiamos. Las clases estaban a punto de comenzar, cada día se anexaron más alumnos a la clase. Y es que tenían a un gran maestro. Este maestro se llamaba Eliseo.

Dios estaba con él y era un catedrático por excelencia, contaba bellas historias. ¿A ti te gustan las historias? Son lindas y más si se tiene a un buen narrador de historias.

Pero había un problema, el salón era muy pequeño y ya no entraban los muchachos. Estaban todos apretados a la hora de clases y el calor era fuerte.

—¿Qué haremos? —se preguntaban entre ellos—. Pero si hay muchos árboles a orillas del río Jordán. ¿Por qué no vamos a cortar unas tablas para hacer más grande el salón?

—¿Qué les parece? —se preguntan entre ellos.

—¡Sí, vamos! —decían todos motivados porque harían más grande su salón de clases—. Vamos a conseguir herramientas para cortar los árboles.

—Pero no tenemos con qué. ¿Y si le pedimos prestado a nuestros amigos que tienen?

Así que los jóvenes fueron a pedir prestado hachas, machetes, aserradoras, lazos. Todo lo necesario para derribar esos grandes árboles y poder sacar madera. Ya que tuvieron todo listo fueron con su maestro y le pidieron permiso:

—¿Maestro, podemos ir a sacar madera para hacer más grande nuestro salón de clases? Es que ya no entramos, somos muchos. ¿Sí maestro?

—Mmm... —Eliseo no lo pensó mucho y les dio permiso.

—Pero, acompáñenos, maestro. ¡Solo por esta vez!

—Está bien —asintió Eliseo—. ¡Vamos!

Y todos se fueron contentos a la orilla del río. Enseguida encontraron un árbol de cedro grande y bonito, entonces se dijeron:

—Cortemos este árbol.

Comenzaron a darle duro, pam pam, se escuchaban las hachas, una herramienta que en aquellos tiempos era muy cara porque era de hierro.

En una de esas, el hacha se salió del palo donde estaba fijada y ¿adivina dónde cayó? Cayó en el río. Uno de los muchachos le gritó desesperado a su maestro Eliseo:

—¡Ah, señor mío, era prestada!

Estaba desesperado, porque era muy caro pagar un hacha en ese tiempo. El joven era muy pobre y no podía pagarla, su corazón se entristeció mucho.

—¿Dónde cayó? —preguntó el varón de Dios.

—¡Por aquí! —respondió el muchacho—. ¡Por aquí, mire! No se puede ver, el agua está turbia y hay mucha corriente.

Todos quedaron viendo qué pasaría.

—Mmm... —se quedó pensando Eliseo—; este joven no tiene cómo pagarla.

Así que enseguida oró:

—Señor, ayúdame a ayudar a este joven triste.

Después, cortó un palo que había en la orilla del río, lo echó allí e hizo flotar el hacha.

—¡Recógela! —dijo Eliseo.

El joven extendió la mano y la recogió.

Todos se alegraron y aún más este joven, su rostro se iluminó de felicidad.

—¡Ahhh, ya no pagaré nada, ya puedo seguir trabajando feliz!

Y todos se pusieron a trabajar con ánimo, porque sabían que Dios estaba con ellos.

Me imagino que hay cosas que necesitas y piensas que son insignificantes y que Dios no las entenderá, que Dios no tiene tiempo para pequeñeces. Pero esta historia te muestra que Dios se preocupa por nuestras tristezas.

Referencias:
2 Reyes 6: 1-7

DERROTA DE ISRAEL

"Seré propicio a sus injusticias, y nunca más me acordaré de sus pecados y de sus iniquidades". (Hebreos 8: 12)

Deja de imitar el mal ejemplo de tus hermanos.

—¡Arrepiéntanse! —le decían los profetas enviados por Dios a su pueblo.

Desfilaron uno tras otro, uno tras otro, y el Rey y su pueblo parecía que tenía oídos sordos.

—¡Ya dejen de molestarnos! —decían algunos, unos pocos fieles y obedientes.

¿Tú eres obediente a tus padres? ¿Alguna vez te han castigado? Dios tenía grandes planes para su pueblo israelita. Era un pueblo grande y numeroso, pero por pleitos y diferencias se había dividido en dos.

Uno estaba constituido por diez tribus y se llamaba pueblo de Israel del norte. Mientras que la otra por tribu se llamó: pueblo de Judá del sur. Pero eran lo mismo, eran familia, solo que divididos.

Ahora te contaré qué le pasó al pueblo de Israel, a las diez tribus del norte.

Su primer rey, Jeroboam, les había hecho dioses, ídolos, templos para adorarlos. Pero ¿será que eso le agradaba a Dios? Claro que no. Pasaron veinte reyes y, rey tras rey, hicieron lo malo siguiendo el ejemplo del primero. Ellos nunca cambiaron hasta que llegó el momento del castigo.

—¡Los asirios! —gritó una niña—. Afuera de la ciudad hay soldados extranjeros, tienen lanzas afiladas, grandes cascos, tienen escudos de fierro, me dan miedo, mami.

La gente no podía salir de sus casas porque tenían miedo de que los mataran.

—¡Qué tristeza! —dijo la mami—. Esto pasa porque nuestro rey Oseas dejó de cumplir los acuerdos que tenía con el pueblo Asirio.

—¿Quién era el pueblo asirio?

—Son nuestros enemigos, hijita —replicó la madre.

—¡Tenemos mucho miedo! —decían los niños—. ¿Qué pasará si no llevas a esa gente a otro lugar? Qué miedo —lloraban de tristeza.

Pasaron tres largos años, la gente sobrevivía encerrada dentro de los muros de la gran ciudad. No podían salir a otro lugar, si salían corrían el peligro de ser muertos. Era tanta su desgracia que comenzaron a comer cucarachas, ratas, se peleaban por unos granos de arroz e incluso se comían la carne de seres humanos. Fueron días de mucha aflicción, todos lloraban. Pero hasta entonces no dejaron de adorar a otros dioses, su corazón no se volvió a Dios.

El hambre, la tristeza, la desesperación se podían sentir en todos lados. Hasta que la ciudad fue invadida, los soldados comenzaron a perseguir a todo tipo de gente. A algunos los mataban y a muchos los amarraban de las manos y los llevaban a otros lugares.

Triste fue el fin de este pueblo que se olvidó de la luz que tenían y de esta forma fueron dispersados. Dios los reprendió por su pecado, pero aún seguía amándolos.

Referencias:
2 Reyes 17: 1-23
2 Reyes 6: 24-33

CAUTIVIDAD TAMBIÉN DE JUDÁ

"Ninguno menosprecie tu juventud; sino sé ejemplo de los fieles en palabras, en conducta, en amor, en espíritu, en fe, en limpieza". (Timoteo 4:12)

Deja de imitar el mal ejemplo de tus hermanos. Dime, ¿tienes hermanitos? ¡Ah, los hermanos! Qué lindo es tener hermanos. Con ellos jugamos, con ellos nos divertimos mucho. Ah, pero también con ellos nos peleamos de vez en cuando, ¿verdad?

Hay hermanitos que son tremendos y traviesos y, por lo regular, los más pequeñines queremos imitar a los más grandes. Pero, quiero decirte que eso no está bien, pues no debes imitar lo malo que tus hermanitos hacen.

Para que comprendas mejor este consejo, te contaré la historia de Judá, un hermanito que anduvo siguiendo el mal ejemplo de su hermano, Israel.

Judá estaba constituido por una tribu y media de toda una familia de doce hijos. Los cuales habían crecido y habían aumentado tanto, que para estos tiempos se les conocía por tribus.

¿Qué le había pasado a Israel? A estos se los habían llevado cautivos los asirios y ahora solo de toda una familia completa quedaba Judá, un pueblo aun numeroso.

"Judá, deja de imitar los pasos de tu hermano Israel". Eran los consejos que Dios siempre le mandaba a Judá. Pero ¿será que Judá escuchaba el consejo? A veces sí, pero eran más las veces que desobedecía, hasta que llegó el límite.

Me imagino que tú también llevaste al límite a tus padres en más de una ocasión; aunque, déjame decirte que nuestro buen Dios es más paciente que tus padres, ya que les tuvo mucha paciencia.

—Judá, ¿porque eres desobediente? Te has vuelto malo, así como Israel, ya deja de adorar a tantas imágenes. ¿Qué no te basta conmigo? ¿Acaso te ha faltado algo?

Judá llegó a someter a sus propios hermanos como esclavos, a los profetas que Dios les enviaba los encarcelaba, los buscaba para matarlos. Todo por no dejar a sus dioses y sus malas costumbres.

Hasta que Dios permitió que Nabucodonosor invadiera la ciudad de Jerusalén, su capital y por medio de su capitán, Nabuzaradán, se los llevaron cautivos a Babilonia.

Muchos fueron muertos y a su rey le sacaron los ojos y también se lo llevaron a Babilonia. Judá lloró su triste fin, para ellos todo estaba acabado, no tenían esperanza. Pero Dios no se olvidaría de ellos, aun los seguía amando, a ambos, a Israel y a Judá.

Referencias:

  2 Reyes 25: 8-21

¡NO SE PUEDE, NO SE PUEDE!

"Entonces la gente del país intimidó al pueblo de Judá y lo atemorizó para que no siguiera edificando". (Esdras 4: 4)

Si Dios es contigo, nada es contra ti. Dios cumple sus promesas siempre. En esta ocasión, la cumplió con su pueblo israelita. En cierta ocasión, le habló a un rey pagano, al rey Ciro de Persia. Dios le dijo que su pueblo debía regresar a reconstruir su templo. Y, dime, ¿quién no obedece una orden tal?

Así que mucha gente regresó a Jerusalén para comenzar la reconstrucción del templo. Muchos regresaron felices porque por fin adorarán otra vez a Dios y otros no regresaron, se quedaron cómodos a donde los habían llevado.

El día que pusieron los cimientos del nuevo templo hubo gozo, cantaron, hicieron fiesta. Otros lloraron. ¡No lo podían creer! Esto era un milagro, después de tantos años lejos de su casa, sin esperanza, Dios les brindaba una segunda oportunidad de hacer lo correcto.

Pero, de la gente que vivía allí, a muchos no les agradó la idea y cuando comenzaban en la reconstrucción de los muros del templo, esto pasó.

—¡No se puede, no se puede! —les gritaban—. Ustedes son muy pocos. ¿Acaso su Dios en verdad está con ustedes? ¡Miren cuántos han vuelto a ayudarles! Se van a enfermar, no lograrán reconstruir este edificio. No tienen ni fuerzas. ¡Jajaja! —se burlaban de ellos.

—¡No los escuchen! —decían los líderes y los profetas enviados por Dios—. Miren, si los escuchamos nos vamos a desanimar y no lograremos nada.

Así que todos se esforzaban por estar a tiempo en la obra, comían bien y se iban a descansar a tiempo para recobrar sus fuerzas. Poco a poco a pesar de las burlas, la construcción comenzó a tomar vida. Comenzó a verse más bonita y, esa gente, seguía burlándose de ellos.

—¿Y quién va a adorar aquí en este templo? Si no hay gente. ¿Quién? Este trabajo es para nadie, ya dejen su obra. Nadie va a querer venir a adorar a un Dios invisible.

Pero ni aun así, dejaban su trabajo, hasta que por fin lo terminaron. El templo quedó lindo. Ese día hicieron una gran fiesta y prometieron que esta vez sí serían leales al único Dios que los creó.

Me imagino que a veces a ti te dicen tus amiguitos que no podrás lograr algo, que no puedes, que no sabes, pero, así como este poquito de gente logró terminar una obra maravillosa, no te desanimes cuando se burlen de ti. Sigue firme en lo que anhelas y verás que Dios estará contigo.

Referencias:

Libro de Esdras

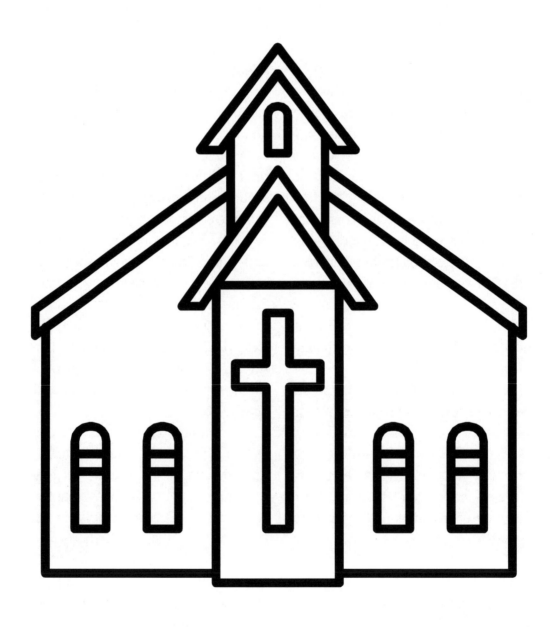

BELLA, BELLA

"Vuestro adorno no sea exterior con peinados ostentosos, atavíos de oro, o vestidos lujosos, sino interno, del corazón, en incorruptible belleza de un espíritu manso y tranquilo, que es de gran valor ante Dios". (Pedro 3: 4)

La belleza más importante es la del corazón. ¿Alguna vez has visto algún concurso de belleza? Esos han existido desde hace siglos. En esta ocasión te contaré la historia de una muchachita común que fue elegida como la más bonita para ser la esposa de un rey muy importante.

El rey persa le mandó un aviso a su reina Vasti:

—El rey te manda a llamar. Ya que sus invitados a su banquete quieren admirar tu belleza.

—¿Yo iré ante esa gente borracha, común y corriente? No iré, no, no quiero y no voy.

—¿Cómo que no quiere venir? —exclamó el rey Asuero. ¿Qué debo hacerle a esta reina desobediente?

Los consejeros que allí estaban le dijeron:

—¡Oh rey! ¡Vasti debe ser quitada de su reino y usted debe elegir a otra más bonita y digna!

Entonces el rey mandó un edicto por toda su capital, Susa era su nombre. Este edicto decía:

—A todas las muchachas solteras de esta capital y sus alrededores se les convoca. El rey busca reina. La más bonita será elegida por él y ella reinará en lugar de Vasti.

—¿Ya oíste María? Tú puedes ser reina —decía Tere a su amiga—. Anda, anótate. ¡Sal, vamos! —decía Mari—; a ver quién gana.

Y así como ellas, muchas muchachas iban al palacio para ser candidatas, pero a otras muchas no les interesaba ese concurso. Así que, como no muchas se anotaban, el rey tuvo que utilizar la fuerza diciendo a sus soldados:

—Soldados, vayan y tráiganme a todas las muchachas que encuentren. Las que no quieran tráiganmelas por la fuerza.

Había una muchacha que era temerosa de Dios, que vivía sola con su tío Mardoqueo porque sus padres habían muerto. A ella no le interesaba ese tipo de cosas, pero era muy bella.

Los soldados tocaron la puerta, toc, toc. Enseguida, salió su tío a ver quién era y para su sorpresa eran los soldados y se llevaron a Ester al palacio.

Estando allí, todas esperaban con ansias. ¿Qué pasaría después? De inmediato apareció Hegai, el que se encargaba de los cuidados de las mujeres diciendo

—Muchachas, este año completito pasarán por tratamientos estrictos de cuidado de su piel, embellecimiento de rostro, refinamiento de modales, cultura y muchas cosas que necesitan antes de presentarse con el rey.

Así que pasó un año completito. Algunas estaban emocionadas y a la expectativa.

—¿Quién será la reina? —tú, María, decían algunas muchachas.

Por fin llegó el día del concurso. Cada una pasaba según su turno, pasaba una y otra y otra y el rey siempre decía:

—Esta no. Esta no.

Hasta que por fin tocó el turno a Ester. Como era muy bella, el rey la eligió y la coronó como su reina. Ester no se lo creía.

—¿Cómo yo, una joven hebrea, voy a ser reina de este pueblo? ¿Por qué, Señor, permitiste que ganara este concurso? —le preguntaba Ester a Dios.

Pero ¿sabes? Ester no solo fue elegida por su belleza. Ella era una mujer de carácter firme, una mente clara y tenía una fe inquebrantable en Dios. ¿Sabes? Cuando se poseen muchas cualidades internas, tu belleza exterior sale a relucir.

Referencias:
Ester 1 y 2

Y SI PEREZCO, QUE PEREZCA

"¿Y quién sabe si para esta hora has llegado al reino?" (Ester 4: 14)

Vive para agradar a Dios y no a los hombres. Esta es la historia de Ester, la mujer que ganó el concurso de belleza más antiguo de la historia.

Amán era enemigo del pueblo de Dios, este pueblo se encontraba cautivo (lejos de sus tierras en Susa). Tenían por rey a uno poderoso en gran manera. Este rey confiaba mucho en Amán.

Amán era malo, cuando pasaba cabalgando en su caballo en las calles, quería que todo el pueblo se arrodillara ante él. Se creía mucho porque el rey lo tenía como su consejero y en alta estima.

—¡Arrodíllense ante mí! ¡El que no lo haga será sometido!

Todos se arrodillaban cuando él pasaba, pero algunos israelitas no lo hacían. Por eso, Aman se enojaba mucho, quería matarlos, pero no podía porque él no era el rey, ni Mardoqueo se arrodillaba ante él. ¿Quién era Mardoqueo? Era el tío de la nueva reina (Ester), pero nadie lo sabía porque Ester tenía prohibido decir de qué pueblo era.

Cierto día fue tanto su enojo contra Mardoqueo y contra su pueblo, que como el rey lo apreciaba mucho, le dijo al rey:

—Oh rey, hay un pueblo esparcido y distribuido entre los pueblos de todas las provincias de tu reino. Sus leyes son diferentes a las de todo el pueblo, ellos no guardan las leyes del rey. De nada te sirve que ellos vivan. ¿Por qué no mejor los destruyes? De por sí ni te son obedientes y a lo mejor, en algún momento, se rebelan contra ti causando graves problemas. ¿Qué le parece si mejor decreta una ley de matarlos en un solo día a todos para que ya no existan más?

El rey Asuero le respondió:

—Está buena tu idea, Amán.

Así que mandó a llamar a los sátrapas, a los príncipes del pueblo y este mandó una carta que llevaba el sello real que decía: "En el día trece del mes duodécimo se ordena matar a todos los judíos, ya sean niños, jóvenes, ancianos o mujeres".

Los correos salieron a prisa a todas las provincias de ese reinado según la lengua de su tierra y los judíos se asustaron ya que su muerte estaba decidida. Ester también era judía.

Cuando el tío de Ester (Mardoqueo) se enteró, le mandó a avisar a Ester todo lo que aconteció, para que interviniera por su pueblo.

Ester se preocupó mucho:

—Pero ¿cómo? ¿Cómo lo harán?

Ya que existe un decreto real, si el rey no me manda a llamar y yo entro sin ser llamada, puedo perder la vida.

Eso le mandó a decir Ester a su tío.

—¿Acaso crees que tú también te salvarás? ¿Y quién sabe si para esta hora has llegado al reino?

Entonces, Ester fue decidida y dijo:

—Ve y reúne a todos los judíos que se hallan en Susa. Ayunen por mí, no deben comer ni beber durante tres días y tres noches y entonces entraré a ver al rey aunque no sea llamada y si muero, pues que muera.

Qué prueba más grande para Ester, ¿verdad? ¡Imagínate! ¡Podía perder la vida! Pero ella primero pidió oración, protección divina y después entró al palacio donde se encontraba el rey con sus amigos.

Ester se puso más linda de lo normal, se arregló, se hizo un peinado hermoso y entró. Cuando el rey la vio quedó sorprendido.

—¿Ester? Hace tanto tiempo que no te veo. ¡Qué bella eres! Eres bienvenida en mi palacio —y levantando el cetro dio la señal de bienvenida.

Ester se acercó y tocó la punta de su cetro de oro. Luego el rey le preguntó:

—¿Qué es lo que necesitas, Ester? Si fuese posible hasta la mitad de mi reino te daré.

—Oh rey, vine a invitarlos a un banquete que he preparado para usted y también me place invitar a Amán.

Cuando Aman lo escuchó, se alzó de orgullo. Así que el rey acudió a la invitación de su reina llevando consigo a Amán.

Estando allí, Ester le reveló todo:

—¡Oh rey! Y si he hallado gracia ante tus ojos, concédeme esta petición, este es mi deseo: Yo y mi pueblo hemos sido vendidos para ser exterminados y aniquilados. Si fuésemos vendidos como esclavos me callaría, pero nuestra muerte sería para el rey un daño irreparable.

Enseguida el rey quedó sorprendido.

—¿Quién es y dónde está el que ha endurecido su corazón para hacer tal cosa? —Ester dijo—: El enemigo y adversario es este malvado Amán.

El rey se levantó del banquete enojado y se fue al patio muy molesto. Ya de regreso encontró a Amán forzando a su reina.

—Qué, ¿acaso también me quitarás a mi reina?

Allí estaba un eunuco que servía al rey (Harbona). Este le dijo:

—Oh rey, en la casa de Amán hay una horca de 25 metros con la que quiere ahorcar a Mardoqueo.

—¿A Mardoqueo? No, Mardoqueo no será ahorcado. Llévense a este malvado Amán y ahórquenlo allí.

Enseguida se decretó otra cosa para los judíos, se mandaron cartas que decían: "A todos los judíos, su rey les da la facultad de reunirse, armarse y defenderse el día trece del mes duodécimo y vengarse de sus enemigos".

Todos descansaron de la preocupación, nadie murió y eso fue gracias a una joven muy bella, pero con un corazón aún más bello, compasivo y de mucha fe en Dios.

Referencias:
Ester 3-7

¿QUÉ DEBE HACERSE AL HOMBRE QUE EL REY DESEA HONRAR?

"La soberbia del hombre lo humillará, pero el humilde espíritu alcanza la honra".
(Proverbios 29: 23)

Dios humilla a los que andan con soberbia. A nuestro alrededor podemos ver el orgullo por todos lados, lo podemos ver en gente necesitada o rica, niños o niñas que siempre quieren tener la razón o piensan que son más que otros solo porque tienen un juguete diferente. Me imagino que en algún momento tú has sentido orgullo de algo. El problema es cuando queremos ser admirados haciendo daño a otras personas. Esto es lo que le pasó a Amán por orgulloso.

Amán caminaba por los palacios reales, orgulloso porque el rey de Persia lo tenía como príncipe de Susa. Todos lo respetaban, menos Mardoqueo. Amán odiaba a Mardoqueo, era su enemigo máximo y para su peor desgracia lo veía todos los días en la entrada del palacio real.

¿Por qué odiaba a Mardoqueo?

Porque Mardoqueo no le daba importancia a Amán, no se arrodillaba ante él, ni lo volteaba a ver cuándo él pasaba.

Así que Amán construyó una gran horca para matar a Mardoqueo, diciéndole:

—¡De seguro el rey me dará permiso para matarte!

Ahhh, pero Aman no sabía lo que le pasaría enseguida.

Resulta que hacía ya algo de tiempo Mardoqueo había escuchado cómo unos sirvientes planeaban la muerte del rey y este enseguida los denunció ante el rey. Después de esta denuncia mandaron a matar a los dos eunucos traicioneros. Pero a Mardoqueo no se le dio ninguna gratificación.

Esa misma noche que Amán iba a casa del rey para hacerle ese pedido de matarlo, el rey no podía dormir, y no podía dormir. Mejor mandó a buscar el libro donde se registra todo lo que pasa en el palacio (memorias) para que se lo leyeran, a ver si así se dormía. Mientras el escriba le leía, Asuero escuchó algo que llamó su atención. ¿Adivina que escuchó Asuero? Escuchó el caso de Mardoqueo.

—¿Y qué recompensa le dimos a este hombre que salvó la vida del rey? —preguntó con ansiedad.

—¡Nada! Nada se le dio —fue la respuesta.

Entonces el rey preguntó:

—¿Quién está en el patio?

Amán estaba esperando al rey para pedir la muerte de Mardoqueo.

—¡Que entre! —dijo el rey.

Entró pues Amán, y el rey le preguntó:

—¿Qué debe hacerse al hombre a quien el rey quiere honrar?

Amán dijo en su corazón: "¿A quién deseará el rey honrar más que a mí?" Y respondiendo dijo:

—¡Oh rey! Vistan a ese hombre con un vestido real y pónganlo en uno de los caballos que el rey ha cabalgado. Pónganle una corona y que uno de los príncipes del rey le de un paseo en las calles de la ciudad, pregonando en voz alta: "¡Así se hará al hombre que el rey desea honrar!"

Entonces el rey le dijo:

—Ve, Amán, no pierdas tiempo. Viste a Mardoqueo y pregona en voz alta lo que has anunciado. No dejes de hacer nada de lo que has dicho.

¡Qué sorpresa se ha de haber llevado Amán! Y allí va Amán gritando con toda la vergüenza del mundo: "¡Así se hará al hombre que el rey desea honrar!" Y arriba del caballo iba su peor enemigo.

"¡Qué vergüenza!" —decía en su corazón—. Me la va a pagar este Mardoqueo.

Referencias:
Ester 2: 19-23 y Cap. 6

LA LOCURA DE NABUCODONOSOR

"La soberbia precede a la ruina, y la altivez de espíritu, a la caída". (Proverbios 16:18)

Reconoce a Dios en todos tus caminos.

—¡Que saquen al rey del palacio! ¡Que coma hierba con los animales en el campo! —gritaban todos espantados.

Te preguntarás, ¿por qué va a comer pasto con las vacas? Al rey se le había ido la razón, no pensaba como nosotros, estaba loco y babeaba, caminaba en cuatro patas. Todos le tenían miedo, pensaban que los dioses lo habían castigado. Tú debes saber que no habían sido los dioses, había sido el Dios del cielo y ¿por qué?

Este rey había capturado al pueblo hebreo, a quienes Dios había protegido tanto, solo que ellos fueron castigados y destruidos ya que el pueblo y sus líderes se negaron a ser fieles a Dios. Ahora, Dios permite que jóvenes como tú y yo vivan en su palacio y de esta forma él pueda conocer al Dios verdadero. Pero él no quiso reconocer a Dios porque era orgulloso. Él decía:

—¡Soy grande, poderoso, yo solo he construido un gran imperio!

Imagínate, en su palacio había hermosos jardines colgantes, templos maravillosos, su palacio brillaba de bello, los muros de la ciudad eran fuertes. Todos se maravillaban de ver su esplendor.

Nabucodonosor, vio salir del fuego ardiente sin quemarse a tres jóvenes hebreos, quienes le testificaron del gran poder de Dios.

Un joven hebreo, Daniel, le había interpretado un sueño ya que nadie en su palacio pudo hacerlo, en esa interpretación Dios le reveló lo que acontecería en el futuro, lo que Nabucodonosor solo decía:

—¡Tu Dios es poderoso, alabo a tu Dios! —pero él seguía sintiéndose como si fuese Dios.

Otro día, Nabuconodosor tuvo otro sueño, mandó a llamar a Daniel diciéndole:

—Yo sé que tu Dios te revela todos los misterios.

—¿Y que viste rey?

—Oh, yo vi un árbol muy grande, que crecía y llegaba hasta el cielo, con hojas hermosas y de bastante fruto. Alimento para todos. Debajo de él se ponían a la sombra las bestias del campo y en sus ramas hacían nido las aves del cielo, todos comían de él. Pero de repente vi un ángel que venía del cielo que decía fuertemente: "Derribad el árbol, y cortad sus ramas, quitadle el follaje y dispersado su fruto. Váyanse las bestias que están debajo de él, y las aves de sus ramas, pero que no muera la raíz, su corazón de hombre sea cambiado y le sea dado corazón de bestia y pasen sobre los siete tiempos, para que reconozcan los vivientes que el Altísimo gobierna a los hombres, a quien quiere da y a los más humildes da gloria". Ese fue mi sueño.

Daniel quedó asustado casi una hora y dijo:

—Oh rey, ese árbol eres tú. Serás quitado del reino y tu corazón será igual al de una bestia. Comerás pasto con las vacas durante siete años. Después de eso volverás a reinar.

Todo lo que dijo Daniel se cumplió al pie de la letra. Después de esto, Nabucodonosor dijo:

—Ahora yo, Nabucodonosor, alabo, engrandezco y glorifico al rey del cielo, porque todas sus obras son verdaderas y sus caminos justos. Él puede humillar a los que andan con soberbia.

Referencias:
Daniel, Cap. 1-4

DE OÍDAS TE CONOCÍA

"Respondió Job a Jehová y dijo: 'Yo reconozco que todo lo puedes y que no hay pensamiento que te sea oculto'". (Job 42: 2)

Nunca dudes que Dios te ama. Dios acostumbraba a tener una junta en un lugar especial donde acudían los hijos de Dios. Pero uno de esos días también se presentó Satanás, quien no era parte de la junta, entonces, Dios le dijo:

—¿Qué haces aquí? ¿De dónde vienes?

Satanás contestó:

—He andado rodeando la tierra.

—¿Ya viste a Job, como él me ama tanto? —preguntó Dios.

—Sí, pero él te ama porque tú le das tantas cosas. Quítale todo y ya verás cómo reniega.

Entonces Dios le dijo:

—Te doy permiso para que pruebes lo que estás diciendo. Solo te pido que no lo mates.

Satanás se fue a hacer maldad a la casa de Job. ¿Quién era Job? Bueno, Job era un hombre que solo era bueno, amaba a Dios con todo su corazón, tenía siete hijos y tres hijas en total. ¿Cuántos eran? Eran diez. Además, tenía mucho ganado, ovejas, camellos asnas y criados, era riquísimo.

Cuando de repente, corriendo a mucha prisa llegó uno de sus siervos, traía cara de susto:

—¿Qué pasó? —preguntó Job.

—Oh amo, estábamos arando con los bueyes y las asnas estaban cerca, vinieron los sabeos y se los llevaron y mataron a los demás criados. Solo escapé yo.

Aún estaba hablando este, cuando vino otro, igual corriendo que dijo:

—Amo, fuego cayó del cielo, quemó a las ovejas y los pastores, no quedó nada. Solo escapé yo para darte la noticia.

Aún estaba terminando de hablar este, cuando llegó otro siervo:

—Tres escuadrones de caldeos, nos robaron los camellos, mataron a mis compañeros a filo de espada. Solo escapé yo para darte la noticia.

Pobre Job, mejor se sentó. Ahora le faltaba el aire, estaba muy triste, pero enseguida entró otro siervo:

—¿Y ahora qué más pasó? —dijo Job.

—No quisiera decir esto —dijo el siervo—, pero tus hijos han muerto, aplastados por la casa donde estaban festejando. Es que vino un fuerte viento y levantó la casa.

Entonces Job, con lágrimas en los ojos, se levantó, rasgó su ropa, se rascó la cabeza y se arrodilló y miró al cielo diciendo:

—Desnudo salí del vientre de mi

madre y desnudo volveré allá. Jehová dio y Jehová quitó. Sea el nombre de Jehová bendito.

Job ya no tenía nada, solo su vida. Después, Satanás hirió a Job, hizo que le salieran llagas en toda la piel, desde los pies hasta la cabeza. Pobre Job, se rascaba con un palo la piel. Solo de imaginar me da mucha tristeza. Imagínate, hasta su esposa lo dejó.

Job estaba muy triste porque de tanto sufrimiento ya no podía ver a Dios, no podía sentir que lo acompañaba, no podía alabarlo. Pero, en ese estado, Job pasó la prueba de integridad,

él nunca dudó de Dios. Aunque sus amigos le decían que eso era castigo de algún pecado, como recompensa de su integridad, Dios le devolvió todo lo que Satanás le había quitado, se lo devolvió doblemente.

En este mundo, existe mucho sufrimiento, dolor, e injusticias, pero a pesar de todo nunca dejes de ver a Dios. Él está contigo cuando sufres.

Referencias:

Libro de Job y Comentario Bíblico Adventista (tomo 3)

EL PROFETA LLORÓN

"Me dijo Jehová: 'No digas soy un muchacho, porque todo lo que te envíe irás tú, y dirás todo lo que te mande. No temas delante de ellos, porque estoy contigo para librarte', dice Jehová". (Jeremías 1: 7-8)

No tengas miedo de obedecerlo, Dios te pide. Jeremías era un muchacho común y corriente, que amaba a Dios de todo corazón, pero no pensó que Dios le haría un llamado para hacer algo único.

Dime, ¿qué es lo que sientes cuando tu maestro de la escuela te pide algún favor importante a ti, en lugar de pedírselo a otro de tus compañeritos? ¿Verdad que se siente bonito y con gusto lo haces? También cuando te han pedido que participes en público con alguna participación especial sentiste mariposas en el estómago de nervios, ¿verdad?

Bueno, Jeremías nunca pensó que el mismo Dios le pidiera algo tan difícil, como, por ejemplo, ser un profeta, ser un vocero oficial de Dios. Cuando, de repente, escuchó la voz que decía:

—Antes de que te formaras en el vientre, te conocí, y antes de que nacieras, te santifiqué. Te di por profeta a las naciones.

Jeremías se asustó mucho y le contestó a Dios:

—Señor Jehová, ¡yo no sé hablar porque soy un muchacho!

Entonces, Jehová le contestó lo que dice el versículo de memoria:

—No digas soy un muchacho, porque a todo lo que te envíe irás, y dirás todo lo que te mande. No temas delante de ellos, porque estoy contigo para librarte —dice Jehová.

Después, Jehová extendió su mano y tocó su boca. ¡Imagínate! Jehová tocó la boca de Jeremías. A partir de ese momento, las palabras de Jehová fueron puestas en la boca de Jeremías y con las palabras de Jehová, Jeremías hablaría a las naciones y los reinos.

Jeremías fue un gran profeta de Dios, le tocó vivir en tiempos difíciles, tiempos de guerra, cuando predominaban la codicia, la avaricia y el vicio. Mientras los ricos se enriquecían más, los pobres más se empobrecían y muchos caían en tal pobreza que quedaban reducidos a la esclavitud.

Jeremías necesitaba mucho valor y ánimo para obedecer lo que Dios le mandara, el pueblo no le hacía caso, lo encarcelaron, lo perseguían para matarlo, lo ridiculizaron. Dios también le pidió que no se casara porque su pueblo iba a ser llevado cautivo a otro lugar. Casarse y tener bebés sería muy doloroso para él separarse y verlos sufrir. Jeremías siempre cumplió con el mandato Divino.

En las siguientes historias te contaré algunas cosas que hizo este gran profeta de Dios.

Referencias:

Jeremías 1

EL ALFARERO Y EL BARRO

"Por eso, cumplid mis normas y preceptos, que dan vida al que los obedece. Yo soy el Eterno". (Levítico 18: 5)

Aunque no entiendas muchas cosas, debes ser obediente a tus padres y a Dios. Desde que Dios llamó a Jeremías, siempre estaba en contacto con él, pero cierto día, Jehová dijo a Jeremías:

—Levántate, ve a la casa del alfarero y allí te volveré a hablar.

¿Sabes que es un alfarero? Un alfarero es el que se dedica a hacer vasijas de barro ¿Cómo las hace? El alfarero toma la arcilla (barro) de la tierra, la pisa y luego la amasa con las manos hasta formar una pasta. Después, pone una porción de ella sobre un disco grueso o rueda de madera y al hacer girar esa rueda con la mano o los pies, le da la forma que quiere.

Así que Jeremías se fue a visitar al alfarero, se quedó quietito y entró, ya ni tocó la puerta porque el alfarero estaba ocupado haciendo una vasija. "Qué bonita vasija", pensó Jeremías. Está quedando muy bonita porque ya le faltaba poco para terminarla, cuando de repente, se va rompiendo la vasija, ¡estando aún en las manos del alfarero!

¿Qué fue lo que hizo el alfarero? ¿Será que tiró ese material? ¡No, no lo tiró! Tomó la arcilla de nuevo y volvió a hacer otra vasija diferente.

En lo que Jeremías observaba, Jehová le volvió a hablar diciéndole:

—Yo soy el alfarero y ustedes son la vasija. Mi obra apenas la estoy haciendo en mi pueblo, pero como veo que mi pueblo no se está adaptando al propósito que tengo para ustedes, entonces elegiré otro destino para ellos; así como acabas de ver.

El profeta comenzó a exhortar al pueblo:

—Así dice Jehová: "Les daré la espalda y no verán mi rostro, su tierra será objeto de burla, delante del enemigo los esparciré".

¿Será que el pueblo se arrepentía? ¡No! El pueblo prefería seguir a sus dioses y no se convertían en sus malos caminos.

Eran tan malos que en más de una ocasión tramaron asesinar a Jeremías diciendo:

—Estamos hartos de Jeremías, siempre nos anda profetizando mal, nos dice que seremos objeto de burla de los otros pueblos. ¡Puras mentiras! Además, no lo necesitamos —se decían—. Tenemos suficientes sacerdotes y profetas que nos apoyan. Ellos sí están de acuerdo con lo que hacemos. Vamos a calumniar y a engañarlo, mejor ya ni escuchemos lo que dice.

Jeremías se enteró del complot que hicieron para matarlo, por eso acudió a Dios, su único amigo, su único consejero en medio de tanta gente mala:

—¡Señor, destruye a esta gente mala y cuida de mí!

Sin lugar a duda, Jehová cuido de él. ¿Sabes? En esta vida te encontrarás con retos y te llegarás a sentir solo o sola, así como Jeremías. Pero confía en tu mejor amigo, Cristo Jesús.

Referencias:
Jeremías, Cap. 18

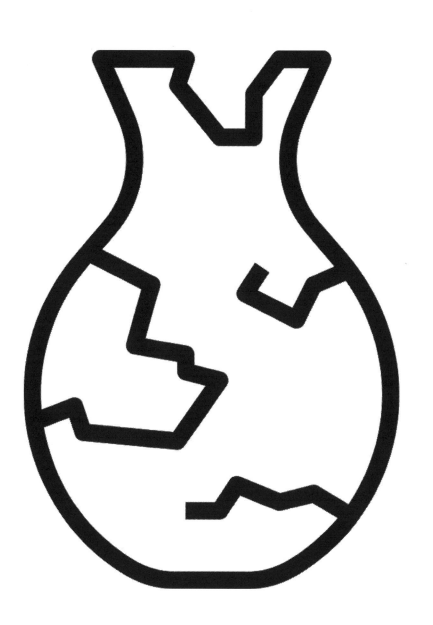

¿QUÉ ES LO QUE TRAE JEREMÍAS?

"Si el mundo os aborrece, sabed que a mí me ha aborrecido antes que a vosotros".
(Juan 15: 18)

Un verdadero profeta es aquel que lo que dice se cumple. ¿Ya vieron a Jeremías?

—Y ahora, ¿qué es lo que hace este loco? —se preguntaba el pueblo—. ¿Qué trae? Trae yugos como de bueyes, jajaja. ¡Está loco de remate! —decían los muchachos.

Cuando Dios le habló a Jeremías, el pueblo ya estaba sitiado por Babilonia. Dios le había mandado a Jeremías que se hiciera esos yugos, diciéndole:

—Póntelos y pregona por todo Jerusalén: "¡Es mejor que el pueblo se someta a Nabucodonosor, porque ya los he entregado en sus manos a ellos y a los pueblos vecinos! Entréguese al rey de Babilonia, acepten el yugo que él les impone. ¡Sírvanle! Así no morirán". Además, los utensilios que han quedado en el templo también serán llevados a Babilonia, pero luego regresarán.

—¡Ja, ja, ja! ¡Ja, ja, ja!

Había gente que se reía de Jeremías, de alguna forma llamaba la atención de la gente y así lo escuchaban. Pero Jeremías gritaba el mensaje:

—Díganles a los reyes vecinos que Dios lo ha dispuesto así. Dios ya ha puesto todas estas tierras en sus manos.

Entre el pueblo había otros profetas que les decían:

—Es mentira lo que dice. No nos debemos rendir. ¡No lo escuchen!

Pero Jeremías les respondía:

—Ellos son unos mentirosos porque lo que dicen nunca se cumple.

Y así andaba Jeremías con los yugos en la espalda. ¿Quieres saber quién se los quitó? Se los quitó un tal Ananías, diciéndole:

—¿Qué profeta de Dios? Jehová ha dicho que en dos años Babilonia dejará de dominarnos.

Al terminar de hablar esto y como señal de que era verdad lo que decía le quitó los yugos a Jeremías y se los quebró.

Jeremías se quedó sorprendido de tanta falsedad. ¿Será que Dios le había hablado a Ananías? ¡Por supuesto que no! Así que como era un profeta falso todo lo que dijo no se cumplió, al contrario, murió después de siete meses.

Referencias:

Jeremías 27 y 28

LOS SUFRIMIENTOS DE JEREMÍAS

"El que quede en esta ciudad, morirá a espada, hambre o peste. Pero el que salga y se pase a los caldeos que os tienen cercados, vivirá, y su vida le será por despojo".
(Jeremías 21: 10)

Tú siempre eres útil, nunca eres un estorbo. ¿Alguna vez tus padres te han pedido que seas obediente? Me imagino que te sermonean más o menos así: "Lilita, es por tu bien, sé obediente". ¿Qué es lo que pasa cuando desobedeces? Por supuesto, que sufres las consecuencias, ya sea que te castiguen, o que te cortes, o que te caigas o que pases vergüenza, etc.

Esto es lo que le pasó al pueblo de Judá. El profeta Jeremías era viejo cuando pensó que su obra había acabado. La ciudad dejó de estar sitiada por un pequeño tiempo, pero el pueblo no escuchó. Solo algunos escucharon el consejo de rendirse y entregarse de buena voluntad. Así que pensó:

—Ah, mejor me voy de aquí, voy a pasar mi vejez en la tierra de Benjamín.

Cuando él iba saliendo de la ciudad, los porteros de la ciudad le preguntaron:

—¿A dónde vas? De seguro te vas con nuestros enemigos, ¿verdad?

—No —contestó Jeremías—, falso. No me paso a los caldeos.

Pero este soldado no lo escuchó y ¿a dónde fue a parar Jeremías? Se lo llevaron a una cárcel. Era una cueva oscura y allí sufrió como un año el profeta de Dios, ¡qué lástima, no pudo irse!

Como sufría mucho encerrado y olvidado casi a muerte, lo sacaron al patio de la ciudad. Allí lo encerraron en una cárcel, tipo jaula de pájaro. Estando allí, Jeremías seguía exhortando al pueblo. Claro, eso no les gustaba a muchos.

Algunos muy incómodos y molestos se fueron a quejar con el rey Sedequías diciéndole:

—Este Jeremías siempre está molestando al pueblo diciéndonos: "¡Paren, ríndanse, somos pueblo acabado!" Ya no lo queremos oír.

Por lo tanto, el rey mandó a que aventaran a Jeremías a un pozo (así como una cisterna), solo que estaba vacío.

¿Alguna vez te has metido en un pozo? Yo sí, cuando era pequeña. Ahora recuerdo que mis padres tienen un pozo de agua, el cual se limpia cada año. Limpiar un pozo requiere que le saquen toda el agua, después que se meta una persona a limpiar el fondo del pozo para que saque la basura que pueda haber dentro. ¿Adivina a quién metían? Nos metían a mi hermana y a mí. Era emocionante entrar a más de cuatro metros de profundidad. Adentro solo se escuchan ecos. En ocasiones, me encontraba alguna ranita que me hacía dar algunos gritos de miedo. Yo me metía confiada porque mi padre cuidaba de mí y sabía que me sacarían en cuanto terminara la limpieza.

Pero solo de imaginar que Jeremías quedo allí, castigado por un rey malo, sin saber qué pasaría con su vida en la oscuridad con los pies en el lodo, me da tanta tristeza. Pero Dios no lo dejó y siempre cuidó de su profeta. Tanto, que un hombre que ni era judío, era etíope Ebed-Melec, tuvo compasión de él y fue ante el rey para rogarle que le diera permiso de sacar al profeta.

Fue así como Jeremías salió, aunque después lo volvieron a encarcelar. A pesar de todo lo que le hicieron, Jeremías nunca dejó de obedecer a Dios. Aunque, como ser humano, la tristeza y la desesperación a veces las podía sentir. Él fue fiel hasta el final de sus días porque sabía que su recompensa está allá en el reino de los cielos.

Referencias:
Jeremías 37 y 38

TRÁGATE A JONÁS (PARTE 1)

"El malo no quedará sin castigo, pero los justos escaparán". (Proverbios 11: 2)

Promete sólo lo que puedas cumplir.

—Levántate y ve a Nínive, que estoy triste porque ellos son muy malos. Anda predicarles —fue la indicación de Dios para Jonás.

¿Alguna vez te han dicho que eres una gallina? Jajá, ojalá no. He visto a algunos niños que les han dicho: "Tú eres una gallina". Por eso, la historia de hoy trata sobre alguien más o menos así. El nombre de este personaje es Jonás, que significa paloma, o podríamos llamarle en nuestros tiempos "gallina".

—Le dije a Dios que iría a Nínive, pero pensándolo bien, no. No quiero ir a esa ciudad, ya que esa gente es muy mala y no merece perdón de Dios —decía Jonás—. Mejor que Dios la queme, además tengo miedo. ¡Ah, ya sé! Mejor me voy a ir de aquí, lejos muy lejos a donde no me vea Dios. ¡Ya sé, voy a ir a Tarsis!

Ese Jonás parece que no pensaba bien. ¿Acaso podemos escondernos de Dios? ¡No! Porque Dios todo lo ve.

Así que Jonás pagó su boleto para subirse al barco. Entonces, se fue a acostar hasta el fondo del barco. Era bien flojo, pero como él andaba huyendo de Dios decía:

—¡Acá no me va a ver Dios!

Pero Dios lo estaba vigilando y va a enseñarle una lección, ya verás.

Fuu, fuu... comenzó a soplar un viento fuerte, hubo una gran tempestad en el barco. Todos tenían miedo, parecía que morirían ahogados. Jonás estaba bien despreocupado durmiendo, mientras que los otros luchaban por salvar el barco.

—¡Levántate, dormilón, no ves que nos ahogamos! —lo despertó el dueño de la nave.

Tener suerte y en quien caiga la suerte, ese es el culpable de esta tormenta. La suerte le tocó a Jonás.

—Ahora, explícanos, ¿quién eres, de dónde vienes y por qué Dios nos castiga tanto? —le preguntaron los capitanes del barco.

Jonás con miedo dijo:

—Me llamo Jonás, soy hebreo y temo al Dios de los cielos, que hizo el mar y la tierra. ¿Saben? Mejor aviéntenme al mar, es por mi causa que vamos a morir. Dios me pidió que predicara en Nínive, pero acá ando huyendo porque no quiero ir.

—Pero ¿por qué has actuado así? ¡No! ¿Cómo crees? No te mataremos, mejor vamos a tratar de llegar a tierra seca.

Estos hombres no querían aventar a Jonás por miedo a Dios. La tempestad no paraba, el barco casi se hundía, así que los marineros dijeron a Jonás:

—Jonás, te vamos a tener que aventar.

Ahora cuenta conmigo: 1, 2 y 3... Allá va Jonás al fondo del mar. Pum, cayó directo al agua fría. Después de esto, vino una gran calma en el mar y el barco ya no se agitaba. Después de esto los hombres que iban dijeron:

—¡De verdad este hombre andaba huyendo de Dios! Te reconocemos, Dios, y de ahora en adelante te serviremos.

Ni modos de desobedecer y tratar de huir de una orden de Dios, mira dónde está Jonás. ¿Quieres saber qué le pasó? En la próxima historia lo sabrás.

Referencias:

Libro de Jonás 1

SÁCAME DE AQUÍ (PARTE 2)

"Cuando hagas a Dios promesa, no tardes en pagarla, porque no se agrada de los insensatos. Paga lo que prometas".
(Eclesiastés 5: 5)

Pedir perdón es lo mejor cuando fallamos. ¿Quieres saber qué pasó con Jonás? A Jonás se lo tragó un gran pez que Dios dispuso especialmente para eso. Jonás estuvo dentro de él por tres días.

Imagínate a Jonás en la pancita de un gran pez, sin poder respirar aire puro, sin ver la luz del sol, sin poder comer, en medio de agua, algas en su cabello, en sus pies, en sus manos, comida de pez. ¡Qué asco!

Definitivamente, no tuvo otra opción más que buscar y orar a Dios. Yo me imagino una oración intensa y algunas palabras más o menos así: "¡Señor, estoy angustiado! ¿Qué va a ser de mí? Aquí moriré sepultado bajo el agua. ¡Ayúdame Señor!"

Dios vio que Jonás se había arrepentido de su pecado. Luego, solo le dijo al gran pez:

—Pez, gracias por ser más obediente que Jonás. Ahora, vomítalo, que él va a cumplir lo que prometió.

Inmediatamente, el gran pez obedeció de nuevo y, blub, vomitó a Jonás.

—Oh, veo la luz del sol, ya puedo respirar aire puro. ¡Gracias Dios! —exclamó Jonás lleno de algas y sucio, pero con vida. ¡Qué milagro maravilloso!

Referencias:
Jonás 1 y 2

JONÁS, EL ENOJÓN

"Deja la ira y abandona el enojo. No te impacientes, que eso sólo conduce al mal".
(Salmos 37: 9)

Debes pedir a Dios más paciencia. Jonás fue a Nínive a predicar. Esta era una ciudad enorme y grande, tanto que, para poder recorrerla completa, Jonás tenía que recorrerla en tres días para que todo el pueblo escuchara el mensaje.

Jonás gritaba:

—¡Arrepiéntanse, gente de Nínive! ¡Arrepiéntanse, dejen de hacer el mal! Dios les manda a decir: "Por su maldad que es mucha, dentro de cuarenta días ustedes morirán y toda la ciudad será destruida si no se arrepiente". ¡Arrepiéntanse! —pregonaba mientras caminaba.

¿Sabes? Jonás anduvo así todo un día, pregonando por toda la ciudad. Esa gente mala escuchaba muy atenta, ya que, al oír esas terribles noticias, se arrepentía y reflexionaba sobre qué necesitaba cambiar. Enseguida, corrieron la noticia por todos lados y también le avisaron a su rey quien se preocupó y dijo:

—Gente de Nínive, reconozco que somos muy malos y violentos. Mejor vamos a ayunar todos, hasta los animales y arrepintámonos de ser malos, mejor hagamos el bien. Roguemos a Dios que nos perdone, a lo mejor se arrepiente de acabarnos.

Al ver Dios que todos se arrepintieron y cambiaron, también él se arrepintió de destruirlos.

Entonces Jonás se enojó mucho con Dios, porque lo que él había predicado no se cumplía. Él prefería que muriera mucha gente, tanto niños como animales, pero que se cumpliera su voz.

Pero como ellos se arrepintieron, Dios les perdonó la vida. Ahora Jonás le dijo a Dios muy enojado:

—¡Señor, te ruego que me quites la vida, es mejor que yo muera!

Jonás antes había orado porque Dios lo sacara del pez para no morir allí. Pero ahora se quiere morir. Él no entendía a Dios, y para que lo comprendiese, Dios le dio otra lección a Jonás.

Dios hizo crecer una plantita de calabacera, esta le daba sombra a Jonás mientras esperaba a ver qué pasaría con Nínive. Él estaba re feliz en esa sombrita, pero al siguiente día un gusanito vino y se comió la planta. Esta se secó y ya no había más sombra para Jonás, el viento y el sol dañaron su cabeza. Jonás se sentía muy mal y, otra vez, ¿adivina qué hizo? ¡Sí! Jonás se enojó mucho y decía:

—Ay, mejor es la muerte que la vida, pobre calabacera, ¿por qué tuvo que morir?

Entonces, Dios le dijo:

—¿Por qué le tienes tanta lástima a una planta que hoy es y mañana muere, pero a esa gente de Nínive que son muchos, niños, mujeres, animales, no les tienes compasión? Aunque no sean hebreos y de tu familia, siguen siendo hijos míos. Y yo amo a todos por igual.

Referencias:

Jonás 3 y 4

QUEDÓ MUDÓ

"Y tendrás gozo y alegría, y muchos se
regocijarán de su nacimiento". (Lucas 1: 14)

La palabra de Dios se cumplirá creas o no creas, así que es mejor creer. Ahora, te contaré la historia de un hombre que quedó mudo. ¡Sí! Quedó mudo por no creer lo que un Ángel del Señor le decía. Pon mucha atención.

Hubo hace mucho tiempo una pareja, Zacarías y Elizabeth. Ellos ya eran avanzados de edad, eran buenos, amaban a Dios de todo corazón y le eran muy obedientes. Pero ¿sabes? Ellos no habían podido tener ningún bebé. ¿Te gustan los bebés? Sí, son muy lindos. Ellos ya habían intentado de todo y no pensaban nunca tener un bebé.

Cierto día, entró Zacarías al santuario de Dios a ofrecer incienso. Él

casi nunca entraba, era un lugar sagrado y no cualquiera entraba. Si el sacerdote no andaba en los caminos de Dios y Dios no escuchaba su oración, podía morir allí mismo.

Él entró, cerró sus ojos y se puso a orar. Cuando los abrió, de repente, ¿imagina que vio? Un Ángel. Estaba puesto de pie a la derecha del altar, entonces Zacarías se asustó mucho, temblaba de miedo. El Ángel le habló diciéndole:

—¡No tengas miedo! Dios ya te escuchó y te ha mandado este mensaje: "Elizabeth, tu esposa dará a luz un hijo y le pondrán por nombre Juan, él será tu gozo, será tu alegría, será grande delante de Dios. Él no debe beber alcohol, será lleno del Espíritu Santo desde el vientre de su madre, convertirá muchos corazones rebeldes y preparará el camino del Señor, para que cuando nazca y venga a este mundo los corazones estén dispuestos a oír su voz".

Entonces Zacarías preguntó:

—¿Cómo quieres que te crea? Yo ya soy viejo y mi mujer también. Por eso no creo. Es mentira eso que dices.

—Ah, Zacarías, ¿cómo no me has creído? Yo soy Gabriel, estoy delante de Dios y Él me envió a darte esta buena noticia. Entonces, por no creerme, quedarás mudo y no podrás hablar hasta que nazca el bebé.

Referencias:
Lucas 1: 1-19

GRANDE DELANTE DE DIOS

"No te juntes con los bebedores de vino ni con los comilones de carne". (Proverbios 23:20)

Aléjate de todo lo que te impida crecer sano y feliz. ¿Te acuerdas de cómo Zacarías quedó mudo por no creer? Bueno, ahora te contaré la historia de cómo creció su hijo, Juan el bautista.

—¡Miren qué bonito bebé nos ha dado Dios! —decía Elizabeth.

—¡Sí! —decían todos los vecinos.

¿Sabes? Los vecinos estaban felices porque no podían creer el milagro de este bebé. Cierto día, Zacarías les dijo a sus familiares y amigos:

—Es necesario que nos vayamos de este lugar.

—Pero ¿por qué? —decían todos.

—No se vayan entonces. ¿Por qué tienen que irse? —Zacarías respondió —: El Ángel que envió el Señor me ha dicho que este bebé es muy especial, que no debe tomar vino ni sidra. Por eso, lo mejor es que lo apartemos de la ciudad para que no tenga malas influencias.

¿Sabes? A Juanito se lo llevaron a un lugar muy apartado de la sociedad, para que él fuera alejado de todas las tentaciones que ahora nosotros tenemos. Nos gusta comer de todo, ver la tele, estar con los videojuegos, el celular, vivir en la comodidad, estrenar ropa cada que podemos y, a veces, hasta tenemos malas amistades que nos alejan de Dios.

Por eso, Juanito creció en las montañas, cerca de ríos, árboles, flores y animales. Allí su alimentación fue sencilla. Él comía langostas que son parecidas a las chicharras o a los chapulines, agua y frutas. También vestía muy diferente a nosotros, imagínate, él se ponía un vestido de camellos y se ponía un cinto de cuero alrededor de la cintura.

Cuando fue más grandecito decía a su madre:

—¡Mamá dame más miel ¡Qué ricas saben las langostas asadas! Mmm.

Imagínate, él era muy fuerte e inteligente, no había nada que lo distrajera, él oraba y estudiaba. Fue así como él se convirtió en un joven muy especial y único.

Más adelante te contaré sobre él.

Referencias:
Lucas 1: 1
Mateo 3: 4

YO SOY LA VOZ DE UNO QUE CLAMA EN EL DESIERTO

"Compra la verdad y no las vendas; y la sabiduría, la enseñanza y la inteligencia".
(Proverbios 23: 23)

El valor y la firmeza de carácter son necesarios para cumplir grandes propósitos. Juanito ya no es chiquito, ahora él es un gran joven.

—Vengan todos, vamos a ver al nuevo Mesías —decía la gente,

—¿Quién es ese Mesías? —se preguntaban muchos.

—Allá anda por las montañas predicando y bautizando a mucha gente. ¡Vamos! ¡Vamos a escuchar lo que dice!

Entre ellos se pasaban la noticia de que, hasta los publicanos, los cuales cobraban los impuestos, se arrepentían de robarle al pueblo y se bautizaban, sí.

—Hasta mi vecino que es muy malo ya se convirtió —decían otros—. Por lo que dice este hombre, ¿cómo es que se llama?

—Le llaman Juan el bautista. Sólo porque bautiza a todos los que se arrepienten.

¿Será que era Jesús? Podría ser, pero no, él no era Jesús. Entonces, ¿quién era? ¡Sí! Era Juanito que ahora ya es Juan el bautista, quien decía a la gente:

—Generación de víboras, ¿quién les ayudará a librarse de la ira de Dios? ¿Quién nos librará? Porque muy pronto Dios hará justicia y si no han sido buenos, morirán para siempre.

Ante él venían grandes maestros, pastores y líderes de diversas religiones. Venían a escucharlo; y es que Juan predicaba fuerte y sin temor.

—¡Arrepiéntanse de sus pecados! Bautícese, porque pronto viene uno más grande que yo.

—Pero ¿cómo lo haremos? ¿Cómo? Yo quiero prepararme, estoy conmovido, no quiero que Dios me castigue en el día del juicio. Por favor, enséñame —le decía uno a Juan.

—Debes dejar de mentir, ya no robes, ya no te enojes con tu hermano. Mejor ponte a orar —era la respuesta de este profeta.

Hacía siglos que nadie se levantaba a predicar, así como lo hacía Juan. Nadie les había hablado así, nadie les señalaba sus pecados, nadie los exhortaba a estar a cuentas en sus vidas con Dios. Todos hacían lo que querían, hasta el tetrarca, gobernador de esa gran ciudad estaba interesado en escucharlo.

Cierto día, Juan le habló a este Herodes diciéndole:

—Lo que tú haces está muy mal. Eso que haces no está permitido. Tú le has quitado la esposa a tu hermano.

Esto no le gustó a Herodes, quería matarlo. Pero Juan no le tenía miedo a nada, él cumplía su misión. ¿Cuál era? Anunciar que pronto llegaría el Mesías Cristo Jesús y que el bautismo servía para el perdón de sus pecados.

Él tuvo mucho valor, tuvo carácter firme, sabía quién era y porque había nacido. Él tuvo el grato privilegio de bautizar a Cristo Jesús. Después, Herodes lo encarceló porque no lo quería, pero se puso muy feliz de haber cumplido su misión cuando supo que Jesús había comenzado su labor.

Dios tiene grandes planes para tu vida. Ojalá puedas ser guiado por tus padres para que los descubras y cumplas tu propósito con valor y firmeza.

Referencias:
Marcos 1: 1-10
Lucas 3: 20

EL MÁS ALTO HONOR

"El que ama su vida, la perderá; y el que aborrece su vida en este mundo, para vida eterna la guardará". (Juan 12: 25)

La muerte es real, pero si en tu vida tienes a Cristo Jesús, él te levantará para llevarte al cielo. ¿Te da miedo oír sobre la muerte? A mí sí me da miedo, pero agarro mucho valor y fe en las promesas que encontramos en la palabra de Dios.

Está establecido para nosotros el morir (Hebreos 9:27), pero cuando Cristo venga por segunda vez, Él podrá concederte gozar de la salvación. Eso me llena de consuelo y paz.

—¡Mátalo! —decía Herodías, la mujer de Herodes—. No lo quiero aquí. Ese profeta se tiene que tragar sus palabras. ¡Mátalo!

Herodes le contestaba:

—No, ¿cómo lo voy a matar? Él es un profeta que todos quieren. Si lo mato, la gente me puede matar apedreado, él es el Mesías y no puedo hacer eso con él.

—¡Pero lo odio! Ese hombre dice que no debemos estar juntos y yo soy feliz contigo —rogaba Herodías.

Para que no estuviera triste su esposa, Herodes mandó a encerrar a Juan el Bautista. Allí, Juan estuvo encerrado casi un año.

Al pasar ese año de encierro, Herodes ofreció un gran banquete. ¿A ti te gustan las fiestas? Son bonitas, hay de todo para comer. Lo más agradable es que te puedes reunir con tus amigos.

Este era el cumpleaños de Herodes Llegó mucha gente, invitados especiales, todos admiraban a Herodes. Después, la música sonó, la flauta, los tambores, las guitarras y, de repente, entró una muchacha muy guapa, bailando. Bailaba muy bien, tanto que llamó la atención de todos.

En ese momento, Herodes dijo:

—Paren la música. ¡Ven acá muchacha! ¿Quién eres? Ah, eres Salomé, hija de mi amada esposa. Pídeme lo que quieras, hasta la mitad de mi reino te daré.

—No sé qué pedir —dijo Salomé—. Ya sé, le pediré consejo a mi mamá. ¿Qué pido mami?

—Oh hija, tú sabes que a Juan no lo soporto. Dile al rey que te entregue su cabeza en un plato.

—Pero, mami, ¡está borracho! Además, él no lo quiere matar.

—No sé, hija. Pide eso.

Así que ella le pidió eso al rey y él se lo concedió. Aunque con mucha tristeza porque él no lo quería matar. Sin embargo, enseguida dio la orden:

—¡Maten a Juan! Y traigan la cabeza a esta muchacha en un plato. ¡Todo lo que quiera tendrá!

Pobre Juan, lo mataron. Llegó el fin de este gran hombre aquí en la tierra. Pero ¿sabes? Juan irá al cielo porque él tuvo el más alto honor de morir por Cristo y Él lo resucitará y lo llevará al cielo, donde estará con Jesús de quien tanto predicó y a quien tanto amó.

Si vives obedeciendo a Dios, así como a Juan, él te llevará en sus brazos.

Referencias:

Marcos 6: 14-29 ("Conflicto y valor, el más alto honor")

¡JESÚS DECIDE PAGAR NUESTRA DEUDA DE MUERTE!

"¡Las multitudes que moraban en tierra de sombra de muerte habrían de ver gran luz!"
(Isaías 9: 2)

Cristo Jesús vino a este mundo a salvarnos de la muerte eterna. La historia que hoy te contaré es única y maravillosa y todos debemos saberla ya que ilustra cómo un ser tan único y santo vino a este mundo lleno de pecado a liberarnos de las garras del enemigo. Gracias a que vino tenemos la esperanza de que algún día ya no habrá muerte ni dolor.

Resulta que este mundo era perfecto, no había dolor, no había enfermedad, no había muerte, hasta que Adán y Eva decidieron desobedecer a Dios. Dios les advirtió a nuestros primeros padres que si desobedecían tendrían que morir. La paga del pecado es la muerte (Romanos 6: 23). Y eso es lo que pasó.

Por desobedientes, nosotros sus descendientes también tenemos que morir. Pero, había una única solución

y era el sacrificio de un ser santo. No cualquiera podía cubrir ese requisito.

—¿Quién será? —le preguntaba Jesús a su Padre.

Pero dar esta respuesta era muy doloroso para nuestro Padre. Entonces dijo:

—Tú, Cristo Jesús. Solo tu sangre preciosa puede liberar de la muerte a la raza humana.

A lo que Jesús respondió:

—Yo iré, yo me sacrificaré, porque amo tanto a mis hijos que he creado y no quiero que mueran.

Después de este concilio en el cielo, pasaron muchos años aquí en la tierra, años de tristeza y sufrimiento. Todos esperaban con ansias que llegara el salvador del mundo y parecía que nunca llegaría. Hasta que, por fin, cuando parecía que no había esperanzas, un ángel se le apareció a una doncella que se llamó María.

María vivía en una ciudad de Galilea llamada Nazaret y era una muchacha comprometida con José en matrimonio, estaban a punto de casarse.

Entrando el ángel donde ella estaba dijo:

—¡Salve, muy favorecida! El Señor sea contigo, bendita tú entre las mujeres.

Cuando ella lo vio, tuvo miedo. Pero el ángel le dijo:

—María, no temas, porque has hallado gracia delante de Dios. Concebirás y darás a luz un hijo y llamarás su nombre, Jesús. Este será grande y será llamado hijo del Altísimo. El Señor Dios le dará el trono de David, su padre, y reinará sobre la casa de Jacob para siempre y su reino no tendrá fin.

Y María preguntó:

—¿Cómo será esto? Pues no conozco varón, soy virgen.

El ángel respondió:

—El Espíritu Santo vendrá sobre ti y el poder del Altísimo te cubrirá con su sombra. Por lo cual, el Santo que ha de nacer será llamado hijo de Dios.

María quedó sorprendida y cuando le contó todo a José, este comenzó a dudar de ella. Pensó que era mentira, pensó que lo había engañado con otro. Por lo tanto, ya no la quería como esposa, ya estaba viendo la forma de deshacerse de ella, ya que no le creyó ni una palabra. Por tal motivo, el ángel de Jehová también se le apareció a él diciéndole que ellos eran afortunados por tener la dicha de recibir al Salvador del mundo.

José comprendió todo y muy contento recibió a María en su casa. El bebé crecía y crecía en el vientre de María, hasta que casi llegó el momento de su nacimiento.

Referencias:

San Lucas 1: 26-35

NO HABÍA LUGAR

"¡Gloria a Dios en las alturas y en la tierra, paz, buena voluntad para con los hombres!"
(Lucas 2: 14)

Jesús nació en un lugar humilde. El emperador Augusto César mandó que todos vayan a su lugar de origen, ya que todo el imperio está siendo censado y deben registrar sus tierras para el cálculo de pago de impuestos. Si no, perderán todos sus derechos.

—José, pero el bebé está a punto de nacer, ¿qué es lo que haremos? —preguntaba María—. ¿Qué debo hacer? Ya sé, debo ir contigo —dijo muy resuelta, ya que el bebé debe nacer en Belén. La profecía dice que es la más pequeña entre los príncipes de Judá, pero que de ella saldrá el guiador que calmará al pueblo.

A lo que José le respondió:

—Sí debemos ir.

Así que María alistó la ropita del bebé, las cobijitas, alistó comida para el largo viaje y José alistó al burrito donde subiría a María. Le puso cojines cómodos y, cuando estuvieron listos, iniciaron el largo viaje.

—¿Todo bien María? —preguntaba José a cada rato.

—Sí. Me duele un poco, pero ya falta menos —le contestaba María.

De repente, se paraban a descansar para luego continuar con el viaje que duró todo el día.

Ya estaba entrando la noche cuando llegaron al lugar.

—¡José él bebe ya va a nacer! Ya merito —decía María, agotada del largo viaje.

—Toc, toc... —tocó José una puerta.

—¿Qué quiere?

José responde:

—¿Habrá lugar para hospedarnos esta noche?

—No ve que está lleno. Esta noche dormiremos en la cocina con mi familia. Anden, váyanse a otro lado —le responde el mesonero.

—Toc, toc... —tocó José otra puerta.

—¡Estamos llenos! —fue la respuesta—. ¡No hay lugar!

—Pero, señor, mi bebé está a punto de nacer. Ayuda por favor.

Viendo la aflicción de esta joven pareja, el posadero les dijo:

—Si quieren pueden quedarse en el establo donde guardo mis animales, mis vacas, caballos, algunas ovejitas, algunas gallinas. Allí está calientito.

No habiendo otro lugar, allí fueron María y José. Enseguida se instalaron. María ya no aguanto más.

—¡Ñaañaa! —lloró el bebé Jesús, lleno de vida y fuerza. Por fin había nacido.

María lo envolvió con su cobijita, le dio de comer lechita y lo acostó en un pesebre construido de paja, que es el alimento de los caballos.

Así nació Jesús el Rey, el creador de este mundo, el dueño de todos los tesoros que existen. Nos dejó un gran ejemplo de humildad con su nacimiento.

Referencias:
Lucas 2: 1-7

LOS HUMILDES PASTORES

"Tú, oyes el deseo de los humildes, confortas su corazón y oyes su clamor". (Salmo 10: 17)

A los humildes de corazón se le confían grandes oportunidades. Los pastores comenzaron a preguntarse:

—¿Será que de verdad va a venir el Mesías? Ya se ha tardado, ¿verdad? Otros respondían:

—Yo creo que sí va a venir.

—Ah... cómo me gustaría ver ese milagro —decía el más ancianito de todos los pastores que estaban velando aquella noche; ellos cuidaban de su rebaño de ovejitas allá en Belén.

¿Alguna vez te ha tocado esperar mucho a que te cumplan una promesa? Pues así les pasaba a estos humildes pastores, ellos esperaban al Mesías.

De repente la noche se iluminó tan claro como el día, todos quedaron llenos de miedo cubriéndose el rostro (¿puedes cubrir tu rostro?). ¿Qué era? ¡Un ángel estaba ante ellos!, ¡un solo ángel!, quien al presentarse les dijo;

—No tengan miedo, traigo buenas noticias directamente del cielo, ya que todo el mundo se alegrara: hoy en la ciudad de David, allá en Belén, ha nacido el Salvador Cristo el Señor.

Estos pastores no le creían a pesar de que la luz resplandeciente del ángel les impedía ver bien.

—¿No me creen? Vayan a ustedes mismos y véanlo con sus propios ojos, el bebé está acostado en un pesebre.

Los pastores no aguantaron la emoción de la noticia, quisieron ir a verificar que realmente era cierto, entonces se dijeron:

—¡Vamos!

Mientras su corazón saltaban de emoción de solo pensar ver al Salvador del mundo, ¡una promesa por fin hecha realidad!

En ese momento que se disponían a ir; apareció un coro de ángeles cantando una música celestial.

¡Gloria a Dios en las alturas y en la tierra paz, buena voluntad para con los hombres!

¡Qué bella música! Los pastores se quedaron parados escuchando hasta que dejaron de oír el lindo coro celestial.

Al llegar al lugar vieron una pequeña luz que alumbraba ese lugar, despacito pero muy despacito se acercaron y vieron al bebé envuelto en pañales.

—¡Qué maravilloso! —dijo el pastor más viejito—. Ahora puedo morir en paz, algunos lloraban de alegría al ver a Jesús.

Unos humildes pastores fueron los primeros en ver a Jesús, recién nacido en esta tierra, fueron los primeros en anunciar de su nacimiento.

Los ángeles no aparecieron ante el rey Herodes, tampoco aparecieron ante los sacerdotes, no, porque no eran dignos de tal noticia, estos humildes pastores esperaban con ansias ver a Jesús. Así que si quieres que Jesús haga milagros en tu vida, sé humilde, búscale y espérale con todo el corazón.

Referencias:
Lucas 2: 8-20

ORO, INCIENSO Y MIRRA

"Cada uno dé como propuso en su corazón, no con tristeza, ni por necesidad; porque Dios ama al que da con alegría".
(2 Corintios 9: 8)

Jesús quiere que le entregues tu corazón. Poco tiempo antes de que Jesús naciera, había unos hombres sabios, ahora les conoceríamos como astrónomos, ellos estudian el universo y los distintos cuerpos celestes que habitan en él, todo lo relacionado con el cielo. Estos sabios eran de tierras muy lejanas, eran del oriente.

Entonces, mientras estudiaban el cielo, vieron una estrella grande y se preguntaron:

—¿Qué es eso?

—No, no sabemos, mejor busquemos en los escritos qué puede significar.

Leyeron y analizaron mucho sus papeles. ¿Qué crees? En los rollos que contenían palabras de Dios, encontraron esto: "Profecía de Balaam que dice: 'Lo veo, mas no ahora; lo contemplo, mas no de cerca, saldrá estrella de Jacob, se levantará cetro de Israel, y herirá las sienes de Moab y destruirá a todos los hijos de Set'".

—¿Qué más puede ser esto sino la profecía que se ha cumplido? Se respondieron:

—¡El Salvador ha nacido! —dijeron maravillados—. ¡Vamos a verle! Pero no podemos ir con las manos vacías, tenemos que llevarle regalos, no es cualquier persona, es el Rey del universo. ¡Sí, vamos y llevémosle ricos presentes!

Al comenzar su viaje, la estrella les acompañó en su camino. Al llegar a Jerusalén, llegaron preguntando:

—¿Dónde está el nuevo rey de los judíos que acaba de nacer? ¿Dónde? ¿Alguien sabe? Ya que hemos visto su estrella en el oriente y venimos a adorarle.

Cuando Herodes, el rey de Jerusalén, se enteró de eso, dijo:

—¿Un nuevo rey? ¿Alguien quiere quitarme el trono? ¡No! ¡Eso no lo voy a permitir! ¡Tráiganme a esos sabios del oriente! —dio la orden. Luego les preguntó—: ¿Cuándo vieron esa estrella? ¿Hace mucho tiempo?

Los sabios le contaron todo a Herodes, y este les respondió:

—Buscamos y encontramos que en Belén nacería el bebé. Vayan para allá, y si encuentran al bebé, avísenme; yo también quiero adorarlo.

Pero realmente Herodes no quería adorarlo, Herodes quería matarlo. Al llegar los magos vieron a Jesús con su madre María y, arrodillándose, le ofrecieron ricos tesoros: oro, incienso y mirra, tesoros muy caros y valiosos en aquella época. Estos fueron utilizados para comprarle cosas a Jesús en su niñez, darle alimento y suplir sus necesidades.

Así como estos sabios ofrecieron sus valiosos tesoros a Jesús, tú puedes ser bondadoso con los más necesitados y, sobre todo, puedes ofrecer a Dios lo más valioso que tienes, que es tu corazón.

Referencias:
Mateo 2: 1-12

BEBÉ JESÚS ES PRESENTADO

"Cuando se cumplieron los días de la purificación de ellos conforme a la Ley de Moisés, lo trajeron a Jerusalén para presentarlo al Señor, como está escrito en la ley del Dios todo varón que abra matriz será santo al Señor". (Lucas 2: 23)

Tú perteneces a Jesús. En aquellos tiempos a los bebés recién nacidos se le presentaba en el templo ante el Señor. Ahora te contaré ese preciso momento cuando a bebé Jesús lo presentaron.

El día que Jesús fue presentado en el templo de Jerusalén, era un día normal, muchos padres llevaban a sus hijos para ser presentados. Habían pasado cuarenta días desde el nacimiento de Jesús.

—¿Y ahora que llevaremos para dar de ofrendas por la presentación de Jesús? —se preguntaban María y José—. Solo tenemos lo básico, lo que la ley de Moisés nos permite llevar es un par de tórtolas o dos palominos, eso llevaremos.

Se alistaron, vistieron al bebé lo más lindo posible y se dirigieron hacia Jerusalén donde estaba el templo.

El sacerdote en turno tomó al bebé, lo levantó, oró por él y ofreció las ofrendas, después anotó su nombre en el registro de los primogénitos y lo devolvió a su madre.

¿Qué acaso este sacerdote se daba cuenta a quien acababa de tener en sus brazos? ¡No!, no se dio cuenta, ¿a quién tenía en brazos? A Jesús, la promesa de Salvación, el dueño del universo, el deseado de todas las gentes.

Allí en Jerusalén estaban dos ancianitos, Ana, la profetisa, y Simeón, ellos adoraban de verdad al Señor, estudiaban su palabra y estaban atentos. Cuando Simeón vio a María y a José, con el bebé, exclamó:

—¡Qué es lo que veo! ¡Un milagro! Vean a este lindo bebé, la promesa hecha realidad, el Mesías prometido.

Todos quedaron viendo a Simeón, el sacerdote no entendía nada de lo que este decía. "¿Acaso está loco?", se preguntaba.

—¡Ahora Señor puedo morir en paz! Mis ojos han visto tu Salvación que has preparado. ¡Luz para los gentiles y gloria del pueblo de Israel! —exclamó refiriéndose a José y María. El Señor le había prometido a Simeón que no moriría hasta que sus ojos vieran al Mesías—. Benditos son ustedes dos que tiene la dicha de tener en sus brazos a aquel que ha nacido para morir y salvar a muchos.

—¡Sí! ¡Este es el mesías prometido! —exclamó Ana la profetisa—. Bendito sea el Señor, que mis ojos ven a Cristo, el Señor.

Ana ya era muy avanzada en edad, pero como era una fiel adoradora, se le dio este privilegio de ver al bebé Jesús.

Los sacerdotes que tenían todo a su alcance para darse cuenta de ese acontecimiento único, lo pasaron por alto debido a su falta de entrega.

Todo el cielo observaba ese preciso momento, me imagino que en el cielo hubo fiesta, el bebé Jesús había sido presentado en el templo.

Referencias:
Lucas 2: 21-38
DTG, Cap. 5

HUYE A EGIPTO

"Echad toda vuestra ansiedad sobre él, porque él cuida de vosotros". (1 Pedro 5: 7)

El Señor cuida a sus hijos.

—¿Dónde está ese impostor? ¿Por qué no regresan esos sabios del oriente? —preguntó desesperado Herodes, por lo que los consejeros de la corte le respondieron:

—¡Oh rey, esos sabios hace mucho ya se fueron a sus tierras!

Herodes preguntó muy molesto:

—¿Cómo que ya se fueron? ¡Ese niño debe morir! ¡Soldados! ¡Vayan a Belén y maten a todos los niños menores de dos años!

Los soldados quedaron sorprendidos preguntando:

—Pero ¿cómo rey? Si tan solo son pequeñitos que no le están quitando la corona.

—¡No me importa! —dijo Herodes—. ¡Ustedes obedecerán mis órdenes!

De inmediato comenzó la matanza.

Las mamás escondían a sus hijos, los soldados revisaban todas las casas, quitando los bebés a sus madres. Pronto llegaron a la casa donde se hospedan María y José, pero ya no estaban porque Dios le había dicho a José en sueños que se levantara y huyera junto con María y Jesús a Egipto, pues Herodes lo buscaba para matarlo.

José se levantó de inmediato y despertó su esposa:

—¡María despiértate! Tenemos que huir...

—¿Huir a esta hora?

—Sí, vámonos, Herodes busca al bebé para matarlo.

Enseguida tomaron lo que tenían e iniciaron un camino de más o menos cuatro días hasta que llegaron a Egipto, felices porque el bebé Jesús estaba a salvo lejos del peligro. Estuvieron un tiempo allí hasta que un ángel le avisó a José que Herodes había muerto.

Luego se dijeron María y José:

—¡Ahora podemos regresar a nuestra tierra!

Así que llegaron a Galilea, donde habían vivido antes, José tenía su carpintería, allí Jesús aprendió labores normales de un niño y creció instruido por sus padres.

Desde pequeño siempre buscó a su Padre Celestial, se cultivó de muchas historias de la Biblia, sobre David, Daniel, Ester y sobre todo aprendió que su misión era única en esta tierra. Su madre María le contaba la historia de su nacimiento más de una vez y así Jesús fue creciendo.

Dios protegió a Jesús de sus enemigos. Indefenso, así como tú, era Jesús. Por eso no dudes que así como cuido de Jesús puede cuidar de ti.

Referencias:

Mateo 1: 13-23

¿POR QUÉ TE PERDISTE?

"Aconteció que tres días después lo hallaron en el Templo, sentado en medio de los doctores de la ley, oyéndolos y preguntándoles". (Lucas 2:46)

Mantente siempre cerca de tus padres. Imagina que te llegues a perder por tres días de tus padres, ¿qué harías?, ¿alguna vez te has perdido? Eso le pasó a Jesús cuando tenía doce años, ya estaba entrando a la etapa de la adolescencia, pero aún era un niño.

—¡Sí, vamos a Jerusalén! —exclamó Jesús emocionado.

Era lindo ir a Jerusalén, ya que se hacían fiestas espirituales muy bonitas y a Jesús le gustaba ir a todas las actividades de la iglesia, estaba emocionado de conocer el maravilloso templo que allí había.

En esas fechas viajaba mucha gente en dirección a Jerusalén, grandes filas se hacían en la puerta principal para poder entrar a la ciudad.

De lejos Jesús pudo mirar las murallas de la ciudad y ver a soldados que andaban vigilantes, ya que cuando se hacían estas fiestas cada año, siempre había peleas y enfrentamientos.

Buscaron un lugar donde dormir, acomodaron sus cosas y se dispusieron a dar un recorrido en la ciudad.

—¡Wow!, ¡qué lindo templo papi! —dijo Jesús—, esta piedras blancas brillan con el sol. —Jesús estaba fascinado con lo que veía, la fiesta estuvo linda y era hora de regresar.

Pero ya de regreso, había mucha gente, María y José pensaban que Jesús iba delante con sus amiguitos y siguieron su camino confiados. José preguntó a María:

—¿Segura que Jesús va adelante?

—Creo que sí —le respondió María.

—¡A ver vamos a buscarlo mejor! —se dijeron.

De inmediato lo comenzaron a buscar y no lo encontraron, el pánico se apoderó de María, comenzaron a preguntar entre la gente:

—¿Has visto a mi hijo, un niño así y así?

—No, no lo hemos visto —era la respuesta. También le preguntaron a algunos amiguitos de Jesús, pero ellos les dijeron que no había salido con ellos.

—¡No puede ser! ¡Jesús se quedó en Jerusalén! —exclamaron al unísono sus padres.

Así que los angustiados padres tuvieron que regresar, lo buscaron y hasta que al tercer día lo encontraron. ¿Dónde estaba Jesús? Estaba sentado en el templo, en medio de los sacerdotes, quienes lo escuchaban maravillados, al verlo entre los sacerdotes le preguntaron:

—¿Por qué te quedaste acá?

—Ah mami —contestó Jesús—, para esto he nacido y me gusta hablar de mi padre.

—¡Vámonos a la casa! —le dijeron. Jesús obediente regresó con sus padres a su casa.

Jesús no estaba perdido, él estaba en la casa de Dios, pero tú debes tener cuidado en donde andas, ojalá siempre sea en la casa de Dios.

Referencias:
Lucas 2:41-52

¡JESÚS SE DESPIDE DE SU MADRE Y SE BAUTIZA!

"El que creyere y fuere bautizado, será salvo; mas el que no creyere, será condenado".
(Marcos 16:16)

Es necesario que seas bautizado para perdón de tus pecados. Es verdad que las despedidas son muy tristes y más cuando nos despedimos de los amigos, de los primos, de los abuelos, así como me ves que soy de mamá, a veces me dan ganas de llorar cuando me despido de mi mami.

Te contaré cuando Jesús se despidió de su madre María. Jesús se enteró que su primo Juan el Bautista estaba predicando de un nuevo evangelio, predicaba que vendría el Mesías, Juan gritaba a gran voz:

—¡Arrepiéntanse de sus pecados! —Sabes? Mucha gente se reunía a su alrededor para escucharlo.

Jesús le dijo a su madre:

—Creo que ya es hora que vaya a cumplir la misión por la cual he nacido, ya tengo treinta años, Juan ya está cumpliendo su parte, es necesario que vaya a cumplir la obra de mi padre.

María se puso triste, pero sabía que ese niño no era de ella, era un don del cielo, María lo había preparado para esto también y sabía que el tiempo había llegado.

Mucha gente se bautizaba a orillas del Jordán como señal de arrepentimiento, cuando escuchaban a Juan el Bautista.

Se hacían grandes filas para esperar su turno, cuando en una de esas, Juan pudo ver que Jesús no era igual a los demás y distinguió su santidad, de inmediato le preguntó:

—¿Tú quieres que yo te bautice? ¡Tú deberías bautizarme a mí!

Juan sabía que Jesús no tenía ningún pecado y no necesitaba bautizarse. Pero Jesús le contestó:

—Hemos de cumplir lo que Dios dice.

Entonces Juan lo bautizó sumergiéndolo por completo en el agua del río Jordán, como lo hacía con los demás.

Cuando Jesús salió del agua. Se escuchó una voz que decía:

—¡Este es mi hijo amado, a quien he elegido como salvador del mundo!

Enseguida vino volando una paloma blanca como símbolo del Espíritu Santo que venía sobre Jesús, esta se paró sobre él mientras Jesús salía del agua.

Luego Juan exclamó a gran voz:

—¡Miren todos! ¡Este es el verdadero cordero de Dios! ¡Él toma el pecado del mundo entero sobre sí mismo!

A partir de ese momento Jesús comenzó una obra especial, realizó milagros, predicó la palabra de su Padre y muchos fueron convertidos de sus pecados.

Así como Jesús que un día se bautizó, te invito a que no demores la decisión de bautizarte y entregarte a Cristo, Él estará siempre contigo.

Referencias:
Mateo 3:13-17
Juan 1:19-28

¡TENTADO EN EL DESIERTO!

"Feliz el hombre que soporta la tentación; porque al superar la prueba, recibirá la corona de la vida, que Dios ha prometido a los que le aman". (Santiago 1: 12)

Tú puedes vencer las tentaciones en el nombre del Señor. Vania lloraba:

—Ñañaña. —No había querido desayunar la comida saludable que le había servido su mamá y ahora andaban haciendo unos trámites en una oficina—. ¡Moriré de hambre! —lloraba Vania.

Mientras lloraba su turno, su mamita comenzó a contarte esta historia:

—Jesús aguantó el hambre cuarenta día, no solo un día.

—¿Cuarenta días? —exclamó la niña—. ¡Es mucho tiempo!

—Sí, es mucho tiempo —les respondió su madre—. «Esto ocurrió, cuando Jesús se acababa de bautizar, el Espíritu Santo había descendido sobre Él y antes de comenzar su obra plenamente, quería irse a un lugar apartado para estar con su Padre a solas orando, por eso Él lo guio al desierto».

»Estando allá ni se dio cuenta de que pasaron cuarenta días de tanta oración, entonces le comenzó a dar hambre, pero como estaba en el desierto no había comida, en eso sintió la presencia de alguien.

»¿Quién crees que era? Era el diablo que había llegado a tentarlo diciéndole:

»—Si eres Hijo de Dios, ¡di a esta piedra que se convierta en pan!

»Jesús tenía mucha hambre, imagínate cuarenta días sin comer, será que tenía el poder de hacer lo que le pedía claro que sí, pero Él no lo usó porque ese no era su ministerio, su poder no lo utilizaría para sí mismo.

»Jesús, respondiéndole, dijo:

»—Escrito está: "No solo de pan vivirá el hombre, sino de toda palabra de Dios". —Satanás pensaba que Dios cedería pronto a sus exigencias.

»Después le llevó a un alto monte, donde le mostró en un momento todos los reinos de la tierra, diciéndole:

»—A ti te daré toda esta potestad y la gloria de ellos; porque a mí me ha sido entregada, y a quien quiero la doy, si tú postrado me adoras, todos serán tuyos.

»—¡Vete de mí, Satanás! —respondió Jesús—. Porque escrito está: "Al Señor tu Dios adorarás, y a Él solo servirás".

»Luego le llevó a Jerusalén, le puso sobre el pináculo del templo, y le dijo:

»—Si eres Hijo de Dios, échate de aquí abajo; porque escrito está: "A sus ángeles mandará acerca de ti, que te guarden; en las manos te sostendrán para que no tropieces con tu pie en piedra".

»Contestó Jesús:

»—Dicho está: "No tentarás al Señor tu Dios".

Y cuando el diablo hubo acabado toda tentación, se apartó de él por un tiempo muy enojado porque él quería hacer caer en tentación al hijo de Dios, pero Jesús siempre tuvo su mente preparada para cualquier tentación porque Él siempre ayunaba y oraba».

Referencias:

Lucas, Cap. 4;1-13
Ezequiel 28: 11-17

SERÁS PESCADOR DE HOMBRES

"Trajeron a tierra las barcas y, dejándolo todo, lo siguieron". (Lucas 5: 11)

Cuando Dios pide algo de ti, no dudes en obedecer. ¿Te imaginas dejar a tu familia, tu casa, tus amigos solo por ir a donde Dios te mande? Eso mismo les pasó a los primeros discípulos de Jesús, especialmente te hablaré de Pedro.

Pedro era un pescador, atrapaba peces, los vendía y con ese dinero mantenía a su familia su suegra se había enfermado de fiebre que no cedía, parecía que moriría:

—¿Qué haremos? Nadie puede sanarla.

—Sí —exclamó alguien de la familia—, Jesús, el nuevo profeta, Él ha sanado a muchos enfermos; ¿por qué no vamos a pedirle que venga a sanarla?

Enseguida fueron y llamaron a Jesús, quien gustosamente acudió e inclinándose hacia ella, que estaba acostadita, le habló a la fiebre, diciéndole que se fuera, enseguida esta mujer se levantó sana y de tanto gozo le ofreció comida a Jesús.

Pero Pedro no lo podía creer, él se preguntaba: "¿Será que tiene mucho poder?".

Cierto día la gente se amontonó a Jesús para escucharlo muy de mañana, pero como se amontonaban le pidió a Pedro que le prestara su barca, se subió y de lejitos comenzó a predicarles, la gente emocionada escuchaba la linda voz de su maestro, al terminar les dijo a Pedro y a otros:

—¿Qué les parece si vamos adentro a pescar?

—Pero maestro, hemos estado pescando toda la noche y no hemos agarrado nada, aunque si tú lo dices echaré la red.

Enseguida entraron mar adentro y contaron:

—Uno, dos y tres... —Enseguida aventaron la red, luego se preguntaron—: ¿Qué es eso que agarramos?

—¡Son muchos peces! No los puedo levantar solo, ¡ayuda Jacobo y Juan!, ¡ayúdenme!

La red estaba llenísima, tanto que se rompía de tantos peces, por lo tanto, llamaron a otros de sus amigos para llenar dos barcas. ¡Pero no lo podía creer! Enseguida Pedro se arrodilló y se postró ante Jesús diciéndole:

—¡Apártate de mí Señor, porque soy hombre pecador!

Después Dios le dijo estas palabras:

—No temas, desde ahora serás pescador de hombres.

Por eso Pedro dejó todo su trabajo,

su familia, y comenzó a caminar con Jesús adonde fuera. Así debemos ser como Pedro, cuando Dios llama, debemos ir enseguida.

Referencias:
Lucas 5: 1-11

MILAGROS DE JESÚS EL PRIMER MILAGRO

"Y dijo Dios el Eterno: 'No es bueno que el hombre esté solo. Le haré una ayuda idónea para él'". (Génesis 2: 18)

Cuando Cristo mora en las familias, todo es más feliz. Los meseros se acercaron a la madre de Jesús diciéndole:

—Se nos ha acabado el vino, ¿ahora qué vamos a hacer?

Hacía poco Jesús se había bautizado y comenzado su ministerio, también había vuelto a casa de su madre para visitarla y estar presente en una boda a la que había sido invitado, pero no regresó solo, con Él venían sus cinco primeros discípulos: Juan, Andrés, Pedro, Felipe y Natanael.

La mamá de Jesús era la única que sabía sobre el poder que su hijo tenía y cómo Dios estaba con Él. Desesperada fue y le contó el caso:

—¡No tienen vino! Yo sé que puedes ayudarles, están en graves problemas.

Jesús le respondió:

—Pero aún es muy pronto madre para comenzar a demostrar el poder que mi Padre Celestial me ha dado.

Sabes que antes las bodas no eran de un solo día, tardaban mínimo siete días y esos días los invitados eran alimentados por los anfitriones.

Viendo Jesús la desesperación de la familia, se compadeció de ellos diciéndoles:

—Traigan esas seis tinajas de piedra, llénenlas con agua del pozo.

Luego los siervos las llenaron hasta arriba. Entonces les dijo:

—Saquen un poco y preséntenselo al encargado del banquete para que lo pruebe.

Y se lo presentaron. Cuando el encargado del banquete probó el agua hecha vino, sin saber de dónde era (aunque si lo sabían los sirvientes que habían sacado el agua), llamó al esposo y le dijo:

—Todo hombre sirve primero el buen vino, pero tú has dejado el mejor para el final.

Sus discípulos creyeron en Él, su madre siguió a Jesús más de cerca a partir de ese momento.

¡Qué bueno saber que Dios es poderoso! Y qué bueno que había sido invitado a ese hogar. Así como María, tú sabes de todo lo que es capaz de hacer Dios por ti, no desaproveches ninguna oportunidad de pedir su ayuda.

Referencias:

Juan 2: 1-11

MILAGROS DE JESÚS EL PARALÍTICO DE BETESDA

"Él conoce nuestra condición; se acuerda de que somos polvo". (Salmos 103: 14)

Jesús puede hacer un milagro en tu vida. ¿Cuántos piecitos tienes? ¡Dos!, ¿los puedes mover? Hay niños que no pueden mover sus piecitos porque nacieron con alguna enfermedad, la esperanza que tenemos es que cuando Cristo venga acabará con toda enfermedad y todos seremos iguales.

Ahora te contaré cómo Jesús sanó a un hombre. Este hombre tenía treinta y ocho años que no podía caminar. Sus padres habían muerto, sus familiares se habían olvidado de él, sus amigos se habían alejado, se conformaba con lo que la gente compasiva le daba para comer.

Allí se encontraba tirado observando el estanque. ¿Qué tipo de estanque? Era más o menos como una alberca grande, se decía que de tiempo en tiempo un ángel del Señor bajaba a ese lugar y cuando se movían sus aguas la primera persona enferma que tocara esa agua sanaba de cualquier enfermedad.

—¡No, yo ya no tengo esperanza! —se lamentaba este pobre hombre—. Quiero la muerte, ¿para qué quiero la vida? Dios ya se ha olvidado de mí, como quisiera volver a caminar como antes.

Pobre hombre, nadie lo ayudaba, las personas que estaban más sanas y podían correr, eran las que ganaban la oportunidad.

Cierto día hubo una gran fiesta en Jerusalén, Jesús no quiso perderse la oportunidad de ir, por lo tanto, fue con sus discípulos.

Al pasar por la puerta donde guardaban las ovejas, se quedaron viendo.

—¡Miren! —dijo uno de los discípulos—. ¡Cuánta gente enferma!

Había muchos enfermos esperando el movimiento, pero Jesús no vio a todos, solo se aproximó hacia este paralítico. Y le preguntó con voz tierna

—¿Quieres ser sano? —El enfermo contestó:

—Como quisiera, pero no hay quién me ayude, todos me ganan...

Para este momento la mirada de todos estaba sobre esta escena, luego Jesús le dijo:

—Toma tu camilla. —El silencio reinaba en este lugar.

El hombre ni siquiera había visto al que le hablaba, su corazón estaba muy afligido de tristeza, cuando escuchó esa orden, levantó la mirada y vio un rostro santo, enseguida comenzó a sentir vida en sus pies, se levantó, tomó su camilla y comenzó a caminar:

—¡Camino! ¡Camino! Miren mis pies.

Su rostro ya no era aquel rostro triste, ahora era un rostro que volvió a la vida.

—¿Quién te sano? —le preguntaron.

—No sé quién me sanó.

No sabía quién lo había sanado, pero los judíos se enojaron mucho cuando supieron que fue Jesús y más se enojaron cuando escucharon que le decía a este paralítico que cargara su camilla en sábado, porque el milagro se hizo en sábado. Ellos perseguían a Jesús y procuraban matarlo.

Referencias:

Juan 5: 1-9

MILAGROS DE JESÚS ¡CÁLLATE Y SAL DE ÉL!

"Estaba en la sinagoga un hombre que tenía un espíritu de demonio impuro, el cual exclamo a gran voz". (Lucas 4: 33)

Deja los malos vicios. ¿Has visto a los borrachos cuando se ponen a hablar entre ellos, o cuando hablan solos? Algunos borrachitos caen en gracia, pero otros son muy groseros.

Aunque la realidad de todo eso es que cuando ellos toman entregan su vida a Satanás y se convierten en sus marionetas, él los hace como quiere, he llegado a pensar que se les meten malos espíritus y por eso hablan cosas raras.

Ahora te contaré la historia de un hombre que un día fue gobernado por un mal espíritu y de cómo Jesús lo liberó.

Dios es amor, Dios quiere que seamos pacíficos que nos amemos los unos a los otros, nuestro Padre que está en los cielos es un Dios que perdona.

La gente se maravillaba de las buenas noticias que escuchaban por parte de Jesús, pero dentro de los adoradores había un hombre, este hombre fue malo en su juventud, tomó malas decisiones, escuchaba música que no debía, veía mucha televisión y programas prohibidos y siempre renegaba de Dios.

Satanás se aprovechó de su corazón, porque para Dios ya no había lugar en él, fue asi que un mal espíritu entró en su vida; ese espíritu malo le hacía hacer cosas peores que por sí solo no se atrevería a hacer, le faltaba el respeto a las mujeres que pasaban cerca de él, le hacía que se lastimara el cuerpo, le hablaba.

¿Será que este hombre tenía paz? No, por eso él iba al templo para ver si encontraba algo de paz, pero el mal espíritu ya estaba en él y lo dominaba.

Cuando este mal espíritu escuchó a Jesús hablar, no le gustó para nada e irrumpió la paz que reinaba en el templo gritando:

—¡¿Qué quieres con nosotros?! ¡Déjanos en paz! ¡¿Quieres acabar con nosotros?! Yo te conozco bien, ¡eres el Santo de Dios!

Jesús lo miró y dándose cuenta de que él no hablaba por sí solo, de inmediato dio la orden:

—¡Cállate y sal de este hombre!

El demonio sacudió al hombre, lo arrojó al suelo y salió de él. Todos quedaron maravillados

—¿Quién es Él que hasta los malos espíritus le obedecen?

Su fama se regaba por todos lados.

Si de casualidad estás practicando algo prohibido, te invito a que lo dejes, deja todo lo que ensucia tu mente y corazón y que Cristo more en tu vida.

Referencias:

Lucas 4: 31-4

MILAGROS DE JESÚS SI QUIERES, PUEDES LIMPIARME

"Y Jesús, teniendo misericordia de él, extendió la mano y le tocó, y le dijo: 'Quiero, sé limpio'". (Marcos 1: 41)

Debes mostrar compasión y amor por los que sufren. En una ocasión cuando era pequeña recuerdo que me metí en un monte alto, andaba buscando florecitas y cuando salí, comenzó a picarme todo el cuerpo. Era insoportable, mientras más me rascaba, más me picaban los brazos, la cara y los pies; no se me quitó hasta que mi mamá me baño y al final me puso un ungüento para refrescar mi piel dañada.

Eso vino a mi mente por el milagro que sigue. Jesús predicaba y sanaba a muchos enfermos durante el día, esto lo hacía en las afueras de las ciudades mayormente.

Su fama se había regado por todos lados, solo que los leprosos no se acercaban a Jesús, ellos tenían prohibido mezclarse con la gente común.

En tiempos de Jesús, no había grandes doctores como ahora, mucho menos medicamentos eficaces, no había nada de eso. Al contrario, existía una enfermedad que era muy común: la lepra, una enfermedad indeseable, que comienza con una llaguita que se va extendiendo poco a poco en toda la piel hasta invadir todo el cuerpo.

La fama de Jesús llegó hasta los leprosos, ellos tenían un lugar especial para vivir, lejos de la civilización y se preguntaban:

—¿Será que Él quiera sanarnos?

—No, no creo —se decían entre ellos. Cierto leproso dijo:

—Yo lo voy a intentar y si me sana, les vengo a avisar, ¿qué les parece?

—Pero pueden apedrearte si te cachan —le respondieron sus amigos, a lo que él contestó:

—¡No! Me voy a esconder bien para que no me vean...

Entonces salió bien cubierto de su cueva con mucho cuidado. Jesús estaba predicando cerca de un lago conocido como el lago de Genesaret, sanando enfermos y predicando, en eso se escucharon unos gritos:

—¡Leproso, leproso!

Todos supieron que se acercaba un leproso, se hicieron a un lado, le hacían espacio, nadie quería tocarlo. Jesús lo reconoció, luego este se arrodilló suplicándole:

—Si quieres puedes sanarme.

Jesús, entonces, extendiendo la mano, lo toco diciendo:

—Quiero, sé limpio.

Al instante la lera se fue, su piel quedó limpia como la de un bebé, las llagas ya no existían, el dolor había desaparecido.

—¡Wow! Qué maravilla, Dios no tuvo miedo de contagiarse, ¿acaso no podía haberlo sanado solo con dar la orden? ¡Claro que sí!; sin embargo, Jesús estuvo dispuesto a tocarlo.

Referencias:

Marcos 1: 40-45

MILAGROS DE JESÚS LOS AMIGOS DEL PARALÍTICO

"El amigo ama en todo tiempo, es como un hermano en la angustia". (Proverbios 17:17)

Si tus amigos necesitan de tu ayuda, no dudes en extenderles la mano. ¿Tienes amigos? ¿Quiénes son tus amigos? Es bueno tener amigos, con ellos pasamos lindos ratos, jugamos, vamos a la escuela juntos, a la iglesia y a veces nos peleamos, pero hacemos las pases pronto, ¿no es así?

—¡Corre, Martín, corre! —gritaban sus cuatro amigos—. Te vamos a atrapar y te vamos a aventar al agua.

Martíncito corría para librarse de una mojada buena, pero por más que huyó, sus amigos lo atraparon y lo mojaron.

—¡Ja, ja, ja! Ahora te toca a ti Darío.
—Y salían corriendo tras Darío, estos amigos se divertían mucho.

Pasó el tiempo y todos crecieron, ahora eran unos muchachos guapos y apuestos que seguían saliendo juntos porque seguían siendo amigos.

Solo que uno de ellos, Martín, tal vez era desobediente, tal vez era mentiroso, tal vez robaba, tal vez hacía cosas malas. Sus amigos lo aconsejaban diciéndole:

—Deja tus vicios Martín, debes ser bueno, a Dios no le agrada que seas así y que trates mal a tus padres.

Pero él parecía no escucharlos. Cierta tarde Martín no llegó a la reunión con sus amigos que tenían por las tardes, un día, dos días y Martín no llegaba.

—¿Qué le habrá pasado a nuestro amigo? —se preguntaban—. ¿Y si mejor lo vamos a ver?

Todos se pusieron en camino...toc, toc.

—¿Está Martín? La madre muy apenada les dijo que estaba enfermo—. ¿Qué tiene?

—No puede caminar, de repente sus pies no le responden, los médicos dicen que así quedará, paralítico.

—¿Paralítico? Eso es algo muy feo...

—Sí y él está triste, pero no podemos hacer nada.

El tiempo pasó, transcurrieron muchos años y este joven solo reflexionaba en la vida que había llevado, mientras más lo pensaba, más triste se ponía.

Hasta que un día, Jesús llego a Capernaum, Jesús era famosísimo, Enseguida la gente se enteró de su llegada y para no perder oportunidad de ser sanados invadieron la casa donde se hospedaba, trayéndole enfermos de toda clase.

Los amigos de Martín se enteraron:

—¿Y si llevamos a nuestro amigo con Jesús?

—¡Sí, vamos! Ya hemos visto cómo sana enfermos, seguro él sanará a nuestro amigo.

Lo agarraron y lo pusieron en una camilla, entre los cuatro lo comenzaron a cargar.

—¿A dónde me llevan?

—Te llevamos con Jesús, Él te va a sanar —le respondieron.

Estaba repleto de gente.

—No podemos pasar —dijo uno—, pero no podemos irnos sin que lo vea, tenemos que conseguir entrar.

—¡Miren!, ¡aquí hay una escalera por atrás! Subamos a Martín por la azotea.

Así que estos amigos lo subieron, hicieron un hueco en el techo y comenzaron a bajar a su amigo.

¡Todos quedaron sorprendidos de ver la forma en que este enfermo había entrado a la casa!

Jesús se le quedó viendo y le dijo:

—Amigo, tus pecados te son perdonados.

El paralítico abrió sus ojos, le comenzaron a brillar de alegría, diciendo para sí mismo: "¡Dios ha perdonado mis pecados!".

Los fariseos se preguntaban:

—¿Quién se cree para perdonar pecados?

Pero Jesús que conoce todos nuestro pensamiento, preguntó:

—¿Qué es más fácil, perdonar pecados o decirle, vete y anda?

Enseguida dio la orden esperada diciendo:

—¡Levántate, toma tu lecho y vete a tu casa!

Sin titubear este hombre dio un salto, se levantó, recogió sus mantas, las enrolló y se dirigió a la salida.

Afuera estaban sus amigos esperándolo, se abrazaron, lloraron juntos de alegría y agradecieron a Dios por haberles permitido ser parte de un milagro poderoso.

Se siente mucho gozo en el corazón cuando ayudamos a los demás, no hay mayor gozo que ayudar a nuestros amigos.

Referencias:
Lucas 5: 17-26
Mateo 9: 1-8
Marcos 2: 1-12

MILAGROS DE JESÚS LA MUJER ENCORVADA

"Y esta hija de Abraham, que Satanás había atado dieciocho años, ¿no se le debía desatar en sábado?" (Lucas 13: 16)

Tú eres llamado (a) a hacer el bien. Los ancianitos que viven en el campo y han cargado mucha leña, a algunos se les encorva la espalda de tanto cargar pesado, otros por enfermedad pueden llegar a quedar encorvados o algún accidente.

Pero la historia de esta mujer es diferente, se desconoce los motivos que la llevaron a ser presa de Satanás.

Solo se sabe que cierto día Jesús estaba en la sinagoga (templo) en un sábado, enseñando y adorando a su padre, ya que era costumbre para Él guardar el cuarto mandamiento.

De repente vio a una mujer encorvada, enseguida reconoció que está, no era una enfermedad común, no era por cargar leña o algo pesado, esto era causa de Satanás.

Tenía dieciocho años con este mal espíritu, gran parte de su vida la pudo disfrutar libremente con un cuerpo saludable, no podía hacer todo lo que quisiera, pero llegó el gran día en que se encontraría con el Señor todopoderoso, quien enseguida la llamó diciendo:

—Mujer, eres libre de tu enfermedad.

Puso las manos sobre ella, quien se enderezó al momento y alababa a Dios, llena de gratitud y gozo.

—¿Cómo que la sanaste en sábado? —dijo el principal de la sinagoga a lo que el Señor respondió:

—¡Hipócrita! ¿Acaso el día de hoy no desataste a tu buey o a tu asno y lo llevaste a tomar agua? ¿Acaso esta mujer, que no es un animal, es hija de Abram, no debía ser desatada de esta ligadura?

Todos se avergonzaron por pensar mal de Jesús y se alegraban de ver tantos milagros. El sábado es un día muy especial en el que debes hacer el bien a los demás.

Referencias:
Lucas 13: 10-17

MILAGROS DE JESÚS ¡LO SANO EN SÁBADO!

"Entonces Jesús habló a los intérpretes de la ley y a los fariseos, diciendo: '¿Es licito sanar en sábado?'". (Lucas 14: 3)

El día del Señor también es día de ayudar a los necesitados. Cierto gobernante fariseo invitó a Jesús:

—Jesús te invito a mi casa esta noche, me gustaría que no faltaras.

A lo que Jesús le respondió:

—¡Gracias por la invitación! Allí estaremos.

—¿Va a ir a la fiesta del fariseo? —se preguntaban los judíos—. ¿Con esa gente extremista? Esos fariseos solo quieren matar a Jesús, lo odian, por eso no debería de ir.

Debes de saber que Jesús nunca rechazo una invitación, sea con los fariseos, los publicanos o la gente más despreciable, Él los acompañaba porque les predicaba del amor de su padre.

¿Quiénes eran los fariseos? También eran judíos, eran un partido religioso conservador del judaísmo, Jesús mismo los llamó hipócritas, ciegos, sepulcros blanqueados, eran conocidos por enseñar otra religión que no era la de Cristo. Ellos obligaban al pueblo a que cuidaran de obedecer estrictamente la ley de Dios y para poder cumplirla, ellos (los fariseos) les habían impuesto al pueblo reglas que ni ellos mismos podían cumplir.

Una de sus reglas era, por ejemplo: "La ley de Dios dice que debemos reposar el sábado, para poder guardar el sábado y reposar no debemos caminar mucho así que solo trescientos pasos, el que dé más pasos, será apedreado". ¿No te parece eso demasiado exagerado? O si alguien se enfermaba decían: "Ah se enfermó, de seguro algo hizo o peco".

Llegó la tarde y Jesús junto con sus discípulos se dirigieron a la casa de este gobernante fariseo. Al entrar vio mucha gente, también vio a un hombre hidrópico ¿Qué es la hidropesía? Es cuando la gente retiene mucha agua en su cuerpo, muchos se llegan a hinchar de tanta agua, es una enfermedad muy fea.

Era sábado, cuando Jesús lo vio, lo agarró y lo tocó diciéndole:

—Sé sano hijo, ya no sufras más.

Al instante su cuerpo volvió a ser normal, la gente dejó de tenerle miedo. Sí, así es, porque los niños le huían, ellos gritaban:

—¡Un monstruo! ¡Un monstruo!

Su cuerpo no era normal, ¡estaba hinchado por la enfermedad! Cuando se vio restablecido exclamo:

—¡Dios me sanó, bendito sea su nombre!

—¿Es lícito sanar en sábado? —les pregunto Jesús a todos sus oyentes—, ¿acaso si tu hijo cae en un pozo, no lo irías a sacar, o si tu buey se pierde, no lo buscas?

Nadie le podía decir que no, pero ellos (los fariseos) principalmente enseñaban todo lo contrario. Y es así como Jesús vino a abrir la mente a una dimensión santa.

Referencias:

Lucas 14: 1-6

MILAGROS DE JESÚS ¡MI ÚNICO HIJO ESTABA MUERTO Y AHORA VIVE!

"Cuando el Señor la vio, se compadeció de ella y le dijo: 'No llores'". (Lucas 7:13)

Siempre que puedas debes expresar amor a tus padres. Esta es la historia de una familia que era muy feliz, los padres de ese hogar eran cariñosos, muy trabajadores, amaban a Dios y obedecían su ley.

Pero un triste día el padre murió, se desconocían las causas, solo sabemos que murió quedando solos la madre con su único hijo.

—Ay, mi papá —lloraba este niño—, ¡por qué mi papá!

—Dios estará con nosotros hijito, tenemos que agarrar fuerzas.

—¡Pero mami!, ¿ahora cómo le vamos a hacer para comer? Papá era el único que trabajaba y nunca nos faltó nada, además, ¿ahora con quién voy a jugar? ¡No! ¿Por qué tuvo que ser así?

La madre y el hijo le lloraron mucho, en esos tiempos no había mucho trabajo y para poder ganarse la vida era muy difícil para una mujer.

Los dos, madre e hijo pasaron muchas penas, hambre, necesidades de ropa, sobrevivían por milagro de Dios. Este pequeño niño creció y ahora era un joven que podía trabajar.

—Mmm, ¡qué feliz soy hijo! —le decía su madre—. Ahora ya no sufrimos como antes, tú eres mi ayuda, eres mi tesoro.

—¡Hijo, cuánto te amo!

Hasta que cierto día, este joven enfermó, ¿de qué? No se sabe, solo se sabe que también murió.

—¡No!, ¡mi único hijo! —lloraba esta madre—. ¡Mi tesoro! ¿Por qué Dios?, ¿por qué te lo llevaste? —sollozaba esta madre desconsolada por la muerte de su único hijito.

Ella no sabía que se encontraría con el dador de la vida, cuando parecía que todo lo había perdido, porque cuando iban de camino a enterrar a este joven, al salir de la ciudad de repente se encontraron con una caravana de gente, a la cabeza venía Jesús, quien al ver miró a esta mujer triste que iba a enterrar a su único hijo.

Jesús tuvo compasión diciéndole:

—No llores. —Se acercó, tocó el féretro diciendo—: ¡Joven, a ti te digo!, ¡levántate!

¡Un milagro! Este joven se levantó, enseguida comenzó a hablar, diciendo:

—¿Dónde estoy? ¿Dónde está mi madre? —Supongo que madre e hijo se abrazaron felices entre llantos y risas.

Qué increíble, la gente que presenció este poderoso milagro comenzó a gritar:

—¡Un gran profeta está entre nosotros, Dios ha visitado a su pueblo!

La fama de Jesús se extendió por todos lados. Este milagro lo podremos volver a ver cuándo Jesús venga por segunda vez y despierte del sueño a nuestros amigos y familiares, por eso debemos estar listos para su encuentro.

Referencias:
Lucas 7: 11-17

MILAGROS DE JESÚS ENDEMONIADO, CIEGO Y MUDO

"Cualquiera que diga una palabra contra el hijo del hombre, será perdonado, pero el que hable contra el Espíritu Santo, no será perdonado ni en este siglo ni en el venidero".
(Mateo 12: 32)

El único pecado imperdonable es blasfemar (renegar) contra el Espíritu Santo. ¿Qué cosa hay que Jesús no haya sanado? Ahora escucharás acerca de un endemoniado, ciego y mudo.

Los fariseos decían:

—Ese Jesús es un profeta falso, de seguro sana a los enfermos en nombre de Satanás, ¿quién más puede ayudarle a hacer tantos milagros?

Pero a ver dime, ¿en nombre de quién hacía milagros Jesús? Sí, en el nombre del Espíritu de Dios (Santo).

A los enfermos les decía:

—Yo te ordeno que sanes, te ordeno que salgas en el nombre del Espíritu Santo de Dios. —Y al instante todo mal se arreglaba.

Pero esa gente era orgullosa, no creían en Jesús, porque su orgullo era tanto que les impedía ver a Jesús y comprender su gran misión en esta tierra.

Ahora estaban a punto de presenciar un milagro más.

Unos padres imploraban:

—¡Señor! Te rogamos, ¡sana a mi hijo! Hace tiempo lo atormenta un mal espíritu y ya no mira, ni puede hablar.

El muchacho se revolcaba, hacía fuerzas, babeaba, pero no miraba ni hablaba, luego Jesús se le quedó viendo y al momento dio la orden:

—Yo te ordeno que salgas en el nombre del Espíritu de Dios.

Enseguida el muchacho pudo ver y hablar, como en la mayoría de los casos, los fariseos comenzaron a dudar de ese milagro.

—¡Generación de víboras! —Ahora sí les habló fuerte—. ¿Dudan del poder del Espíritu Santo?, ¡cómo se atreven! ¿Acaso Satanás lucha contra él mismo? ¿Si él mismo se sacara, perdería su poder, o no creen que en un país donde los gobernantes luchan unos contra otros, se va a pique? Ustedes hablan y piensan mal porque son malos, de la abundancia del corazón habla la boca.

Referencias:
Mateo 12: 22-37

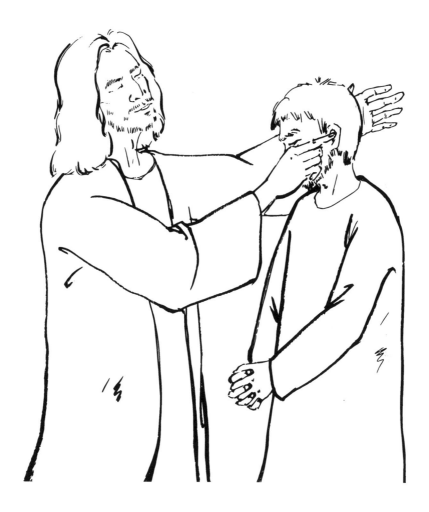

MILAGROS DE JESÚS LOS ENDEMONIADOS DE GADARA

"Porque le decía: 'Sal de este hombre, espíritu inmundo'". (Marcos 5:8)

A pesar de tus errores, Jesús ve en ti a una persona valiosa y digna de amor. En este milagro que te voy a contar, parece que Jesús pasó exclusivamente para sanar a dos hombres que estaban poseídos por miles de demonios.

Imagínate, parecían dos locos.

—¡Jaaaaa, jaaaaa! —gritaban—. Los vamos a matar a todos ustedes, ja, ja, ja.

Agarraban las piedras que encontraban a su paso, se pegaban en la cabeza con ellas, se lastimaban y sus cuerpos sangraban. Pobres hombres, andaban casi sin ropa, sucios y greñudos (con pelo largo).

La gente les huía, ellos vivían a las afueras de la ciudad de Gadara, cerca de los sepulcros(cementerio), los gobernadores los habían amarrado más de una vez con cadenas dobles, pero ellos las rompían haciéndolas pedazos.

—¡No, por allí no pasen! —decían los habitantes de ese lugar—. Allí están los endemoniados, ¡aléjense! Pueden hacerles daño, han amenazado con matarnos, ¡mejor no vayan! Son un peligro para este lugar.

—¡No por allí no!, ¡allí están los endemoniados!

—¿Qué tienes con nosotros, Jesús, Hijo de Dios? —le preguntaron a Jesús cuando lo vieron llegar a las orillas de la ciudad, ya que ellos sabían muy bien quién era el que se acercaba.

Enseguida Jesús le ordenó diciendo:

—Sal de este hombre espíritu impuro.

A lo que ellos contestaron:

—¡No nos saques de aquí!, ¿has venido para atormentarnos antes de tiempo?

Entonces Jesús le preguntó:

—¿Cómo te llamas?

—Legión me llamo porque somos muchos.

La legión era la unidad más numerosa del ejército romano: constaba de unos seis mil hombres, así que eran demasiados para atormentar a una sola persona. Estaban paseando lejos de ellos un hato de muchos cerdos, los demonios le rogaron diciendo:

—Si nos echas fuera, permítenos irnos a aquel hato de cerdos.

Él les dijo:

—Id...

Entonces ellos salieron de los cuerpos de estos dos hombres y se fueron al hato de cerdos, entraron en los cerdos, eran como dos mil cerdos (muchísimos). El hato se precipitó en el mar por un precipicio, cayeron los cerdos y allí se ahogaron.

La gente de Gadara se enojó mucho con Jesús porque decían que por su culpa se habían quedado sin ganancias económicas, pero estos dos hombres le agradecieron por el milagro que obró en sus vidas.

De tanta gratitud querían ir con Él a donde fuese, pero Jesús les dijo que no porque era necesario que les contaran a sus familias y amigos todo lo que Dios había hecho por ellos. La familia de ellos era pagana, no amaban a Dios, no le conocían.

Así que ellos obedecieron a Dios, se bañaron, se arreglaron, andaban bien vestiditos y bien portados. La gente de ese lugar no lo podía creer:

—¿Esos endemoniados sanados por completo? Es increíble.

Muchos creyeron en Jesús cuando los veían testificando el milagro obrado en ellos. ¡Qué gran lección aprendemos en esta historia! Jesús estuvo dispuesto a llegar a Gadara solo por sanar a dos hombres, que al parecer no valían nada, estuvo dispuesto en sacrificar una gran ganancia de cerdos. Ahora sabes que Jesús es capaz de todo, solo con que le entregues tu corazón.

Referencias:
Mateo 8: 28-34
Marcos 5: 1-20

MILAGROS DE JESÚS ¿QUIÉN ME TOCÓ?

"Es, pues, la fe la certeza de lo que se espera, la convicción de lo que no se ve".
(Hebreos 11: 1)

Debes pedir a Dios con fe y sin dudar, ciertamente te contestará. ¿Quieres escuchar otro maravilloso milagro de Jesús?

Esta era una mujer que llevaba muchos años enferma, sufría una tremenda hemorragia de sangre que no paraba (esto solo les ocurre a las mujeres y no a los niños), era una enfermedad diferente a la lepra.

A la mujer que lo padeciera le decían: "Vete de aquí mujer inmunda, no puedes tocarnos, no te nos acerques, nos vas a contaminar". Así que ella vivía sola, apartada de los demás, había gastado todo su dinero en médicos y más médicos, nadie la sanaba, su enfermedad empeoraba cada día.

La Biblia no lo registra, pero imagino que quería ir a su casa, abrazar a su mamá, a sus hermanos y a su esposo. Imagínate que te digan que por tu enfermedad no puedes abrazar a tus padres o a tus abuelos. Qué triste, ¿verdad?

Esta mujer se lamentaba su suerte:

—¡No es posible que nadie me pueda sanar! Soy una mujer maldita por esta enfermedad, llevo doce años sufriéndola, creo que así voy a morir.

Cuando estaba lamentándose, ella escuchó por allí a un grupo de gente que hablaba y decían:

—Hay un nuevo profeta, dice que es enviado del cielo, ya sano a muchos enfermos, incluso a los endemoniados del otro lado del río, los de Gadara. Dicen que ya no asustan a la gente, ¡están sanos gracias a él!

Ella se quedó pensando: "¡No lo puedo creer!".

—¿Es cierto lo que dices? —exclamó preguntando a la gente.

—Sí, yo lo vi cuando resucitó a un muchacho, esto es increíble, pero cierto —le respondieron.

"Entonces Él me puede sanar", se dijo... Así que llegó el momento que Jesús arribó a ese lugar, esta mujer vio un tremendo alboroto. "¿Qué pasa?", luego se asomó por la ventana de su casa mientras escuchaba:

—¡Jesús viene! ¡Viene Jesús!

Esta mujer se quedó pensando: "Esta es mi única oportunidad, yo sé que no debo mezclarme con la gente común, pero si tan solo toco su manto, estoy segura de que quedaré sana de esta enfermedad, porque si la gente lo dice yo creo en Él".

Jesús se dirigía a la casa de un importante personaje, la gente lo seguía por todos lados, enfermos, curiosos, sus discípulos, mucha gente. Esta mujer se abrió paso entre esa multitud y como pudo alcanzó a tocar el manto de Jesús, de inmediato al hacerlo, quedó sana, la hemorragia de sangre paró.

—¿Quién me toco? —preguntó Jesús—, ¿quién me tocó?

Sus discípulos le contestaron:

—Aquí hay mucha gente, todos te tocan, ¿por qué preguntas eso?

Él miraba alrededor para ver quién lo había tocado. Esta mujer se atemorizó, porque Jesús se había dado cuenta del poder que había salido de Él. Atemorizada por lo que pasaría ella reveló:

—Yo te toqué. —Él le contestó:

—Tu fe te ha salvado, vete en paz.

Luego ella salió corriendo a su casa, abrazó a sus padres, a su esposo, tal vez a sus hijos, desde ese momento su vida nunca fue la misma, ella daba testimonio de que Jesús es poderoso.

Si quieres un milagro como esta mujer, solo debes tener fe en Cristo Jesús.

Referencias:
Lucas 8: 40-48
Marcos 5: 21-34

¡MUCHACHA, LEVÁNTATE!

"Todos lloraban y hacían lamentación por ella, pero él dijo: 'No lloréis, no está muerta, sino que duerme'". (Lucas 8: 52)

La muerte es algo parecido a cuando duermes (pierdes la conciencia)

—¡Jesús ven a mi casa! Te ruego, ven a mi casa, mi hija está muy grave —era el ruego de Jairo—. ¡Mi hija!, la alegría de mi casa, no soportaría su muerte, pero sé que tú puedes sanarla. ¡Vamos a mi casa! —le insistía,

Aunque la vida de Jesús era muy ocupada, tantos venían a pedir su ayuda, acudían para ser sanados por Él, Jesús se tomó el tiempo de ir a la casa de Jairo, pero en eso que iba en camino, uno de los criados de Jairo, vino y les dijo:

—¡Mi señor, ya no molestes al maestro, tu hija ha muerto!

Los ojos de Jairo se llenaron de tristeza. Jesús preguntó al llegar a la casa cuando vio que había un gran alboroto:

—¿Por qué tanto escándalo por la niña? Si la niña no está muerta, ella solo está dormida.

Algunos comenzaron a reírse:

—¿Cómo dice eso? Si la acabamos de ver con nuestros propio ojos, ella sí está muerta, ja, ja, ja

Enseguida les ordenó que todos salieran:

—Solo deben quedarse los padres y mis discípulos.

Al entrar donde estaba; vio a la niña acostada en su cama sin vida, la tomó de la mano y habló diciendo:

—Talita cumi —Que significa: "Niña, a ti te digo, levántate".

Inmediatamente la niña se levantó y comenzó a caminar, era una pequeña de doce años, es normal que las niñas de esa edad sean inquietas.

Este fue realmente un gran milagro, los padres abrazaron a su pequeña, Jairo no sabía cómo agradecerle a Jesús, asi que ese hogar amó a Jesús a partir de ese momento, las dudas que tuvieron sobre su santidad desaparecieron, alababan su nombre y testificaban de lo sucedido.

La muerte es tan solo un sueño, si mueres creyendo en Jesús y siéndole obediente, así como hizo con esa niña, un día te levantará y dirá:

—¡(Tu nombre) levántate!, ¡ven a mi casa!

¡Qué lindo será ese día!

Referencias:
Mateo 9: 18-26
Marcos 5: 35-43.

¡LÁZARO, VEN AFUERA!

"Muchos de los que duermen en el polvo de la tierra serán despertados: unos para vida eterna, otros para vergüenza y confusión perpetua". (Daniel 12:2)

La voluntad de Jesús siempre es lo mejor. Cuando Jesús vivió entre nosotros tuvo algunos amigos con los que convivía de vez en cuando, estos jóvenes lo recibían con mucha alegría en su casa y lo escuchaban con atención cuando los visitaba. Ellos fueron: María, Marta y Lázaro; pero cierto día Lázaro enfermo y no sanaba.

—¿Qué haremos? —se preguntaban sus hermanas.

—¿Y si le mandamos aviso a nuestro amigo Jesús, que venga a sanar a nuestro hermano?

—¡Sí! ¡Es una excelente idea! —dijeron las dos hermanas.

—¡Jesús, tu amigo Lázaro está gravemente enfermo! Sus hermana te mandan avisar que les ayudes y vayas a sanarlo.

Ese fue el mensaje. ¿Será que Jesús fue enseguida? No, no fue, Él se quedó dos días más allí donde estaba predicando.

—¿Por qué no viene Jesús? —se preguntaba María. En eso fueron a ver a su hermano enfermo y ya había muerto:

—¡No!, ¡nuestro hermano ha muerto! —comenzaron a llorarle

Los vecinos, familiares y amigos se enteraron, pronto la casa estuvo llena y Jesús no llegaba. Pasó el tiempo de vela por el muerto, lo llevaron a enterrar en una cueva (así enterraban a la gente rica).

Después de cuatro días Jesús decidió ir a visitar a sus amigos en Betania, cerca de Jerusalén.

—¿Vamos a ir allá, Jesús? ¿Acaso no sabes que procuran matarte esos sacerdotes, fariseos y saduceos? —le dijeron sus discípulos. Jesús se dirigía a hacer un gran milagro; cuando estaba llegando, Marta salió corriendo a su encuentro diciéndole:

—¿Por qué tardaste tanto? —Jesús le dijo:

—Tu hermano solo está dormido, pero resucitará. Yo soy la resurrección y la vida, el que cree en mí, aunque esté muerto vivirá.

Al darse cuenta María que Jesús estaba llegando, salió también a su encuentro, la gente al darse cuenta la siguieron.

—¿Dónde pusieron a mi amigo Lázaro? —preguntó Jesús.

Todos lloraban, Jesús también lloró, porque tuvo compasión al verlos llorar. Ya cuando llegaron a la cueva donde estaba Jesús ordenó:

—¡Quiten la piedra!

Enseguida unos hombres fuertes hicieron rodar la pesada piedra, apestaba ese lugar, hacía ya cuatro días que había muerto Lázaro. Jesús alzando los ojos entonces, dijo:

—Padre, gracias te doy por haberme oído. Yo sé que siempre me oyes. —Habiendo dicho esto, clamó a gran voz—: ¡Lázaro, ven fuera! —Y el que había muerto salió, atadas las manos, los pies con vendas y el rostro cubierto—. ¡Desátenlo y déjenlo ir! —Fue la última orden de Jesús.

Ese milagro fue uno de los más poderosos convincentes de Jesús, mucha gente lo vio, muchos creyeron que Jesús era el Mesías, la promesa de salvación. Pero los fariseos y saduceos (sacerdotes que no creían en la resurrección), a partir de allí, procuraban matarlo.

Referencias:
Juan 11: 1-45
Lucas 10: 38-42

ELÍGEME A MÍ ELECCIÓN DE SUS DOCE DISCÍPULOS

"Y subió al monte, y llamó a sí a los que Él quiso; y vinieron a Él. Y estableció doce, para que estuviesen con él, y para enviarlos a predicar". (Marcos 3: 13)

Tú puedes ser un discípulos de Jesús. Era el primer día de clases, Carlitos estaba en su último año de primaria, el maestro estaba por elegir a los chicos que formarían la escolta, todos querían formar parte de esa escolta, pero solo serían elegidos seis muchachos.

Todos esperaban con ansias que su nombre fuese nombrado, reinaba el silencio, Carlitos anhelaba ser tomado en cuenta, lamentablemente no salió elegido.

—¿Por qué no me eligió mi profe? —preguntó triste.

—Ay, Carlitos es que eres muy alto y la escota no tendrá simetría.

Al llegar a su casa, su madre le contó la siguiente historia:

—Oh hijo mío, no te sientas triste, cierto día eso que viviste les pasó a los discípulos de Jesús.

—¿Qué les paso mami?

—Bueno cuando Jesús estuvo aquí tuvo muchos enemigos, pero también muchos seguidores que querían hacer su voluntad, anhelaban ayudarle en su misión en esta tierra, ellos iban con Jesús a todas partes, eran muchos, algunos lo seguían por interés, otros porque no tenían nada que hacer, algunos más por curiosidad y otros pocos por amor.

»Llegó el momento que Jesús elegiría solamente a doce apóstoles (comisionados, enviados), ellos serían instruidos por Jesús muy de cerca, serían la semilla de un nuevo evangelio, ellos se quedarían en esta tierra cuando a Jesús lo mataran. Por eso debía elegir muy bien, para eso Jesús se fue a orar con su padre para recibir sabiduría en su elección.

»Todos esperaban con ansias, mientras Jesús no regresaba, algunos se mordían las uñas, otros seguros que serían los elegidos se fanfarroneaban, algunos se ponían a orar, otros simplemente calladitos.

»Jesús llegó y comenzó a nombrar a los doce: a Simón, a quien puso por sobrenombre Pedro; a Jacobo, hijo de Zebedeo, y a Juan, hermano de Jacobo, a quienes apellidó Boanerges, esto significa hijos del trueno; a Andrés, Felipe, Natanael, Mateo, Tomás, Jacobo, hijo de Alfeo, Tadeo, Simón el cananita, y Judas Iscariote, el que le entregó, luego vinieron a su casa.

»Había muchos, pero no todos fueron elegidos, algunos se pusieron tristes, otros no, Jesús les dijo que se fueran a sus casas y que anunciaran lo que habían visto, que podían dar testimonio de su fe.

»Así que no te pongas triste, hijito, tú tienes otros talentos, no solo la escolta.

En las siguientes historias te hablaré de cada uno de esos doce elegidos.

Referencias:
Mateo 10:2
Marcos 3:16
Lucas 6:14
Hechos 1:1

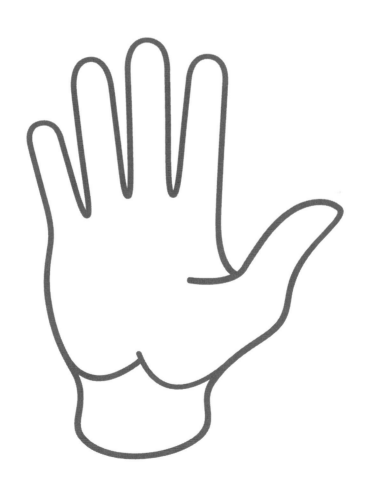

DISCÍPULOS NOTABLES DE JESÚS PEDRO

"Entonces Pedro se acordó de las palabras que Jesús le había dicho: 'Antes que cante el gallo, me negarás tres veces'. Y saliendo fuera, lloró amargamente". (Mateo 26:75)

Si eres desobediente, irrespetuoso y te dicen que no tienes arreglo, entrégate a Jesús. Él puede aprovechar esos rasgos de carácter y transformarlos para que seas útil en su obra. Pedro era pescador cuando Dios lo llamó, estaba casado, era de carácter notable, cuando él estaba, todos se daban cuenta. Tenía muchas virtudes, pero también cerios defectos, a veces ni él mismo entendía por qué hacía lo que no debía hacer.

¿No te ha pasado que a veces te arrepientes de haber hecho algo malo? Como por ejemplo, pegarle a alguien.

Esto es más o menos lo que le pasó a Pedro. Jesús les dijo a sus discípulos:

—Todos se van a escandalizar de mí esta noche, seré tomado preso y llevado para mi muerte. —A lo cual Pedro contestó:

—Aunque todos se escandalicen, yo nunca me escandalizaré. —Jesús le respondió:

—De cierto te digo que esta noche, antes que el gallo cante, me negarás tres veces.

A Jesús lo habían arrestado, lo habían llevado preso para decidir qué hacer con su vida. Aunque estaban decididos a matarlo, tenía que pasar por un proceso, ciertamente todos se escandalizaron, los discípulos huyeron de miedo de que también a ellos los agarraran.

Pedro seguía de lejitos a Jesús, a donde lo llevaban allá iba él, a escondiditas. "¿Qué pasará con Jesús?", se preguntaba con cierto miedito. Afuera de donde se estaba llevando el juicio contra Jesús había mucha gente a la expectativa.

En eso estaba Pedro calladito cuando se le acercó una criada diciéndole:

—Tú eres discípulo de Jesús, yo te he visto con él.

Enseguida Pedro le respondió:

—¿Qué es lo que dices? No sé de qué me hablas. —Y salió huyendo de allí.

Al salir, otra criada lo vio y esta no solo le dijo a él, sino que se dirigió a los que estaban afuera:

—Miren este estaba con Jesús, este también es su seguidor.

—¡No, les juro que no conozco a ese hombre! —así dijo Pedro.

Así que los que lo escucharon replicaron:

—Sí, definitivamente te hemos visto, tú eres uno de ellos, hasta la forma de hablar te delata.

Pedro exaltado, comenzó a gritar:

—¡Ya les dije que no! ¿Acaso no escucharon bien? ¿Son sordos? —Enseguida cantó el gallo—. ¡El gallo! —exclamó Pedro—. ¡No! Jesús me dijo que lo negaría tres veces.

¿Qué fue lo que hizo Pedro después? Comenzó a llorar amargamente. "¿Cómo fui a negar a mi maestro?", se preguntaba. "Yo he visto el poder de Dios, yo que sé que es un ser Santo... No valgo nada", se dijo.

Cuando Jesús salió del juicio vio a Pedro que estaba arrepentido de haberlo negado tres veces, solo le miró con ojos de perdón y Pedro entendió que había sido perdonado.

A partir de ese momento Pedro nunca volvió a ser él mismo, nunca dudó de Jesús, fue un poderoso discípulo, sanó a muchos enfermos, resucitó muertos, testificó de su maestro y estuvo dispuesto a morir por Él. Pedro murió crucificado cabeza abajo, en Roma. Así como Pedro, Dios te perdona ,entrégale tus dones y talentos.

Referencias:
Mateo 26: 30-35
Mateo 26: 69-75
Juan 21: 18
Mateo 4: 18
Mateo 8: 14

DISCÍPULOS NOTABLES DE JESÚS SANTIAGO, HIJO DE ZEBEDEO

"Porque el hijo del hombre no ha venido para perder las almas de los hombres, sino para salvarlas y se fueron a otra aldea".
(Lucas 9:56)

El espíritu de venganza no es el Espíritu de Cristo.

—Mami esa niña no me quiso prestar su muñeca —dijo Letita.

—Es suya Letita, no la molestes. Además, tú tienes muchas muñecas.

—¡Pero yo la quiero mami!

La mami se distrajo y Letita le pegó una mordida a la niña, arrancándole de las manos la muñeca.

—¿Qué hiciste Letita? Solo porque no te quiso prestar su muñeca.

—Sí mami, esa niña es muy mala.

—Ay Letita, ya te pareces a Santiaguito.

—¿Quién es Santiaguito mami?

—Ah, Santiaguito fue un discípulo de Jesús que siempre se quería salir con la suya.

—A ver mami cuéntame qué le pasó a Santiaguito

—Santiago tenía un hermano que se llamó Juanito, los dos fueron elegidos por Jesús como unos de sus doce discípulos, su padre tenía buen trabajo; por eso a ellos nunca les faltó nada, eran groseros, siempre se salían con la suya, al caminar con Jesús su carácter fue cambiando poco a poco.

»Santiago era muy amigo de Jesús, él estuvo presente en la transfiguración del Getsemaní, se le conocía como el hijo del trueno, porque fácil se ofendía y fácil ofendía a los demás.

»—Es necesario que vaya a Jerusalén amigos —exclamó Jesús.

»—¿Vamos a ir a Jerusalén? —preguntó Santiago.

»—Sí —contestó Jesús— y necesito que te adelantes Santiago junto con tu hermano, busquen alojamiento en Samaria por una sola noche, ya que Jerusalén está lejos.

»Los discípulos volvieron a preguntar:

»—¿Vamos a pasar por Samaria? Pero si los samaritanos nos odian, aun así haremos lo que digas Maestro.

»Así que fueron a la ciudad y al llegar a un hotelito preguntaron:

»—¿Tendrán hospedaje para Jesús y sus discípulos solo por una noche?

»—¿Por una sola noche? ¿A dónde se dirigen pues?

»—Vamos a Jerusalén.

»Los samaritanos y los judíos se odiaban, rápidamente les contestaron:

»—¡No, no les daremos paso por aquí!

»Entonces como no les dieron hospedaje. Santiago se enojó mucho, fue corriendo con Jesús a pedirle insistentemente:

»—¡Señor, si quieres puedes hacer descender fuego del cielo para que los consuma a todos! —Santiago quería matar a todo el pueblo, solo porque les negaron el pedido. A lo que Jesús respondió:

»—¿Qué espíritu tienes Santiaguito? ¿Cómo crees? ¿Acaso piensas que vine a perder las almas por las que he venido? No Santiago, yo vine a salvarlos. Vámonos por otro lado, luego los visitamos.

»Entonces se fueron por otra ruta, Santiago fue un fiel discípulo de Jesús a pesar de sus carencias de carácter. Santiago fue el primer mártir de los doce discípulos, el rey Herodes lo mandó a decapitar y así murió.

Si tienes un carácter así como Santiago, mejor comienza a hacer cambios ahora que eres pequeño(a).

Referencias:
Lucas 9: 51-56
Hechos 12: 1, 2
Marcos 14: 33
Marcos 1: 20

DISCÍPULOS NOTABLES DE JESÚS JUAN, EL DISCÍPULO AMADO

"Este es el discípulo que da testimonio de estas cosas, y escribió estas cosas; y sabemos que su testimonio es verdadero".
(Juan 21:24)

Mientras más tiempo hablando y escuchando sobre Dios tu vida se parecerá a la de Él.

—¡Juanito! Ya te dije que vengas a ayudarme a limpiar las redes.

—¡Ay papi, no quiero! Que lo hagan los que te ayudan o que te ayude mi hermano Santiaguito.

—¡Ya Juanito!, ¡te ordeno que vengas de inmediato! —afirmó su padre enojado.

—Está bien, solo porque ya termine de jugar. —Juanito era un niño muy travieso y desobediente.

—Juanito, ¿ya le compartiste de tu dulce tu hermanito?

—¿Yo, compartirle? No, él nunca me comparte.

Juanito creció, siendo egoísta, grosero y desobediente. "¡Juanito deja esas amistades!", le decía su madre, pero él no hacía caso, su padre lo obligaba a ayudarles en el trabajo de la pesca.

Hasta que cierto día se encontró con su tocayo, ¿con quién? Con Juan el Bautista, él hablaba a los corazones diciéndoles:

—Dejen sus pecados, no sean hipócritas, arrepiéntanse, va a venir uno mejor que yo, él limpiará la tierra, separará el trigo de la cizaña

"¿Qué es lo que dice ese hombre?", se quedaba pensando: "Yo quiero ser bueno, pero ¿cómo conseguirlo?

Juan ya había crecido, era un muchacho que quería cambiar su carácter, por eso buscaba juntarse con Juan el Bautista, aprendía de él. Me imagino que Juan vio cómo Jesús se bautizó y como Juan el Bautista le aseguraba que de él es quien hablaba, que Jesús sería el nuevo maestro.

Curioso por conocer al nuevo maestro se acercó a él y lo siguió secretamente, pero Jesús se dio cuenta y por eso le pregunto:

—¿Qué quieres?

—¡Oh Rabí (maestro)! ¿Quiero saber dónde vives? Me gustaría ser tu amigo —le respondió.

—¡Anda, ven, vamos a mi casa!

A partir de allí Juan no se separó de Jesús, fue elegido como uno de los doce discípulos, se convirtió en el preferido de Jesús, porque se dejaba aconsejar muy bien.

Tanto fue su cercanía con Jesús que se le conocía como el discípulo amado, al que más amaba Jesús, pero ¿será que Jesús lo amaba más? Yo creo que no, creo que Jesús ama a todos por igual, solo que era el más obediente, por eso Jesús le daba buenos premios, lo dejaba sentarse cerca de él, acompañarlo a todos lados y es qué eso les pasa a los niños obedientes.

Juan estuvo presente cuando Jesús murió en la cruz del calvario, él vio todo muy de cerca, cuando Jesús estuvo a punto de dar su último suspiro fue a él quien le dijo:

—¡Cuida a María como si fuera tu madre Juan!

Después de que Cristo murió por nuestros pecados, Juan fue perseguido y encarcelado en una isla llamada Patmos, allí recibió muchas visiones sobre el futuro del mundo. Juan murió ya de vejez porque su carácter fue transformado.

Si quieres puedes ser diferente, puedes dejar de ser ese niño que siempre regañan, busca escuchar consejos y júntate con niños que sean buenos.

111

Referencias:
Juan 21: 20-23
Mateo 10: 12
Juan 13: 23
Juan 1: 35-40
Juan 19: 27
Gálatas 2: 9

DISCÍPULOS NOTABLES DE JESÚS ANDRÉS, EL HERMANO DE PEDRO

"Si alguno me sirve, sígame; y donde yo esté, allí también estará mi servidor. Si alguno me sirve mi padre lo honrará". (Juan 12: 26)

Quien busca como amigo a Jesús, tendrá maravillosas experiencias. Andrés era pescador. Él era un poco diferente a su hermano Pedro. ¿Has conocido a hermanos carnales que son diferentes en carácter? Por ejemplo, uno es muy serio y el otro es más alegre.

Parecía que ellos no eran hermanos, pero sí lo eran. Cierto día, Andrés decidió ser diferente a su hermano Pedro, pues era un joven arriesgado que siempre se metía en líos. Desde que supo que Jesús era el cordero del mundo, el enviado del cielo, Andrés no dudó y trató de seguirle con fe, por eso, fue elegido como uno de los doce.

¿Cómo sientes cuando están eligiendo jugadores para el partido de futbol y a ti te eligen en primer lugar? ¡Claro que se siente bonito! Pero qué feo cuando no te eligen y te dejan en la banca, ¿verdad?

Cierto día Jesús fue al templo de Jerusalén a adorar como siempre lo hacía. Entonces sus discípulos le dijeron:

—¡Maestro! ¡Mira qué piedras y qué edificios tan más grandes y bonitos tiene el templo!

Todos se maravillaban al observar la majestuosa estructura, mientras observaban Jesús les dijo:

—Sí, qué bonito, pero llegará el día que ya no existirá, será destruido y no quedará piedra sobre piedra.

Andrés, Pedro, Santiago y Juan se quedaron pensando en esto y cuando Jesús estuvo solo, se acercaron a preguntarle:

—Dinos cuándo pasara eso...

Entonces Jesús les comenzó a contar la historia del fin de esta tierra:

—Miren, que nadie los engañe, solo crean lo que yo les he enseñado, van a venir otros diciendo: "Yo soy Jesús". Y les querrán llevar por otro lado, pero no les crean. Los van a encarcelar, los van a matar, se van a burlar de ustedes, por mi causa los perseguirán, pero aguanten todo con mucho valor. —Jesús continúo explicando—: Poco después de todo esto el sol se oscurecerá y la luna no dará su resplandor, las estrellas caerán, entonces verán que yo vengo en las nubes con gran poder y gloria y los ángeles vendrán y juntarán a todos los que por mi causa sufrieron.

Andrés escuchaba bien atento.

—¿Cuándo va a suceder esto? —Jesús les contestó:

—El día ni la hora nadie lo sabe, solo mi Padre que está en los cielos.

—¡Wow!, ¡qué historias!, ¿verdad? Andrés fue privilegiado porque pudo escuchar la voz de Jesús y ver tantos milagros, uno de los tantos milagros que vio fue la multiplicación de los panes y peces, tantas lecciones de vida, pero nada de eso hubiese vivido si no hubiese buscado a Jesús.

Referencias:
Mateo 4: 18
Juan 1: 35-40
Marcos 13: 1-4

DISCÍPULOS NOTABLES DE JESÚS FELIPE

"Creedme que yo soy en el Padre, y el Padre en mí; de otra manera, creedme por las mismas obras". (Juan 14: 11)

Felipe creció en un lugar llamado Betsaida, del mismo lugar de donde eran Pedro y Andrés, a lo mejor también fue pescador. Jesús lo eligió como uno de sus doce discípulos. Ahora te hablaré sobre él:

¿Alguna vez te ha pasado que tu maestro te explica alguna clase y tú no le entendiste nada? ¿Qué es lo que haces cuando no entiendes? ¿Le dices al maestro que te explique o te quedas en tu ignorancia? A Felipe le pasó algo parecido.

En cierta ocasión, su maestro estaba dando una clase diciéndoles:

—Yo soy el camino, la verdad y la vida, nadie viene al Padre sino, por mí, si me conoces a mí, también conoces a mi Padre, así que como ya me conocen a mí también conocen al Padre.

Felipe se quedó pensando: "¿Qué es lo que acaba de decir? ¡No estoy entendiendo nada!" Así que dijo:

—Bueno, entonces muéstranos al Padre y ya será suficiente.

Jesús le contesto:

—Felipe, ¿hace tanto tiempo que andas conmigo y aún no me conoces?

—¡Oh, maestro! Te pido perdón, es que no entendí bien lo que acabas de decir.

Así que Jesús le tuvo que explicar de nuevo todo, hasta con frijolitos y con piedritas hasta que su discípulo entendiera:

—Mira Felipe, el que me ha visto a mí, ha visto al Padre, entonces como dices, muéstranos al Padre si todo lo que yo hablo es lo que el Padre me manda decir y lo que hago, todos los milagros no son por mi poder, es por el poder del Padre que me envió.

»Ustedes también podrán hacer lo que yo hago, solo tienen que conocerme más, yo me voy a ir de aquí, pero seguiré con ustedes, les dejaré mi espíritu, solo oren, sean obedientes y con Él podrán hacer esto y mucho más.

Su discípulo comprendió esa clase y cada día Felipe aprendió más y más. Se desconoce cómo es que Felipe terminó sus días en esta tierra, solo sabemos que cuando Jesús ascendió al cielo con su Padre, él estaba listo para seguir los pasos de su maestro.

Referencias:

Juan 14: 1-14
Marcos 13: 1-4
Marcos 3: 13-19
Juan 1: 44

DISCÍPULOS NOTABLES DE JESÚS NATANAEL

"Le dijo Natanael: '¿De dónde me conoces?'.
Jesús respondió: 'Antes que Felipe te llamara,
cuando estabas debajo de la higuera, te vi'".
(Juan 1:48)

¿Sabes? Jesús te conoce. ¿Cómo te llamas? ¿Cuántos nombres tienes? ¿Uno, dos o tres? ¿Por cuál te hablan? El discípulo del que hoy te hablaré se llamó Natanael.

¿Te acuerdas de Felipe? Sí, ese que fue uno de los primeros discípulos de Jesús. Este estaba emocionado de haberlo encontrado, Felipe no pudo callar esa gran verdad, por eso fue corriendo a contarle a su mejor amigo. ¿Quién era su amigo? Era Natanael. Y le fue a decir:

—¡Hemos encontrado al Mesías, hemos encontrado a aquel de quien escribió Moisés en la ley y los profetas!

Natanael preguntó:

—¿Cómo se llama?

—Se llama Jesús, el hijo de José, el que vive en Nazaret.

—¿De Nazaret?, ¿apoco de Nazaret puede salir algo bueno? —Felipe le respondió:

—Como veo que no me crees, mejor vamos para que lo veas con tus propios ojos.

Cuando ellos iban llegando, no hubo necesidad de una presentación o de un saludo, Jesús le dijo:

—¡Aquí está un verdadero israelita en quien no hay engaño!

Entonces Natanael le preguntó a Jesús:

—¿De dónde me conoces?

Jesús le respondió:

—Antes que Felipe te llamara, te vi, cuando estabas debajo de la higuera.

Natanael respondió:

—¡Rabí! ¡Tú eres el hijo de Dios, tú eres el rey de Israel!

Entonces Jesús le dijo:

—Ahora crees porque te dije quién eras sin antes tú conocerme.

—¡Sí maestro! Nadie me había dicho lo que soy, quien soy, como tú lo has dicho —exclamó Natanael.

¿Te has imaginado que un desconocido te revele las cosas que piensas? Eso solo lo puede hacer Jesús.

Natanael fue un discípulo que desde el principio dudó un poco, pero que clamaba el poder servir a Dios porque lo amaba. Debes portarte bien aun cuando nadie te mira, porque Dios sí te mira y te conoce.

Referencias:

Juan. 21: 2
Juan 1: 43.51
Mateo 10: 3
Marcos 3: 18
Lucas 6: 14
Hechos 1: 13

DISCÍPULOS NOTABLES DE JESÚS LEVÍ MATEO

"Id, pues y aprended qué significa: 'Misericordia quiero, y no sacrificio'. Porque no vine a llamar justos, sino a pecadores'".
(Mateo 9:13)

Si estás dispuesto en cambiar y aprender, el Señor te acepta y puede usarte grandemente. ¿Qué es lo que sientes cuando miras a un borracho, sucio y apestoso en la calle? ¿Lo invitarías a sentarse contigo para que coman juntos? O mejor aún, ¿invitarías a comer a tu casa contigo a alguien de mala fama?

En los tiempos de Jesús, los fariseos (conservadores de la ley extremos) nunca se sentarían con este tipo de gente, jamás en sus vidas, ni lo imagines. "¡Me contamino!", decían. Pero Jesús vino a danos ejemplo de que es lo correcto.

Este era un hombre a quien nadie quería por el trabajo que tenía. Mateo era publicano, cobraba impuestos al pueblo. Muchos publicanos se aprovechaban de ese cargo, les cobraban de más a la gente, los extorsionaban, se quedaban con ganancias deshonestas.

Mateo se sentía triste, porque la gente lo rechazaba, él conocía bien a Jesús, sabía de los milagros que había hecho, sabía cuánto amaba a todos por igual, pero dentro de su corazón se preguntaba: "¿Será que Jesús se fijara en mi alguna vez? Yo quisiera seguir sus pasos, pero no soy digno de acercarme a él".

Cierto día Jesús lo vio cuando estaba cobrando impuestos, Mateo estaba sentadito, quien se sorprendió cuando vio que Jesús iba directo hacia él. Enseguida escuchó una voz suave que dijo:

—¡Sígueme! —Levantó la mirada:

—¿A mí me hablas? ¿Yo que soy tan pecador, me pides que te siga? —Levantándose de su asiento, inmediatamente lo siguió, dejando todo, no le importó su cargo político, mucho menos dejar los grandes ingresos económicos, él siguió a Jesús.

Otro día de tanto gozo, invitó a sus amigos publicanos a comer, igual a Jesús, por lo tanto, ofreció una gran fiesta; a su Maestro no le importó convivir con esa gente, al contrario, él nos dejó dicho:

—No vine a llamar justos, sino a pecadores.

A Jesús no le importó lo que los demás dijeran, con esta acción muchas personas que pensaban no eran dignos seguir al Maestro Jesús, le siguieron.

Si tus padres o tus amigos te dicen que eres malo y que Dios no te quiere, no les creas, Dios sí te ama y te ama mucho, lo que no ama es la maldad.

Referencias:

Mateo 9: 9-13

Marcos 2: 14-17

DISCÍPULOS NOTABLES DE JESÚS TOMÁS

"Jesús le dijo: 'Porque me has visto, Tomás, creíste; bienaventurados los que no vieron, y creyeron'". (Juan 20: 29)

Eres bienaventurado porque crees en Jesús sin haberlo visto. Era fin de año y se estaban recibiendo las boletas de calificaciones, la mamá quedó sorprendida cuando vio un diez. "¿Promedio de diez en la boleta de Carlitos?", se preguntó.

—¡Wow, Carlitos! Si funcionaron todos los esfuerzos que hicimos este año, felicidades hijito, le voy a decir a tu papi por teléfono.

—¿Carlitos sacó diez? Esto es imposible, ya que Carlitos nunca hace tareas, no pone atención, el año pasado pasó y apenas, eso es mentira —exclamó el padre—. Hasta que no vea la boleta con mis propios ojos...

¿Alguna vez te ha pasado que has dudado de algo o de alguien? Pues ahora te contaré sobre un hombre muy incrédulo, pero que al final creyó.

Jesús había muerto, todos sus discípulos estaban tristes, desconcertados, como que su vida no tenía mucho sentido sin su maestro, Jesús. Lo que ellos aún no sabían es que acababa de resucitar, así como lo había prometido.

Ese día, domingo por la tarde, mientras meditaban en todo lo que habían vivido con Él, llegó Jesús y en medio de todos les dijo:

—¡Paz a vosotros!

Enseguida les mostró las manos y el costado, cómo estaba la herida fresca donde le clavaron los clavos y una lanza en su costado.

Se quedaron sorprendidos al verlo con vida, se alegraron sus corazones, algunos lloraron de alegría. Pero resultó que en ese momento, Tomás no estaba. Cuando Tomás llegó, sus amigos discípulos le dijeron:

—¡Hemos visto al Señor!

Pero Tomás no les creyó, por eso dijo estas palabras:

—Si no veo la señal de clavos en sus manos y en sus pies, no les creeré, también quisiera ver la herida de su costado con la lanza.

Ese Tomás estaba resuelto a no creerles; había visto muchos milagros de Jesús, cómo sanó a ciegos, mudos, leprosos, resucitó muertos, tanto había visto, aparte sus amigos le decían que lo habían visto, ¿por qué no creerles? ¿Tú qué harías? ¿Les creerías o serías como Tomás?

Pero como Jesús es diferente a nosotros, se les volvió a aparecer y para que Tomás dejara de dudar, le mostró sus manos y sus pies, fue así que Tomás exclamó entre lágrimas:

—¡Señor mío y Dios mío!

Jesús le dijo:

—¿Solo porque me has visto has creído? Que poca fe la que tienes Tomás.

Dios dijo que tú y yo somos bienaventurados, porque, aunque no lo podemos ver, creemos que existe solo con leer su palabra y lo que está escrito de él en la Biblia.

Referencias:
Juan 20: 19-29
Lucas 6: 15

DISCÍPULOS NOTABLES DE JESÚS JUDAS ISCARIOTE, EL TRAICIONERO

"Porque raíz de todos los males es el amor al dinero, el cual codiciando algunos, se extraviaron de la fe, y fueron traspasados de muchos dolores". (1 Timoteo 6: 10).

En este mundo existe gente buena y mala, llegará el día que los buenos serán llevados con Jesús, pero los malos morirán. Déjame decirte que en este mundo existen niños que les gusta tomar lo que no es de ellos, siempre andan pensando en cómo conseguir dinero, aunque eso implique robar, mentir o aprovecharse de los demás. Así era Judas, uno de los discípulos de Jesús, lee con atención.

Jesús estaba eligiendo a los doce, muchos decían en su corazón "Yo, yo", pero Jesús no los elegía a ellos hasta que vino Judas y dijo:

—Elígeme a mí Jesús.

Jesús le quedo viendo, en un instante escaneó su corazón, ¿quieres saber que encontró Jesús en su vida?

Encontró que era avaro, aprovechado, mentiroso, pero que también creía en que Él (Jesús) era el enviado del cielo.

Así que lo aceptó, pero antes le dijo:

—Yo soy pobre y no tengo ni donde dormir. —Esto lo dijo para desanimarlo en seguirle pero, aun así, Judas no desistió.

Judas tuvo las mismas oportunidades que los demás discípulos. Escuchó las mismas preciosas lecciones, vio los maravillosos milagros de Jesús, pero a pesar de ello ve que fue lo que hizo.

Cierto día Judas se puso a meditar: "¡Ah, este Jesús solo dice que su reino no será aquí en la tierra, que será en el cielo con su padre! Esto no me parece bueno y a pesar de que tiene muchos seguidores, parece que no será un buen rey. ¡No vale la pena seguir aquí, solo soy tesorero de una miseria de dinero y además ni me pagan! Tengo que agarrar dinero a escondidas, ya estoy cansado de esta vida, mejor les voy a entregar a los sacerdotes a Jesús a ver cuánto me pagan por él, ellos de por sí lo quieren matar".

Y es que los sacerdotes odiaban a Jesús, porque les decía sus errores, cierto día Judas fue con ellos a preguntarles:

—¿Cuánto me pagarán si les entrego a mi Maestro?

Los líderes le cuestionaron:

—¿Tú nos vas a entregar a Jesús?

—Sí, yo se los entregaré, solo díganme cuánto me van a pagar porque lo traicione.

—¡No hay mejor noticia que esta!, ¿tú, uno de los discípulos de Jesús te atreverás a hacer eso? Mmm, ¿qué te parece si te pagamos treinta modernas de plata?

—Trato hecho —contestó Judas.

—¿Cómo es que nos los vas a entregar?

—¿Qué les parece si cerramos el trato de noche? A Jesús le encanta ir a orar a ese jardín de Getsemaní.

—Pero ¿cómo?, ¿cómo le haremos para reconocerlo?

—Miren, lleven soldados armados y vayan ustedes, porque Jesús tiene tanto poder, que de ser necesario, lo va a usar para escaparse. Además, al que yo bese, ese es el que deben arrestar.

—Trato hecho —dijeron—, iremos personalmente.

Llegó el momento, Jesús estaba, como de costumbre, orando con sus discípulos, vio que venían mucha gente con palos, piedras, espadas, antorchas y les preguntó:

—¿A quién buscan?

—Buscamos a Jesús de Nazaret.

—Yo soy —contestó. En eso un ángel se interpuso entre ellos y cayeron desmayados deslumbrados por su luz. Después les volvió a preguntar—: ¿A quién buscan?

—A Jesús Nazareno. —Jesús les respondió:

—Yo soy. —Enseguida Judas se le acercó y le dijo:

—Salve Maestro. —Y le besó.

Fue así como arrestaron a Jesús de noche y se lo llevaron preso ante varios juicios que terminaron por darle muerte.

Judas pensó inocentemente que Jesús se salvaría, pero no fue así, entonces lloró amargamente, corrió con sus treinta piezas de plata, las aventó a los líderes que le habían pagado, Judas estaba enojado porque pensó que Jesús se salvaría, enojado porque no logró sus objetivos de tener riquezas, pero no se arrepintió, no le pidió perdón a Jesús; tomó la decisión más fácil, fue y se mató, qué triste fin para alguien que tuvo al dador de la vida cerca de Él, tuvo la salvación en sus manos.

Jesús no fuerza a nadie, todos somos libres de tomar las decisiones que tomamos. Ojalá decidas amar a Dios con todas tus fuerzas.

Referencias:
Lucas 22: 1-6
Lucas 22: 47-53
Juan 18: 1-11
Mateo 26: 47-50
Deseado de todas las gentes, pp. 260-260, Cap. 30: "La ordenación de los doce.

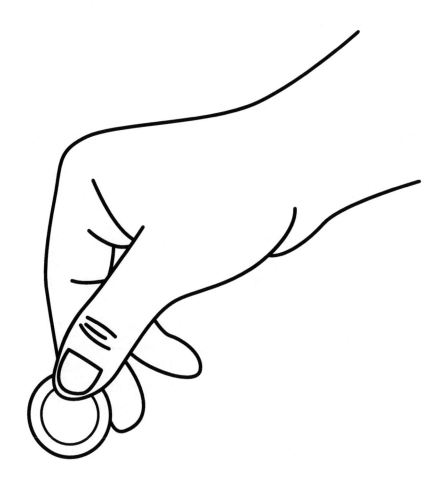

DISCÍPULOS NO TAN NOTABLES JACOBO, HIJO DE ALFEO, TADEO (LEBEO) Y SIMÓN EL CANANISTA

"Pero recibiréis poder cuando haya venido sobre vosotros El Espíritu Santo, y me seréis testigos en Jerusalén, en toda Judea, en Samaria y hasta lo último de la tierra".
(Hechos 1: 8)

Responsabilidad y obediencia son algunas cualidades necesarias para lograr tus sueños. De seguro que en tu escuela tienes compañeritos que no sobresalen en las clases, que son muy calladitos y nunca se meten en problemas, ¿verdad? En muchas ocasiones es mejor ser calladitos, disciplinados, aprender y esforzarse.

Me he de imaginar que así eran Jacobo, Tadeo y Simón, eran unos alumnos callados, reservados, pero siempre atentos a Jesús y sus enseñanzas. Se puede decir de ellos que estuvieron listos y preparados al cien solo hasta que Jesús envió su Espíritu Santo sobre ellos para mandarlos a ejercer la profesión para la que fueron instruidos.

El que el Espíritu Santo llegara a sus vidas era garantía de la presencia de Dios mismo en sus vidas. Ellos sabían que no debían separarse porque era un momento crítico, ya que tenían temor, ahora Jesús se había ido al cielo con su Padre, no sabían qué hacer, pues les faltaba el Espíritu Santo, así que se encerraron en una casa a orar, sus vidas corrían peligro porque los que dieron muerte a Jesús no los querían.

Hasta que vino del cielo un estruendo, un viento recio que sopló: Susususu. Todos escucharon este sonido fuerte, mientras ellos oraban y sobre cada uno de ellos se asentó como un fuego que les dio poder para hablar en diferentes lenguas.

La gente que estaba a los alrededores de esa casa, también escuchó esos sonidos y se acercaron a escuchar qué tanto hablaban, gente que moraba en Jerusalén de todas las naciones bajo el cielo.

—¿Qué hablan ustedes?

Vaya sorpresa que se llevaron, todos los que estuvieron orando con fervor hablaban distintos idiomas y lenguas de diferentes lugares, por ejemplo: partos, medos, elamitas, asiático, egipcio, africano, romano, árabe. Todos se les quedaban viendo maravillados, atónitos, perplejos:

—¿Cómo es que les podemos oír hablar en nuestros idiomas?

—Se asombraban de escuchar que

los discípulos hablaban igual que ellos—. Esto no es posible, de seguro están borrachos.

—¿Será que estaban borrachos?

No, claro que no. Era el derramamiento del Espíritu Santo que habían recibido.

Allí estaban los once discípulos de Jesús que quedaban, algunas mujeres y muchos más que siempre lo acompañaron cuando estuvo aquí, también allí estuvieron Jacobo, Tadeo y Simón, aunque la Biblia casi no registra mucho sobre ellos, sabemos que fueron grandes misioneros que estuvieron dispuestos a morir predicando las buenas nuevas de salvación.

¡Oh! Recibir el Espíritu Santo en nuestras vidas no es cualquier cosa, es un privilegio, es un don del cielo que solo se otorga a aquellos que deciden ser obedientes a Dios.

Referencias:

Mateo 10: 3

Marcos 3: 18

Lucas 6: 15

Hechos 1: 13

Hechos 2: 1-13

Hechos 1: 12-14.

BÁJATE DE ALLÍ, PORQUE A TU CASA VOY A IR

"Porque el Hijo del Hombre vino a salvar y a buscar lo que se había perdido".
(Lucas 19: 10)

El Señor quiere morar en tu casa también.

¿Cobraron a todos los comerciantes que pasaron? ¿Están seguros de que me trajeron todo el dinero? Espero no se hayan quedado con algún peso, porque me voy a enterar y si me engañan les quito el trabajo —así amenazaba Zaqueo a los demás cobradores de impuestos y cuando a él le tocaba cobrar era duro con la gente.

—A ver señora, muestre lo que trae en su saco. ¿Qué trae?

—Solo traigo unos chayotes, señor.

—Debe pagarme doble impuesto por ellos, si los quiere vender en Jericó.

—Pero señor, si le doy el doble ya no me quedará ganancia.

—Ah, pues eso no me importa señora, págueme o regrésese con sus chayotes.

—Mmm, no pues ni modo, aquí tiene el dinero.

—¡Ah ese Zaqueo es malo! —decía la gente del pueblo de Jericó. Es un pecador que debe morir quemado, nos cobra mucho los impuestos, no tiene salvación de seguro.

¿Sabes? Nadie quería a Zaqueo.

—¡Viene Jesús! ¡Viene Jesús! —anunció un joven.

—Háganse a un lado, ¿Jesús? —dijo Zaqueo—, ¿ese que perdona los pecados de todos?, ¿ese que tiene como seguidor suyo a Mateo, el que era igual que yo? ¡Como quisiera verlo! La vida que llevo no es buena, vivo triste porque la gente no me quiere por lo que he hecho. Háganme espacio —decía Zaqueo—, quiero ver a Jesús.

Pero nadie le hacía espacio, es que Zaqueo era chaparrito y la gente se amontonaba para ver a Jesús.

"Ya se me voy a subir a ese árbol, allí nadie me va a ver y podré conocer a Jesús". Así que Zaqueo se subió a las grandes ramas del árbol, estaba atentito. "¿Quién será Jesús?".

En eso, Jesús se detuvo justo debajo del árbol donde él estaba trepado y hablando le dijo:

—Zaqueo, ¡bájate de allí, hoy iré a tu casa!

Zaqueo quedó asombrado. "¿Jesús sabe mi nombre? De verdad Él es el Mesías del que tanto hablan, enseguida bajó del árbol, corrió a su casa, ordenó a sus siervos que prepararan el mejor banquete nunca antes visto. ¡Jesús iría a su casa! Aún no lo terminaba a creer.

Estando en la suculenta cena, escuchó a Jesús y sus palabras maravillosas dieron paz a su corazón, fue entonces que sacó lo que había en su corazón y lo que tanto anhelaba:

—Me arrepiento de todo el mal que he hecho. Gracias, Jesús, desde ahora no seré igual, daré la mitad de mis bienes a los pobres y si he robado a alguien, se lo devolveré cuatro veces más.

Todos quedaron sorprendidos porque nunca imaginaron que Jesús le hablara a un hombre tan malo, por lo que Jesús les dijo:

—Este hombre también es hijo de Abram, él merece perdón y salvación.

Por lo tanto, si alguna vez has sentido que no vales nada por lo que hiciste, pide perdón a tus padres, hermanitos, amigos, mereces perdón, Jesús te perdona en primer lugar.

Referencias:
Lucas: 19: 1-10

NO TIRES EL PERFUME

"El que no escatimó ni a su propio Hijo, sino que lo entregó por todos nosotros, ¿cómo no nos dará también con Él todas las cosas?".
(Romanos 8: 32).

Jesús merece lo mejor de ti.

—¡Mamá, mamá, Carlitos tiro el perfume que acabas de comprar! Castígalo mami, pégale a Carlitos, por más que le dije que te salió muy caro, no me hizo caso —dijo Betty a su mami.

—Oh hijita ahorita hablaré con Carlitos, pero no te enojes mucho, no me salió muy caro, tu hermanito apenas tiene dos añitos, debemos entenderlo hijita, aunque claro que hablaré con él.

—¡No, es justo! —replicó Betty, a lo que su madre le respondió:

—¿Te acuerdas cuando tú me rompiste el vaso de mi licuadora? ¿Te acuerdas que estuvimos sin licuadora por más de quince días? Y no te pegue hijita, mejor te perdone y te tuve paciencia.

—Pero mami aun así —se seguía quejando Betty.

—Bueno Betty, te contaré una linda historia sobre el perdón:

«—¡Vamos a mi casa a cenar Jesús! —dijo Simón. ¿Quién era Simón? Bueno Simón era un judío importante que vivía en Betania y que lamentablemente había tenido lepra, ahora estaba contento porque Jesús lo había sanado y por eso hizo un gran banquete.

»Mucha gente había llegado a la fiesta, los discípulos con Jesús, sacerdotes judíos y fariseos. En eso entró María, ¿quién era María? María había sido encontrada besando a un hombre que no era su esposo en plena luz del día, merecía la muerte, pero Jesús intervino y la defendió para que no la mataran apedreada, ella estaba feliz y agradecida con Jesús.

»Nadie la vio entrar, traía un frasco lleno de perfume de Nardo puro, costosísimo equivalía a un año de trabajo completo de un jornalero normal. Le derramó un poco de ese perfume a Jesús en su cabeza, enseguida se arrodilló y comenzó a llorar.

»¿Por qué lloraba? Porque ella sabía que Jesús pronto tendría que morir por nuestros pecados, también lloraba de gratitud, le lavó los pies con ese finísimo perfume, de inmediato la sala se llenó de ese lindo aroma. Todos se preguntaban:

»—¿Qué es lo que huele? ¿María? ¿María es la que está aquí derramando ese caro perfume?

»—¡Si Jesús fuera profeta sabría

que esta mujer es una pecadora! —dijo Simón en su corazón.

»Pero Jesús leyó su corazón y comenzó a decir:

»—A ver Simón, te haré una pregunta, hace tiempo existieron dos hombres que fueron a pedir prestado. "Señor venimos a pedir prestado, no tenemos dinero para alimentar a nuestra familia". "¿Cuánto necesitas tú?". "Yo necesito quinientos pesos", dijo uno y replicó otro: "Yo solo cincuenta, mi señor". Llegó el día de pago y ninguno de los dos pudo pagar su deuda, entonces el señor que les hizo el préstamo les perdonó la deuda a ambos. Dime Simón, ¿cuál de los dos amara más a este señor que les perdonó su deuda?

»Simón se quedó pensando y respondió:

»—Bueno al que se le perdonó más.

»—Bien has dicho Simón.

Simón entendió que él había sido curado de la lepra y que no había sido agradecido, al contrario, dudaba de quién lo había sanado y María, a diferencia de él, no le importó gastar todo su dinero en un fino perfume solo por agradar a Jesús; pero la mayor muestra de perdón fue la de Cristo Jesús, agradece a Dios por haber enviado a su único hijo, todo lo que hagamos no se compara con lo que Él hizo por nosotros.

Referencias:
Lucas 7: 36-48
Marcos 14: 3

LA VIUDA MÁS POBRE

"¿Robará el hombre a Dios? Pues vosotros me habéis robado. Y aún preguntáis ¿en qué te hemos robado?; en vuestros diezmos y ofrendas". (Malaquías 3: 8)

Mostramos amor a Dios devolviendo la parte que le toca en diezmos y ofrendas. Cierto día Jesús estaba enseñando a sus discípulos:

—Sean cuidadosos de no ser como los escribas (líderes religiosos que andan bien arreglados con finas ropas, aman que los saluden), les gusta sentarse en primer lugar, pero que se aprovechan de la gente pobre, de las viudas exigiéndoles dinero que no tienen para dar.

Los discípulos no entendían muy bien la clase, por lo que Jesús se los llevó al templo. Se acercó con ellos, cerca donde se depositan las ofrendas, luego comenzó a observar a la hora de entregarlas y se puso triste, al verlo, los discípulos le preguntaron:

—¿Por qué este triste Maestro?

Jesús les respondió:

—Miren, todos esos ricos cuánto dinero entregan en los tesoros del templo.

Sus discípulos le preguntaron:

—¿Acaso no te hace feliz eso, Maestro?

—No, ellos ya son ricos y ni siquiera son dignos de devolver la parte que a mí me corresponde, solo me dan de sus migajas, míralos y parece que están dando mucho, pero en comparación con lo que tienen, solo me dan migajas.

Todos pasaron a dejar una ofrenda, faltaban pocos, pero al final se acercó una mujer viuda, sola y muy calladita, ella volteó a ver que nadie la viera, sacó dos moneditas blancas, entonces Jesús se sonrió de alegría.

—¿Por qué te alegras maestro si ella dio una miseria? —le preguntaron sus discípulos.

—No —les respondió Jesús—, ella no dio una miseria, ella dio más de lo que podía dar, ella dio todo lo que tenía.

Oh alumnos, esta es una clase ejemplar que esta viuda nos da, no importa cuánto den lo que importa es tu fidelidad, que des en proporción con las bendiciones que Dios te da.

Referencias:
Marcos 12: 41-44
Lucas 21: 1-4

PARÁBOLAS DE JESÚS
NO VOY O SÍ VOY

"De cierto os digo que los publicanos y las rameras van delante de vosotros al reino de Dios". (Mateo 21: 28-32)

Cuando prometas hacer algo de verdad, cúmplelo. A Güerita y a Güerito les habló su papá diciéndoles:

—¡Chicos! ¡Vamos, ayúdenme a limpiar el patio!

—Qué flojera papi, no voy —dijo Güerita.

—Sí, voy papi, espérame, en un ratito llego —dijo Güerito.

Güerita llegó enseguida, ella había dicho que no y Güerito dijo que sí, pero al final no fue. El papá se molestó tanto con Güerito que le tuvo que contar una de las historias de Jesús para reprender a su hijo mentiroso:

—Escúchame bien güerito, cierto día Jesús estaba en el templo enseñando, los fariseos y los escribas querían que Jesús dijera algo que lo comprometiera para matarlo, como he dicho antes, lo odiaban.

»Así que Jesús siempre les hablaba con amor y bondad para que se arrepintiesen, pero en esta ocasión les habló muy clarito:

»—¿Qué le parece esta historia? —les dijo—. Un hombre tenía dos hijos, y acercándose al primero, le dijo: "Hijo, ve hoy a trabajar en mi viña". Respondiendo él, dijo: "No quiero"; pero después, arrepentido, fue y acercándose al otro, le dijo de la misma manera; respondiendo él: "Sí, señor, voy". Y no fue. ¿Cuál de los dos hizo la voluntad de su padre? —Dijeron ellos:

»—El primero. —Jesús les dijo:

»—De cierto os digo, que los publicanos y las rameras van delante de vosotros al reino de Dios. Ustedes no me quieren obedecer, ni siquiera se mueven con los tantos milagros que han visto. Pero los publicanos y las rameras me siguen, muchos se han arrepentido de sus pecados, pero ustedes no.

»Así que Güerito no seas como estos escribas y fariseos que, aunque aparentaban obedecer a Dios, no le obedecían a su Hijo que vino a esta tierra, a pesar de haber presenciado milagros y escuchar su palabra.

Güerito se quedó reflexionando en esta historia llena de mucha enseñanza para todos.

Referencias:
Mateo: 21: 28-32

PARÁBOLAS DE JESÚS ENCONTRÉ LA MONEDA PÉRDIDA

"'Así os digo que hay alegría ante los ángeles de Dios por un pecador que se arrepiente'".
(Lucas 15: 10)

Dios se alegra cuando te arrepientes de portarte mal. ¿Alguna vez se te ha perdido dinero?, o ¿se te ha perdido algo de mucho valor que pensaste nunca más recuperarlo? A veces podemos recuperar lo que perdemos y a veces no, pero cuando lo encontramos, se siente mucho gozo y como que descansamos de tanto pensarlo.

Te contaré la historia de una mujer que perdió una moneda y no era cualquier moneda, era de plata, yo nunca he visto una de plata, ¿tú sí? Ella se puso a limpiar su casa, le gustaba tener su casa limpia, ella tenía algunas cosas de valor, pero lo más valioso para ella eran sus diez monedas.

¿Cuántas eran? Eran diez. Ella las cuidaba, decía: "Ay, mis monedas son mi futuro, con este dinero que tengo si algún día me enfermo o pierdo mi empleo voy a salir adelante". Regularmente se sentaba a contarlas una y

otra vez, las acariciaba, las olía, también limpiaba bien el lugar donde las tenía. Como cualquier otro día, comenzó a contarlas: "Una, dos, tres, cuatro, cinco, seis, siete, ocho, nueve..., ¿y la diez?, ¿dónde está?, ¿dónde?, ¡no es posible! Perdí una moneda".

—Amigas perdí una moneda de plata, qué descuidada soy.

En medio de llanto y tristeza les contó a sus amigas, quienes le decían:

—Sigue buscando, en tu casa ha de estar.

—Sí, la seguiré buscando —contestó con lágrimas en los ojos, ¡pobre mujer!

Seguía lamentándose: "¿Qué voy a hacer sin ella? Mi futuro..., es demasiado dinero perdido, solo por mi culpa, ¡tengo que encontrarla!

Así que ella agarró su escoba y comenzó a barrer, busco todo el día, lo hacía con mucho cuidado, tomó una lámpara porque ya estaba oscureciendo, ya no se veía casi nada. Buscó, ella barrió, barrió una y otra vez, de repente levantó un bote que estaba debajo de su cama. Adivina, allí estaba la moneda trabadita debajo, por eso no la encontraba.

—¡Ay, mi moneda!, ¡qué feliz estoy!, ¡aquí está mi moneda! —Me imagino que esta vez lloro de alegría

—Amigas ya encontré mi moneda, encontré lo que se me había perdido, haré una fiesta, ¡no falten! Ahora en mi casa hay gozo y paz.

Cuando tú desobedeces, mientes, robas o haces algo malo, Dios se pone triste, pero si tú te arrepientes, pides perdón y te alejas del mal, así como esta mujer hizo fiesta por su moneda perdida, Dios también se goza en el cielo.

Referencias:
Lucas 15:8-10

LOS SACERDOTES MALVADOS

"Por tanto, os digo que el reino de Dios será quitado de vosotros y será dado a gente que produzca los frutos de él". (Mateo 21:43)

Debes estar atento a consejos y enseñanzas de tus padres. Los sacerdotes y dirigentes judíos tramaban matar a Jesús y si hubiesen podido lo mataban allí mismo en el templo en donde estaba, pero tenían miedo, porque mucha gente le seguía y claro que lo defenderían de ellos. Así que solo seguían sus pasos.

Ahora te contaré la historia que Jesús les relató para ver si se arrepentían de sus pecados, pero para que la entiendas te daré una pequeña fórmula:

Dueño del campo: Dios Padre.

Viña: pueblo.

Cerca: ley de Dios.

Siervos: los profetas.

Su hijo: era Jesús.

Labradores: sacerdotes y dirigentes judíos.

¿A ti te gusta comer uvas? Son muy ricas, aunque déjame contarte que conozco a algunas personitas que no les gustan, en algunos lugares son muy caras conseguirlas, por eso no muchos pueden disfrutarlas.

Este era un hombre, padre de familia, el cual plantó una viña (uvas), la cercó de vallado, cavó en ella un lagar (hueco de piedra que se usa para pisar las uvas y sacar su jugo), edificó una torre y vio que había unos señores que no tenían trabajo, mucho menos cómo alimentar a su familia así que les dijo:

—Tengo que hacer un viaje de improviso, muy lejos de aquí y no sé cuándo voy a volver, si quisieran les puedo dejar mi viña que acabo de plantar, ustedes la cuidan, cuando llegue la cosecha, venden la fruta, venden su jugo y con eso viven.

—¿Pero qué nos vas a pedir a cambio? —preguntaron estos hombres labradores.

El dueño respondió:

—Bueno solo les cobraré un porcentaje de dinero equivalente a lo que vale mi viña.

—Trato hecho —dijeron estos buenos hombres.

Llegó el día de la cosecha, se vendió muy bien la fruta y sacaron mucho jugo, estos hombres se hacían ricos cada día. Hasta que cierto día arribó un viajero que les dijo:

—¡He venido de muy lejos, el dueño de este viñedo me manda a cobrar el dinero que le deben!

—¿El dinero que le debemos? ¡Nosotros no le debemos nada! De seguro tú no eres enviado por él y ¿qué tal si nos estás mintiendo? Vete de aquí, sino te vamos a apedrear. ¡Vete! No te

queremos ver —le gritaron a este siervo, y así uno tras otro envió este dueño
a varios siervos y todos regresaban con
las manos vacías.

Hasta que el dueño dijo:

—¿Cómo que estos labradores no
me quieren pagar? Mejor voy a enviar
a mi hijo, a ver si a él si le pagan.

Al saber estos labradores que venía
el hijo del dueño dijeron entre ellos:

—Ahora si viene el heredero, mejor matémoslo, no vaya a ser que nos
quite la viña y nos vamos a quedar de
nuevo sin nada.

¿Pero la viña era de ellos? No, no
era de ellos, así que cuando llego el
hijo del dueño, lo sacaron afuera y lo
mataron. ¿Y ahora qué hará el dueño
cuando venga a recuperar su viña? ¿Tú
qué crees? ¡Claro que los matará! Así
como hicieron con su hijo y la viña se
la arrendará (prestará) a otros labradores que sean buenos.

Y así termina la lección que Jesús
les dio a estos dirigentes judíos, solo
ellos pudieron entender el mensaje, la
gente común no entendió mucho, pero, aun así, no desistieron de matarlo.

Invitación: Dios es el dueño de tu
vida, entrégate él.

Referencias:
Lucas 20: 1-18
Mateo 21: 33-46

PARÁBOLAS DE JESÚS COMO LADRÓN EN LA NOCHE

"Por tanto, también vosotros estad preparados, porque el Hijo del Hombre vendrá a la hora que no pensáis".
(Mateo 24: 44)

—Daniel, alístate que ya es hora de ir al templo.

—No mami, no quiero ir a la iglesia, se me hace aburrido, no hay nada que me entretenga.

Danielito prefería quedarse viendo televisión todo el día o mejor se iba con sus amiguitos a jugar y a hacer travesuras en el barrio. Su madre se le acercó diciéndole:

—Danielito necesito escuches esto, un día Jesús vendrá por ti y por cada uno de sus hijos, ¿quieres ir al cielo con Jesús?

—Sí mami, sí quiero ir, yo no me quiero quedar aquí.

—No, ¿verdad? Entonces Danielito tienes que estar preparado para cuando venga Jesús.

—¿Y cuándo va a venir Jesús?

—Bueno el día nadie lo sabe, solo sabemos que va a venir, así como cuando los ladrones llegan a robar las casas. Y para que estemos preparados Jesús nos dijo que será como el ladrón en la noche. —Para que Danielito entendiera mejor se lo ilustró de la siguiente forma—: Si supieras cuándo va a venir un ladrón a tu casa, ¿qué harías Danielito?

Él contestó:

—Pues me preparo, pongo trampas por toda la casa, le llamo a la policía para que lo atrapen, agarro palos, piedras para que no me quite nada, eso haría mami.

—Solo que para recibir a Jesús no necesitas palos, ni piedras ni trampas solo necesitas estar orando y obedeciendo a Dios. Y si Jesús viene y te encuentra jugando maquinitas con tus amigos o robando los mangos de la vecina, ¿será que irías al cielo?

Danielito respondió:

—Yo creo que no mami.

—Así que Danielito, lo más importante es qué te prepares por amor, porque Jesús te ama mucho desde antes que nacieras.

Así que Danielito se bañó, se puso guapo, se perfumó y se fue a escuchar palabra de Dios, comenzó a orar y a estudiar más la Biblia.

Referencias:
Mateo 24: 42-51.
Lucas 12: 42-46

SALGAN FUERA

"Escrito está: 'Mi casa es casa de oración, pero vosotros la habéis hecho cueva de ladrones'". (Lucas 19: 45-48)

La casa de Dios es un lugar para adorar con reverencia. Jesús acababa de tener una entrada triunfal en Jerusalén, la gente le había gritado:

—¡Hosanna! ¡Bendito el que viene en el nombre del Señor!

Ahora se dirigía al templo. Un hermoso edificio que brillaba con el resplandor del sol, pero al entrar vio algo que le causó mucha tristeza:

—¡Vendo una oveja barata!, ¡vengan!

—¡Acá están las palomas más puras y limpias para sus ofrendas! ¡Vengan y compren!

—¡Aquí tenemos el mejor aceite!

Por todos lados se escuchaba el sonido de ventas, justo en el atrio del templo:

—Esto no debe seguir así —dijo.

"Meee, mee! Las ovejas mugían, las palomas cantaban y las monedas sonaban. La gente enferma no podía entrar a adorar al templo, los más pecadores tampoco se podían acercar, ya que estaba prohibido para este tipo de personas. ¡Eso era injusto! Por eso Jesús se puso triste al ver lo que pasaba

Jesús vino a hacer reformas, los líderes de esos tiempos habían malentendido el significado de las ofrendas y ahora solo buscaban ganancias económicas con los ritos establecidos.

Para estos tiempos, los adoradores ni se podían concentrar en la meditación y alabanza. Imagínate que ahora tú estés en el templo y escuches tantos sonidos de animales, de vendedores y de monedas, ¿será que podrías concentrarte en tu oración? No, ¿verdad que no? ¿Qué crees que hizo Jesús? Agarró y se enojó mucho, entró tirando mesas, sillas, y diciendo:

—¡Salgan de mi casa!, ¡mi casa es casa de oración! No es para que anden haciendo negocios, no es para que se aprovechen de la gente que de verdad quiere adorar, saquen a estos animales de aquí —les dijo con tal autoridad que todos salieron corriendo asustados.

Después Jesús invitó a los enfermos a entrar y los comenzó a sanar. Esta represión no les agradó a los escribas y fariseos, pero así lo hizo para dejarnos una lección a nosotros: la casa de Dios es solo para adorarlo a Él, no es un lugar de negocio, no es lugar de comer, correr, gritar o platicar con tus amigos. Por supuesto que Dios ama a los niños y se pone feliz cuando mostramos reverencia.

Referencias:

Lucas 19: 45-48

Mateo 21: 12-17

¿QUÉ ES ESO? ¡UN FANTASMA!

"En paz me acostaré y asimismo dormiré, porque solo tú, Jehová, me haces vivir confiado". (Salmos 4: 8)

Cuando tengas miedo, ora y confía en Dios. ¿Te da miedo la oscuridad?, ¿los animales feroces? Quiero que pongas mucha atención a esta historia que ocurrió de verdad, no solo tú por ser pequeño(a) te asustas, también los adultos nos asustamos.

La noche estaba cayendo, los pajaritos estaban volando cada uno a sus nidos para irse a dormir y Jesús estaba cansado. Ese día había trabajado mucho, había alimentado a más de cinco mil personas, bueno era muchísima gente, también había sanado a varios enfermos, a los cuales les había predicado y contado muchas historias, porque al Hijo de Dios le gustaba contar historias. Entonces les dijo a sus discípulos:

—Voy a despedir a la gente que vino a escucharme, mientras ustedes súbanse a la barca y adelántense al otro lado del mar, voy a ir a orar a mi Padre.

¿A ti te gusta orar? Espero que sí, así que ellos obedecieron y se fueron, pero ¿sabes qué pasó?

Un gran viento comenzó a soplar, los discípulos estaban en medio del mar, ya era tardísimo, como entre las tres y las seis de la madrugada la gente dormía, menos ellos. El viento soplaba fuerte: "Fuu fuuuu".

Los amigos de Jesús remaban con todas sus fuerzas y no lograban llegar a la orilla del mar, Jesús los vio de lejos ya cansados, así que comenzó a caminar sobre el agua para llegar a la barca con ellos. Escuchaste bien, ¿tú has visto a alguien caminar sobre el agua sin hundirse? Yo no, pero imagínatelo.

Los discípulos estaban en la obscuridad luchando con el fuerte viento cansados y de repente a lo lejos ven que se acercaba algo, pero no lograban distinguirlo. Entonces comenzaron a gritar de miedo:

—¡Un fantasma!, ¡un fantasma!

Pero enseguida Jesús les habló diciendo:

—Soy yo, no tengan miedo.

Enseguida ellos lo reconocieron y dijeron:

—¡Es Jesús, nuestro Maestro!

Entonces Jesús subió a la barca con ellos y la tempestad se calmó. Ellos, los discípulos, lo adoraron y creyeron que Él que estaba con ellos era el Hijo de Dios.

Cuando tengas miedo confía en Jesús y en que tienes un gran amigo que te cuida y siempre está a tu lado.

Referencias:

Mateo 14: 22-32

ENTREVISTA CON JESÚS DE NOCHE
NICODEMO 1

"Y en ninguna otra salvación, porque no hay otro nombre bajo el cielo, dado a los hombres en que podamos ser salvos". (Hechos 4: 12)

No tengas pena de ir al templo, allí aprenderás mucho sobre Jehová.

"¿Quién es ese Jesús?", se preguntaba Nicodemo en sus adentros. "¿Será cierto todo lo que dice? He visto alguno de los milagros que hace, ¡nadie como Él! Es un gran maestro enviado de Dios, pero ¿acaso será el Mesías? Como me gustaría hablar con Él, pero no, nadie debe verme hablar con ese Maestro. Además, ese Jesús no asistió a ningún salón de clases para recibir formalmente estudios, ¿cómo es que sabe tanto? Si el pueblo llega a verme hablar con Él, ¿qué dirán de mí? No, por ningún motivo me presentaré ante Él en público".

Nicodemo tenía pena, era un orgulloso fariseo, ocupaba un gran lugar entre los dirigentes judíos, único en su especie, ya que la mayoría odiaba a Jesús, pero este tenía muchas dudas. ¿Alguna vez te ha dado pena aclarar alguna duda frente a tus compañeros? ¿Qué sientes cuando ellos se burlan de tu pregunta? O ¿mejor le preguntas en secreto a tu maestro?

Esto pasó con Nicodemo. Tenía dudas, pero no sabía cómo acercarse a Jesús. "¿Cómo le haré?", se preguntaba. "¡Ya sé! Lo entrevistaré en secreto que nadie me vea". Así que investigó hasta que supo que a Jesús le encantaba ir a orar en el Monte de los Olivos.

Entonces espero hasta que todos se fueran dormir, luego se acercó despacio ante Jesús, allí estaban solos, luego le habló:

—Rabí, sé que eres enviado de Dios, haces muchas maravillas aquí, eres poderoso, nadie como tú. —Y le dio tantas vueltas.

Jesús solo le quedó mirando y antes de que él preguntara, Jesús comenzó a aclarar todas sus dudas.

Fue así como este personaje se presentó ante Jesús de noche, allí Nicodemo abrió sus ojos a una nueva verdad que transformaría su vida para siempre; así que de Nicodemo aprendemos que todo lo que estorbe el presentarte ante Dios, debes hacerlo a un lado, tu familia, amigos, costumbre, pena, Jesús te conoce bien, solo debes buscarle.

Referencias:
Juan 3: 1-3
DTG, Cap. 17.

¿CÓMO PUEDE EL HOMBRE NACER DE NUEVO?
NICODEMO 2

"Respondiendo Jesús: de cierto, de cierto te digo que el que no naciere de agua y del espíritu no puede entrar en el reino de Dios".
(Juan 3: 5)

El bautismo es necesario para perdón de pecados, símbolo de evidencia de arrepentimiento. Nicodemo era un fariseo líder de Israel, que tenía muchas dudas sobre Jesús, cierto día se le acercó con todo su orgullo y arrogancia, pero Jesús, siempre tan amable y respetuoso, le explicó algunos de los misterios.

—Oh Nicodemo, ¿por qué dudas tanto acerca de mi misión en esta tierra? Lo único que necesitas es nacer de nuevo, el que no nace en el agua y en Espíritu no podrá entrar en el reino de Dios.

—¿Yo nacer de nuevo? Ya no necesito más para entrar en el cielo, si ya soy digno del cielo, yo que doy muchos diezmos y ofrendas, ¿necesito nacer de nuevo? Yo que guardo estrictamente los diez mandamientos,

¿cómo se podría hacer esto? —preguntó asombrado.

Aunque él ya sabía de lo que le hablaba Jesús, Nicodemo era un estricto guardador de la ley, pero lamentablemente con todo y eso, no podía reconocer al Salvador del mundo, ¿será que realmente amaba a Dios o era pura apariencia? Claro que lo era, solo era apariencia, en su corazoncito no había espacio para Dios. Jesús le dijo:

—Necesitas un cambio de pensamiento, cambio de mente, ¿y quién puede hacer este cambio? —Jesús le respondió—: Este cambio lo hace solamente el Espíritu Santo. ¿Puedes escuchar el sonido del viento?

—Sí.

—¿Ves el viento?

—No.

—¿Sabes de dónde viene el viento?

—Tampoco.

—Bueno, así es el Espíritu Santo es invisible, poco a poco toca corazones que se convierten de sus malos caminos, solo debes leer la Biblia, orar, cantar o escuchar la palabra de Dios para que Él obre en tu vida.

Nicodemo se preguntaba:

—¿Acaso debo dejar de ser fariseo? ¿Debo dejar de ser tan orgulloso y egoísta? ¿Debo dejar esta vida?

—Sí, Nicodemo, yo vine para establecer un reino espiritual para que todos los seres humanos, niños y jóvenes aprendan a amarme y a obedecer por amor a mí y no por obligación.

¿Qué habrá pasado con Nicodemo?, ¿será que cambio su vida?, ¿dejó de ser fariseo?

Claro que sí, una entrevista con Jesús es lo que le faltaba, después de que uno busca a Dios y lo escucha, no hay ningún corazón que no caiga rendido a sus pies.

Después de que Jesús murió y resucitó, Nicodemo dejó su puesto, dedicó todo su dinero a la nueva iglesia.

Referencias:
Juan 2: 1-15
DTG, Cap. 17

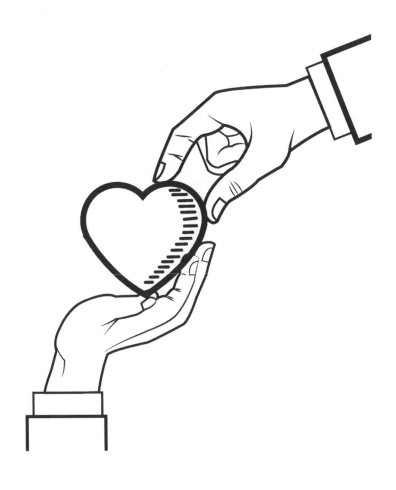

¡DAME DE ESA AGUA! LA SAMARITANA 1

"Mas el que bebiere del agua que yo le daré, no tendrá sed jamás; sino que el agua que yo le daré será en él una fuente de agua que salte para vida eterna". (Juan 4: 14)

El agua simboliza a Jesús en nuestras vidas. ¿Qué haces cuando te da sed? Pues tomas agua, ¿verdad? ¿Qué dirías si un desconocido se acerca y te dice que te puede dar agua, un agua especial que con ella nunca más te dará sed? Tal vez ni le creas o tal vez le pedirías para no tener sed nunca más.

Era mediodía, el sol calentaba fortísimo, Jesús iba a Galilea, junto a sus discípulos, pero ya estaban con hambre y cansados, así que se detuvieron junto a un pozo (pozo de Jacob), en una ciudad llamada Samaria. Jesús les dijo:

—Vayan a comprar algo para que comamos, yo me quedaré a descansar aquí, pero vuelvan pronto.

Los samaritanos y los judíos no se llevaban bien en esos tiempos, incluso ni se hablaban, solo para lo necesario.

Entonces Jesús, cansado del camino, se sentó así junto al pozo, vino una mujer de Samaria a sacar agua; esta mujer llevaba una vida de muchos errores, era mentirosa y le gustaba robar lo ajeno.

Al llegar ella, llenó su cántaro, pero ni se percató que allí había un hombre, estaba por retirarse cuando Jesús le dijo:

—Dame de beber.

La mujer samaritana le dijo:

—¿Cómo tú, siendo judío, me pides a mí de beber, que soy mujer samaritana?

Respondiendo Jesús le dijo:

—Si conocieras el don de Dios y quién es el que te dice: "Dame de beber; tú le pedirías, y él te daría agua viva".

Esta mujer se quedó pensando y aunque no comprendía bien con quién hablaba, pudo darse cuenta de que esas palabras significaban algo bueno, luego contestó:

—Señor, no tienes con qué sacarla y el pozo es hondo. ¿De dónde, pues, tienes el agua viva? ¿Acaso eres tú mayor que nuestro padre Jacob, quien nos dio este pozo, del cual bebieron él, sus hijos y sus ganados?

Esta mujer estaba frente al agua de vida y aún no lo sabía. Respondiendo Jesús le dijo:

—Cualquiera que bebiere de esta agua, volverá a tener sed; si no que el agua que yo le daré será en él una fuente de agua que salte para vida eterna.

La mujer le dijo:

—Señor, dame esa agua, para que no tenga yo sed, ni venga aquí a sacarla.

El agua de la que Jesús le hablaba era de él mismo, esta mujer tenía que aceptar a Jesús en su vida para dejar de pecar, dejar de buscar la felicidad en otros dioses, dejar sus prejuicios sobre la gente judía y amar al único y verdadero Dios.

En la siguiente historia seguiremos estudiando sobre la Samaritana.

Referencias:

Juan 4: 1-15

DTG, Cap. 19

¿CÓMO SABE TANTO SOBRE MÍ? LA SAMARITANA 2

"Venid, ved a un hombre que me ha dicho todo cuanto he hecho, ¿no será este el Cristo?". (Juan 4: 29)

Hay cosas que tus padres saben de ti que ni te lo imaginas, por eso es mejor que les cuentes todo. ¿Alguna vez hiciste algo bueno o malo que pensaste que tus padres no se darían cuenta?, ¿qué sentiste cuando te enteraste que ya lo sabían?, ¿no me dejaras mentir que a veces te has llegado a sentir apenado, verdad?

En la historia pasada te conté de cómo Jesús le hablo a una mujer Samaritana y le había ofrecido agua eterna, bueno ella estaba cansada de tener que ir por agua al mediodía, justo a la hora del fuerte calor.

A ver dime si a ti te tocara ir a cargar agua para tu casa, ¿a qué hora irías?, ¿en la mañana, al mediodía o por la tarde?

Yo creo que irías muy temprano, pero al mediodía no porque hace calor, ¿por qué será que esta mujer iba justo a esta hora?, ¿quieres saber por qué?

Como este hombre le ofrecía agua que nunca se le acabaría, ella le dijo:

—Señor, dame esa agua, para que no tenga yo sed, ni venga aquí a sacarla.

Pero esta mujer no sabía que venía lo mejor, para poder tener de esa agua de la que hablaba Jesús, ella tenía que portarse bien, porque hasta ahora no había sido buena. Jesús le dijo:

—Ve, llama a tu marido y ven acá.

Respondió la mujer:

—No tengo marido.

Jesús le dijo:

—Bien has dicho: "No tengo marido". Porque cinco maridos has tenido y el que ahora tienes no es tu marido; esto has dicho con verdad.

"¿Cómo sabe mi vida este desconocido?", se quedó pensando.

Luego habló diciendo:

—Señor, me parece que tú eres profeta, ¿cómo es que eres judío?

El único detalle es que esta mujer siempre pensó que los judíos no eran dignos de ser tratados, que no eran dignos de ser imitados, así que Jesús le aclaró todas sus dudas al decirle que lo importante era adorarle en espíritu y en verdad. A lo que la mujer respondió:

—Sé que ha de venir el Mesías, llamado el Cristo; cuando Él venga nos declarará todas las cosas.

Jesús le dijo:

—Yo soy, el que habla contigo.

Al oír esta palabra su fe por Jesús nació en ese instante y aceptó esa gran verdad en su vida. Hubo un cambio del agua por un reconocimiento de un cambio en su vida. Entonces salió corriendo gritando a grandes voces, ya ni del agua se acordó:

—¡Vengan, vean a un hombre que me ha revelado todo lo malo que he hecho! ¡De seguro es Cristo, el Salvador!

Muchos creyeron en Él, sus vidas nunca fueron igual.

Referencias:
Juan 4: 1-42
158

¿QUIÉN ES MI PRÓJIMO?

"Aquel, respondiendo, dijo: 'Amarás al Señor tu Dios con todo tu corazón, y con toda tu alma, y con todas tus fuerzas, y con toda tu mente; y a tu prójimo como a ti mismo'".
(Lucas 10: 27)

Los niños que dicen amar a Dios también son aquellos que realizan actos de bondad. ¿Tú sabes quién es tu prójimo? Bueno tu prójimo es tu vecino, tu amigo, el que está cerca de ti, con los que te encuentras en la calle, en fin, son todos aquellos que nos rodean. Para ilustrarte un poco más, te contaré esta historia...

Un hombre descendía de Jerusalén a Jericó y cayó en manos de ladrones, los cuales le despojaron; e hiriéndole, después se fueron, dejándole medio muerto. ¡Pobrecito! Este hombre quedó lastimado, las heridas le sangraban, él pedía ayuda:

—¡Auxilio! ¡Auxilio! —gritaba con voz suave tirado en medio del camino.

Aconteció que descendió un sacerdote por aquel camino y viéndole, pasó de largo. Los sacerdotes eran como los pastores ahora, ellos sabían muy bien que debían ayudar al necesitado, pero pensó que era un samaritano y no lo ayudó. ¿Qué pensarías si pasa tu pastor, te ve malherido o con hambre, o perdido y no te ayuda? Te pondrías muy triste, ¿verdad? Pues este sacerdote orgulloso dijo:

—¿Para qué ensuciarme con este hombre? Si lo llego a tocar, quedaré inmundo.

Así mismo un levita, llegando cerca de aquel lugar, y viéndole, pasó de largo. Un levita era algo así como un líder espiritual o un miembro de iglesia, ¿será que este levita estaba haciendo bien con hacerse a un lado? Claro que no, era su deber ayudar.

Todo el cielo miraba esa escena, ¿quién se apiadará de este pobre hombre?

—¡Auxilio, auxilio! —pedía ayuda.

Pero un samaritano, que iba de camino, vino cerca de él, y viéndole, fue movido a misericordia; y acercándose, vendó sus heridas, echándoles aceite y vino; y poniéndole en su cabalgadura, lo llevó al mesón, y cuidó de él. Otro día al partir, sacó dos denarios, y los dio al mesonero, diciéndole:

—Cuídamele, todo lo que gastes de más, yo te lo pagaré cuando regrese.

¡Bravo un samaritano puso el ejemplo! Ni se fijó que era judío, él solo ayudó al que necesitaba de él.

¿Quién de estos tres te parece que fue el prójimo del que cayó en manos de los ladrones, el sacerdote, el levita o el samaritano? Claro, el que tuvo misericordia. Entonces Jesús le dijo:

—Ve, y haz tú lo mismo, por eso no te fijes qué clase de persona sea, si te toca ayudar hazlo, el cielo entero nos observa, tu recompensa será grande en el reino de los cielos.

Referencias:

Lucas 10:25-37

DTG. Cap. 54

Hebreos 5:2

Lucas 4:18

¡TRÁIGANME A TODOS LOS NIÑOS!

"Entonces Jesús les dijo: 'Dejad a los niños venir a mí y no se lo impidáis, porque de los tales es el reino de los cielos'". (Mateo 19: 14)

Cristo ama a los niños, te ama a ti y a mí. ¿Será que Jesús se interesa por los niños? En una ocasión un pequeñín me dijo:

—No quiero ir al templo porque esos hermanos que se visten de blanco con negro, siempre me andan sacando, me dicen que soy muy escandaloso.

¿Alguna vez te han sacado del templo? A mí me ha tocado ver como algunos hermanos se molestan cuando ven que un niñito llora o está un poco inquietito. Pero déjame decirte que Jesús se pone muy feliz cuando tú vas a la iglesia.

Cierto día, cuando Jesús estuvo aquí, varias madres se unieron y dijeron:

—¿Qué les parece si vamos a ver a Jesús?

—Sí, vamos —dijeron algunas.

—Yo quiero que él ponga sus manos sobre mi Anita, se me ha puesto muy desobediente últimamente.

—Sí —contesto otra—, mi Carlitos se me enferma mucho; creo que todas necesitamos de su bendición.

Así que varias madres tomaron a sus hijitos y se dirigieron a donde estaba Jesús. Al llegar los discípulos se les quedaron viendo:

—¿Qué hacen aquí con tanto niño?

—¿Acaso no ven que son muy escandalosos y no dejaran que nuestro Maestro predique y sane a los adultos? ¡Váyanse!

Las madres se pusieron tristes y se disponían a retirarse. ¡Qué malos discípulos!, ¿verdad? Algunos hermanos a veces se portan como ellos. Pero a nuestro buen Jesús no se le pasa ninguna injusticia, así que dijo:

—Discípulos, dejen a los niños que vengan a mí, no se los impidan, porque de ellos es el reino de los cielos.

Las madres se pusieron felices. Ahora le llevaron a sus hijitos a los pies de Jesús. Ahora imagino a los niños tocando su cabello, tocando su ropa, oliendo sus manos, porque los niños son muy curiosos, me imagino a alguno sentado en sus piernas.

Ese día Jesús los bendijo, dejándonos ejemplo de que debemos dejar que los niños se acerquen en la iglesia, velar porque aprendan y no les falte nada para su crecimiento espiritual; pero, a pesar de todo ello, tú como hijito de Dios, te invito a que seas reverente en la casa de Dios, porque Jesús te ama y desea que siempre asistas en su casa de oración.

Referencias:

Mateo 19: 13-15

¿QUIÉN LAVARÁ LOS PIES?

"Pues si yo, el Señor y el Maestro, he lavado vuestros pies, vosotros también debéis lavaros los pies los unos a los otros". (Juan 13:14)

Sé humilde en todo momento. Déjame contarte que en los tiempos de Jesús era una costumbre que cuando llegaban visitas a una casa, un siervo lavara los pies de la visita.

Jesús iba a tener una cena muy privada y especial únicamente con sus discípulos, esta sería la única y la última, porque el Hijo de Dios estaba a punto de morir para resucitar e irse a casa con su Padre.

Todos llegaron felices, bien bañaditos, arreglados y felices porque pensaban que Jesús se propondría como rey al siguiente día, los discípulos pensaban que el reino de Dios sería aquí en la tierra. Pero esa noche se preguntaban:

—¿Y quién nos lavará los pies?

—Si ahora no hay siervo, ¿quién lo hará?

Nadie se atrevía a humillarse tanto como para lavar los pies de todos. Enseguida llegó Jesús, tomó una toalla que había dispuesta, tomó una vasija, le puso agua y se dispuso a lavar los pies de todos. Los discípulos se preguntaban:

—¿Jesús nos lavará los pies? ¿El futuro rey nos lavará los pies?

Algunos se pusieron rojos de la vergüenza que su Maestro les lavara los pies, esto no podía estar pasando, pero Jesús calladito avanzaba uno a uno. Hasta que llegó con Pedro, este le dijo:

—¿Tú me lavarás los pies? —Respondiendo Jesús también dijo:

—Lo que yo hago tú no lo comprendes ahora, pero lo entenderás después. —Pedro le contestó:

—No me lavarás los pies jamás, ¿cómo crees?

—Pedro, si no te lavo los pies, no tendrás parte conmigo. —Esa fue la respuesta final de Jesús, Pedro pensaba que no tendría parte en su reino terrenal, él no entendía bien que era en el reino de los cielos. Así que de todas formas dijo:

—Señor, si es así, mejor lávame completo.

Este ejemplo que Dios nos dejó es el que debemos seguir, no debemos ser orgullosos, debemos ser humildes como Jesús y aprender a servir en todo momento.

Referencias:
Juan 13: 1-9

RODY AGUILAR CRUZ

HUBO SILENCIO EN EL CIELO

"La hora viene, y ha venido ya, en que seréis esparcidos cada uno por su lado y me dejaréis solo: pero no estoy solo, porque el Padre está conmigo". (Juan 16:32)

Fue por amor a ti y a mí que Jesús murió en una cruz. Ahora te explicaré el momento exacto cuando nuestras vidas dependieron por completo de Jesús, o vivíamos o moríamos.

Jesús vino a salvarnos, a dejarnos ejemplo de cómo conducirnos en esta vida, solo que para poder tener esperanza Él debía morir. El momento se acercaba, el Hijo de Dios se fue con sus discípulos a donde siempre le gustaba orar.

Él estaba triste y en silencio, ¿te imaginas lo que estaba sintiendo? Se encontraba a punto de morir, él sabía que en breve vendrían a prenderlo con cadenas y se lo llevarían directo a su muerte, ¿te has puesto a pensar en eso?, ¿qué sentirías si te tocara saber que ya vas a morir?

Jesús el rey del universo, el Hijo amado del Padre, que tenía todo a sus órdenes, gloria, poder, honra, majestad, vino a esta tierra llena de pecado por amor a nosotros. Iba triste a orar, a pedir ayuda a su padre, por eso les dijo a sus discípulos:

—Quédense aquí y oren por mí.

Solo que sus discípulos se durmieron por tres ocasiones seguidas, cuando regresaba, los despertaba.

—Eh, amigos, ¿por qué están durmiendo? Oren por mí.

Ellos no se aguantaban el sueño y se volvían a dormir cuando Jesús se retiraba. Satanás se había preparado muy bien, porque si Jesús decidía no morir, de seguro él ganaría y sería el dueño de este mundo, sin duda nosotros estaríamos perdidos para siempre. Satanás atormentaba a Jesús diciendo:

—¿Por qué vas a morir por esta gente? Ellos te van a matar, uno de tus discípulos ya te traicionó, mejor vete con tu Padre. ¿Por qué sufres?

Imagínate a Jesús sufriendo la agonía de su muerte exclamando con voz quebrada y triste:

—¡Padre mío, si es posible, pase de mí este vaso, pero que no sea como yo quiero, sino como tú!

Este era un momento culminante, como seres humanos éramos culpables y merecíamos la muerte, nuestra suerte estaba solo en sus manos. Jesús quería evitar la muerte, pero siempre obedeció a su Padre y confió en él.

¿Será que Jesús morirá por nosotros? En un instante Jesús vio nuestra triste suerte, observó nuestro futuro. Si él no decidía salvarnos, tendríamos un triste fin. Así que tomó la decisión de morir justo en ese instante, decidió sufrir sea lo que fuere para salvarnos de las garras del enemigo.

Habiendo tomado esa decisión, cayó moribundo ya sin fuerzas de tanto sufrimiento, el peso del pecado de toda la humanidad lo hizo sudar gotas de sangre. Entonces hubo silencio en el cielo, las arpas dejaron de tocar, los ángeles y los mundos no caídos observaron con atención a Jesús postrado ya sin fuerzas.

Fue ahí que aquel ángel que ocupó el lugar de Satanás cuando fue despojado del cielo, fue enviado por el padre para dar consuelo y ánimo a su hijo. Bajó y abrazó a Jesús ya sin fuerzas, mostrándole los cielos abiertos dijo:

—Muchos serán salvos por ti, verás a muchos seres humanos eternamente salvados.

Luego una paz celestial se vio en el rostro manchado de sangre de Jesús. A partir de allí, nuestra salvación fue todo un éxito. Ahora tenemos esperanza de vida eterna, ¡gracias a Jesús!, de no ser por él, ¿qué sería de nosotros?

Jesús te amo antes de nacer, por eso, tú debes entregarle tu pequeño corazón.

Referencias:
Mateo 26: 36-46
Marcos 14: 32-50
Lucas 22: 39-53
Juan 18: 1-12,
DTG, Cap. 72, "Getsemaní".

EL JUICIO

"Porque Dios traerá toda obra a juicio, incluyendo toda cosa oculta, buena o mala".
(Eclesiastés 12:14)

Algún día seremos juzgados (sentencia, decisión final). Si tienes un hermanito o una hermanita de seguro podrás contestarme más rápido, ¿qué es un juicio?, ¿qué es lo que hace tu mamá cuando los ha dejado solos y al regresar encuentra unos vasos rotos?, ¿les hace preguntas para saber quién fue?, ¿o les pega a los dos injustamente?

Yo me imagino que, como buena madre, hace una investigación profunda, de seguro descubrirá quién fue el culpable y tomará una decisión final sobre qué es lo que merece cada uno.

Ahora te contaré una historia sobre una niñita que no necesito mucha investigación para descubrir su desobediencia. Cierto día la mami de Clarita y Viri dejó unos chocolates en la mesa diciendo:

—¡Nadie se los coma! Habrá castigo a quien desobedezca.

Pero Clarita que solo tenía tres añitos, no aguantó la tentación y con sus dos manitas abrió los chocolates, comenzó a comerlos rápidamente para que su mami no la viera, solo que no se dio cuenta que sus manitas y su boquita habían quedado llenas de chocolate

—¿Quién se comió mis chocolates? —preguntó la mami.

—Yo no fui —contestó Viri.

—Haré un juicio en este preciso instante, las dos muéstrenme las manos. ¿Quién tiene las manos manchadas de chocolate? ¡Oh, Clarita!, Clarita tú eres la culpable, mira tus manos, están llenas de chocolate, esa es la prueba más clara.

—Pero mami yo no fui —insistía la niña.

¿Será que le pegaron?, ¿la dejaron una semana sin dulces? Pues no, a ella la sentaron en la silla del castigo solo por cinco minutitos.

Regularmente cuando nos portamos mal, nuestros padres ejercen juicio sobre qué hacer con nosotros. Aunque a veces nuestros padres se equivocan y nos castigan injustamente, ¿no te ha pasado?

En la historia que sigue te contaré sobre Jesús, como fue que lo llevaron a juicio injustamente.

EL JUICIO ANTE ANÁS
JUICIO 1

"Los principales sacerdotes, los ancianos y todo el concilio, buscaban falso testimonio contra Jesús, para entregarlo a la muerte".
(Mateo 26:59)

¡Qué en tu corazón siempre haya pureza! ¿Alguna vez tus amiguitos te han hecho alguna travesura que no fue muy agradable para ti?

Marcela estaba por cumplir seis añitos y en su escuela, sus amiguitos habían comprado un pastel para festejarle, entonces se reunieron y a escondidas platicaron entre ellos:

—¿Qué les parece si mojamos a Marce sin que se dé cuenta?

Así que consiguieron globos, los llenaron de agua y al salir de la escuela se los aventaron encima, mojándola todita. Sus demás compañeritos comenzaron a reírse de Marce:

—Ja, ja, ja.

¿Será que Marce se sintió feliz con esa sorpresa? No, ¡claro que no!, ella se sintió muy apenada.

Pero en la historia que ahora te contaré, Jesús sabía que lo traicionarían y que lo llevarían a juicio, porque los que debían ser sus amigos y portarse bien, lo querían matar.

¿Quiénes eran? Sí, los sacerdotes. Pero no lo podían matar tan fácilmente porque no tenían ninguna prueba que lo acusara de muerte. Por más que le buscaron no encontraban nada.

—Arrestemos a Jesús —dijo Caifás— ahora mismo, tiene muchos seguidores, debe morir para que nosotros podamos seguir con el control religioso.

—No, ahora no, tiene que ser de noche —opinó Anás, suegro de Caifás—, si sus amigos se enteran, de seguro nos apedrean. Arrestémosle de noche, pero para esto tenemos que sacarle algo en su contra.

Cuando llegó la noche prendieron a Jesús, sin que nadie los viera y primero fue ante Anás, aunque ya estaba jubilado como sumo sacerdote, tenía mucha experiencia y malicia.

Cuando tuvo enfrente a Jesús le dijo:

—Tú andas tramando algo en contra de Roma, ¿verdad? —Los judíos estaban bajo el yugo de los romanos—. ¿Tú te quieres proclamar rey?

Y es que si Jesús respondía que sí, lo llevarían con los romanos para acusarlo de rebeldía y traición. Jesús les contestó:

—No, yo no he hecho nada en oculto, ustedes son los que a escondidas traman mi muerte, ya que todos me escuchan en plena luz del día.

Anás se quedó calladito en silencio, entonces uno de los soldados le dio una cachetada a Jesús.

—¿Por qué me golpeas? —le dijo—. Si he dicho algo malo, dime qué fue.

A nuestro Salvador lo traicionaron de una manera injusta, se burlaron de él injustamente. La tierna mirada de Jesús revelaba su inocencia y pureza, Anás no pudo encontrar algo digno de muerte, así que lo mandó con Caifás.

Referencias:
Juan 18: 19-24
Juan 18:12-14
DTG, Cap. 75

EL JUICIO ANTE CAIFÁS
JUICIO 2

"Jesús le dijo: Yo SOY. y veréis al hijo del hombre sentado a la diestra del poder de Dios y viniendo en las nubes del cielo".
(Marcos 14: 62)

Recuerda que siempre debes decir la verdad. Como Anás no lograba encontrar motivo para enviar a Jesús ante los romanos, ya que estos daban la sentencia final de muerte, se dio por vencido, entonces decidió enviarlo ante Caifás.

A estas hora ya era de madrugada y muy oscuro; así que a la luz de las antorchas y las linternas el grupo se dirigieron con su preso al palacio del sumo sacerdote. Caifás era severo, despiadado e inescrupuloso, como Anás. No dejaría sin probar medio alguno de destruir a Jesús.

Ya estaba por amanecer, el equipo de los líderes divididos entre saduceos y fariseos ya estaba reunido para el juicio final. Todos estaban atentos, el silencio reinaba. Jesús frente a Caifás, Caifás creía que Jesús era su rival.

La avidez con que el pueblo oía al Salvador y la aparente disposición de muchos a aceptar sus enseñanzas, había despertado los acervos celos del sacerdote. Pero al mirar al preso, le embargó la admiración por su porte noble y digno. Sintió que este hombre era de filiación divina.

Al instante siguiente desterró despectivamente este pensamiento, pues le había pagado a gente mala para que hablara falsedades sobre Jesús, pero el testimonio de estos resultaba vago y contradictorio. Bajo el examen, desmentían sus propias declaraciones.

—¡A ver, hazme un milagro aquí mismo! Suéltate si puedes, ¡ja, ja, ja! —se burlaba, pero Jesús no le hizo caso, ya que él solo quería satisfacer su curiosidad, su corazón estaba lleno de odio. Para terminar pronto con el juicio Caifás le lanzó esta pregunta:

—¿Eres tú el Cristo, el hijo del bendito?

A lo que Jesús contestó:

—YO SOY.

¿Pero Jesús estaba mintiendo? Claro que no, era solo la verdad. Y solo por esta verdad, Caifás y todo su séquito lo declararon culpable de muerte.

Comenzaron a escupirle en el rostro, lo abofetearon, se reían de él, le daban puñetazos en su cuerpo, a pesar todo ello Jesús no se defendió por ningún motivo, todo por amor a ti y a mí.

Referencias:
Marcos 14:53-72
Mateo 26: 57-75
DTG, Cap. 75

EL JUICIO ANTE PILATO
JUICIO 3

"Y al saber que era de la jurisdicción de Herodes, lo remitió a Herodes, que en aquellos días también estaba en Jerusalén".
(Lucas 23: 7)

Cuando tienes pruebas de algo bueno, has lo correcto. Me imagino que en más de una ocasión te ha costado tomar alguna decisión. Por ejemplo, ¿de qué sabor elegirás el helado?, ¿qué regalo quieres?, ¿a dónde quieres ir?, ¿decir o no la verdad?, ¿llorar o reír?

Ahora te contaré un poco sobre Pilato, el gobernador romano que no sabía qué hacer: ¿matar o no a Jesús?, qué difícil decisión.

—Pilato, aquí te traemos a un criminal, el más criminal de todos los tiempos. ¡Es un impostor! Es un blasfemo, dice que es Jesús de Nazaret, además, nos prohíbe pagar impuestos al César.

Todos los funcionarios judíos estaban molestos, sus rostros reflejaban odio y maldad, el enemigo se había posesionado de sus cuerpos. Pilato, al ver el rostro lleno de bondad y dulce de Jesús, se sorprendió, estaba acostumbrado a ver a todo tipo de maleante.

En ese momento quedó convencido que ese hombre no era de este mundo, venía de un mundo poderoso. Entonces le preguntó:

—¿Eres tú, el Rey de los judíos?

Respondiéndole él dijo:

—Tú lo dices.

Enseguida la turba comenzó a gritar:

—¡Es un mentiroso!, ¡dice que puede derribar el templo en tres días!, ¡que no le obedezcamos al César, que él va a ser el nuevo rey!, ¡debe morir!

¿Será que Jesús se defendió? No, Jesús no dijo ninguna palabra, esto asombraba más a Pilato, era un mensaje de arrepentimiento para este hombre. Jesús mismo estaba ante su presencia.

—¿Pero de qué lo acusan? ¿Qué es lo que ha hecho este hombre para merecer la muerte?

Los sacerdotes no contestaron nada, porque no tenían cómo comprobar sus acusaciones, pensaban que Pilato les daría permiso de ejecutarlo, ya que sin el permiso de él, los judíos no podían sentenciar a muerte a nadie, así que estaba en sus manos darle libertad a Jesús.

Solo que había algo en el preso que impedía que Pilato diera la orden, el funcionario romano no conocía a Jesús, había escuchado sobre Él, pero no lo conocía. Estaba indeciso sobre qué decisión tomar, sabía que esas acusaciones eran mentira y era un complot para destruir a Jesús quien estorbaba en su camino.

No se atrevió a dar sentencia en ese momento y como supo que era de galilea y no de Jerusalén, lo envió con Herodes, el gobernador de Galilea. que por coincidencia se encontraba en Jerusalén.

Este hombre se dejó manipular por estos funcionarios judíos, pudo darle libertad a Jesús, pero no quería quedar mal con ellos, pensó: "Si no les doy lo que me piden. Me van a odiar y eso no me conviene". Por quedar bien con el pueblo dudó en hacer lo correcto y eso era de dar libertad a Jesús.

Referencias:
Lucas 23: 1-7
Juan 18: 28-32
Mateo: 27; 1, 11, 14

EL JUICIO ANTE HERODES
JUICIO 4

"Entonces Herodes, con sus soldados, lo menospreció y se burló de él, vistiéndolo con una ropa espléndida; y volvió a enviarlo a Pilato". (Lucas 23:11)

No debes burlarte de la desgracia de los demás. ¿Qué sientes cuando hablas y parece que nadie te escucha? Se siente feo, ¿verdad?

En esta historia te contaré sobre un poderoso gobernador a quien Jesús no le dijo ninguna palabra. Jesús fue llevado ante Herodes para ser juzgado por él.

—¡Viene Jesús de Nazaret! —le anunciaron.

—¿Jesús ese del que tanto habla la gente que hace milagros? —preguntó Herodes.

—Sí, ese merito, ya viene en camino.

—¡Qué bueno! Cómo he querido conocer a ese hombre y cómo he querido verlo hacer milagros, tanto habla la gente de sus milagros y no he visto ninguno, anden, vamos apúrense, tráiganme aquí al palacio a gente enferma, tráiganme a ciegos, cojos, paralíticos, necesito que haya muchos enfermos.

Cuando Jesús llegó, Herodes le preguntó:

—¿Es cierto que sanas enfermos? Yo quiero verlo, si tú muestras tu poder tal vez te deje libre. Haz un milagro, anda, ¿que acaso no quieres vivir?, ¿cómo es que la gente habla tanto de ti?, ¿de verdad eres Jesús, el Rey de los judíos? Aquí hay muchos enfermos, sánalos a todos y te dejaré en libertad.

Pero parecía que Jesús no escuchaba a este hombre, no le contestó, ni dio muestras de interés en salvar su vida, el silencio reinaba en ese lugar. Herodes insistía:

—¿De verdad no harás ningún milagro? ¡Eres un impostor!

Herodes se enojó mucho de que Jesús no le hiciera caso, además Jesús ya no tenía nada de qué hablar con este hombre, Juan ya le había predicado, le había dicho que se arrepintiera, pero este hombre mejor lo mató.

—¡Tráiganme un costoso traje! Se lo vamos a poner al Rey de los judíos. Miren, aquí tiene a su rey —comenzaron a burlarse de él—. A ver, libérate, ¿no que eres rey? —se burlaron hasta que se cansaron, pero Jesús no perdió la calma, no se enojó, no peleó, no discutió. ¿Qué haces cuando te molestan los demás?, ¿te enojas?, ¿te pones a llorar?, ¿peleas?, ¿gritas?

Otra vez, el silencio reinó. Herodes se dio cuenta de que este no era un hombre común y lo volvió a enviar ante Pilato. ¿Quieres saber qué pasó después con Herodes?

A pesar de haber estado ante la presencia de Jesús no cambió, ya que persiguió a sus discípulos para matarlos. Por eso Jesús le envió un ángel para herirlo, este hombre murió agusanado porque se creía un Dios.

Referencias:

Lucas 23: 6-12
Marcos 6: 14-16
Lucas 9: 7-9
Hechos 12: 6-25
DTG, Cap. 77

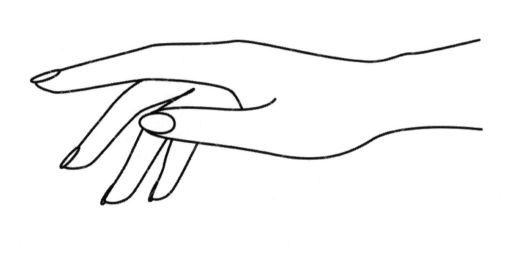

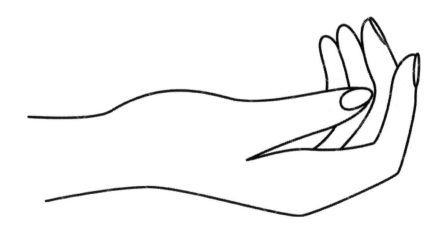

EL JUICIO ANTE PILATO
JUICIO 5

"Hay camino que al hombre parece derecho.
Pero su fin es camino de muerte".
(Proverbios 14: 12)

Piensa bien antes de tomar alguna decisión, ya que puede ser para bien o para mal. ¿Alguna vez te has arrepentido haber tomado alguna decisión? A Lucrecia le preguntaron sus padres:

—¿Qué prefieres, una muñeca o irte de vacaciones con tus abuelitos?

Ella prefirió su muñeca, en cambio, su hermanita eligió irse a casa con sus abuelitos, para cuando regresó le contó todo lo divertido que la pasó con ellos, le mostró un lindo juego de trastes y una muñeca que ellos le habían comprado. Lucrecia se puso triste y se arrepintió mucho de haber elegido esa muñeca.

Ahora te contaré sobre la historia de Pilato, el gobernador romano que tuvo en sus manos el salvar su vida para siempre, pero que por una mala decisión la perdió para siempre.

—¡Que muera!, ¡que muera! —gritaban los sacerdotes y la turba que les seguía—. ¡Debe morir!, ¡debe morir!

Pilato estaba convencido de que Jesús era inocente, había escuchado ya de sus propias palabras decirle que su reino no era de este mundo y que todos los que creen en él deben seguirlo, aunque no fuesen judíos.

—¡A ver pueblo!, ¡aquí tengo al mayor de los criminales, tengo a Barrabás y a Jesús! ¿A quién quieren que suelte? —El pueblo grito enojado:

—¡Suéltanos a Barrabás!, ¡a Barrabás!, ¡queremos libre a Barrabás!

Barrabás era malo, ya que les robaba a la gente, mataba y era odiado por los judíos, Pilato pensó que el pueblo soltaría a Jesús. Ahora no sabía qué hacer para quedar libre de culpa.

Mientras él estaba en la indecisión de a quién soltar, recibió un mensaje de parte de su esposa que decía: "No tengas nada que ver con este hombre justo, anoche sufrí mucho en mis sueños por causa de él". Pero Pilato no siguió la voz del Espíritu Santo que le hablaba, y de muchas formas, él prefirió decir:

—¡Que muera, entonces! Hagan con él lo que mejor les parezca.

Pilato pudo haber dicho: "¡Yo lo dejo en libertad, es inocente!". Pero no quiso, porque pensó que perdería su puesto de gobernador y perdería sus riquezas.

¿Quieres saber cómo termino la vida de Pilato? El cargo de gobernador que tenía se lo quitaron, el orgullo que tenía desapareció, el remordimiento no lo dejaba vivir en paz, así que él mismo se quitó la vida.

Pilato tuvo la oportunidad de encontrarse con el mismo Jesús y escuchar sus lindas palabras, arrepentirse y rendirle su vida, pero no lo escuchó, puso duro su corazón y prefirió darle la sentencia de muerte a un hombre inocente.

Referencias:

Mateo 27: 2

Marcos 15: 5

Mateo 27; 15-26.

DTG, Cap.77

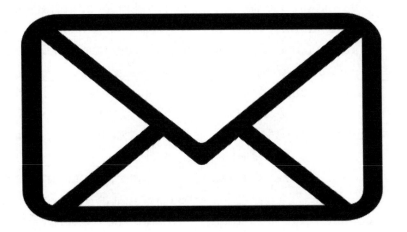

DOLOR INCOMPARABLE

"Mas Él fue herido por nuestras rebeliones, molido por nuestros pecados, por darnos la paz, cayó sobre Él el castigo, y por sus llagas fuimos nosotros curados". (Isaías 53:5)

Jesús murió para salvarte.

—¡Que muera crucificado! ¡Pena máxima! ¡Gran criminal!

Esa fue la sentencia final. Entonces los solados del gobernador se llevaron a Jesús al lugar donde azotaban a los reos.

—¿Qué le parece si nos burlamos un ratito de este Jesús, que dice ser el Rey de los judíos?

—Sí, sería bueno, para que deje de andar sintiéndose santo.

—Yo tejí una corona con espinas, vamos a ponérsela —dijo un soldado

—¡Quitémosle esa ropa que trae, porque un rey no se viste así!, mejor pongámosle este manto púrpura, ¡digno de un rey!

—Pero como es un rey falso, vamos a golpearlo.

Entonces esos soldados malvados agarraron un látigo, que estaba hecho con varias correas de piel a las que ataban en las puntas pedazos de huesos o esferas de metal y comenzaron a azotarle la espalda. Jesús sintió un dolor espantoso, pero no se quejó.

—¡Ja, ja, ja! No que eres un rey, a ver libérate de nosotros.

—¡Salve oh Rey de los judíos...! —se burlaban de él, después le escupían y le adoraban hincados de rodillas. De vez en cuando, alguna mano perversa le arrebataba la caña que había sido puesta en su mano y con ella hería la corona que había sido puesta en su frente.

La sangre chorreaba de la cabeza santa de Jesús. Después de haberse burlado de él, le quitaron el manto, le pusieron sus vestidos y lo llevaron para crucificarle.

Una multitud enfurecida se burló de Jesús, Satanás quería lograr que Jesús se arrepintiera de salvarnos, que usara su poder para dejar de sufrir, porque una sola demostración de poder y hubiésemos estado perdidos para siempre. La sentencia hubiese sido para nosotros

¡Muerte eterna para los seres humanos! Pero nuestro buen Dios aguantó todo por amor a ti, esta historia es digna de ser recordada, ojalá nunca olvides cómo Jesús estuvo dispuesto a pasar por todo esto solo por salvarte.

Referencias:

Mateo 27:15-30
Lucas 23:13-25
Juan 19:1-16
Marcos 15:17

YO LLEVO TU CRUZ

"Nadie tiene mayor amor que éste, que uno dé su vida por sus amigos". (Juan 15:13)

Hay gozo cuando te pones en el lugar de tus amigos. Felipito y Toñín eran muy buenos amigos, cierto día a Felipito lo acusaron falsamente de haber robado el lápiz de uno de sus compañeritos, el castigo consistía en recuperar al doble ese lápiz, Felipito no tenía dinero y se sentía muy apenado.

—¡Maestra, yo pagaré en lugar de Felipito!, ¿puedo?

A lo que la profesora respondió;

—Está bien Toñito, mientras alguien pague por esta gran falta, adelante.

Así que Toñito pagó con gusto el castigo. ¿Tú estarías dispuesto a hacer algo parecido por tus amigos?

Eso le paso a Simón de Cirene, era un africano, no era judío, no era seguidor de Jesús, aún no eran amigos, pero sus hijos sí amaban a Jesús, sus hijos sí eran sus seguidores. Cuando vio y escuchó cómo la gente le gritaba, se compadeció mucho de él. Jesús estaba cansado, no había comido hacía muchas horas, lo habían maltratado, había sangrado mucho, se desmallaba con la pesada carga en sus hombros.

Ten en cuenta que desde la cena de la Pascua, que había tomado con sus discípulos, no había ingerido alimento ni bebida, toda la noche había pasado de un lado a otro, las injurias que habían sucedido: toda esa noche se había producido una escena tras otra.

Durante toda esa deshonrosa farsa, Cristo se había portado con firmeza y dignidad. Pero cuando la cruz fue puesta sobre él, la naturaleza humana no pudo soportar más y Jesús cayó desmayado bajo la carga.

Entre toda la turba que le seguía, no había una sola persona que quisiera rebajarse a llevar la cruz, en ese momento, un forastero, Simón Cireneo, que venía del campo, se encontró con la muchedumbre, oyó las burlas, las palabras repetidas con desprecio:

—Abrid paso para el Rey de los judíos.

Se detuvo asombrado ante la escena y como expresara su compasión, se apoderaron de él y colocaron la cruz sobre sus hombros.

Simón la llevó con gusto y a partir de allí fue su mayor bendición y estuvo siempre agradecido de haber podido ayudar al Salvador del mundo.

¡Qué gran honor tuvo Simón!, ¿verdad? ¿A ti te hubiese gustado ayudar a Jesús? Jesús estuvo dispuesto a tomar nuestra cruz, Simón es una representación pálida de lo que nosotros debimos sufrir.

Referencias:

Lucas 23: 26; 27: 32
Juan 19: 17

CONSUMADO ES

"Más él fue herido por nuestras rebeliones. Molido por nuestros pecados, por darnos la paz, cayó sobre Él el castigo y por sus llagas fuimos nosotros curados". (Isaías 53: 5)

Jesús murió por salvarte de la enfermedad del pecado. Seguimos viendo sobre su muerte en la cruz del calvario. Cuando toda la multitud había llegado a las afueras de la ciudad de Jerusalén, acomodaron las tres cruces, junto a Jesús también crucificarían a dos delincuentes.

Cavaron tres hoyos profundos, pum, pum, enseguida colocaron las tres cruces y dijeron:

—Vamos a matarlos de la manera más cruel, clavémosle las manos y los pies.

—¡No! —comenzaron a gritar los ladrones—. ¡No! Por favor, así no nos maten. —Luego comenzaron a forcejear.

Pero Jesús no dijo nada, no se rehusó a nada, fue muy obediente, él se colocó acostado sobre su cruz, sin rehusar nada.

Un soldado tomó un martillo y unos clavos, comenzó a clavar sus manos y sus pies. Tan, tan, tan. La sangre comenzó a salir, el dolor era mucho. Después que estuvo listo y sujetado a la cruz. Algunos hombres fuertes levantaron la cruz y la sembraron con gran violencia en el hoyo preparado. Esto le causó un horrible dolor al Hijo de Dios.

Jesús no pensaba mucho en su dolor, le dolía más el horror de esta gente malvada. tanto que pedía perdón al Padre por ellos y nosotros:

—¡Padre, perdónalos porque no saben lo que hacen! —Cuando estuvo arriba, le gritaban:

—¡Si eres hijo de Dios, desciende de la cruz, sálvate a ti mismo! ¡No que salvaste a otros, y a ti mismo, no te puedes salvar! ¡Ja, ja, ja! —se burlaban de él.

Su padre siempre lo acompañó, pero en este momento parecía estar sufriendo solo.

—¿Dónde está mi Padre? —se preguntaba—. Me siento abandonado, ¡será que me recibirá en su reino?, ¿será que seré aceptado o me rechazará? Ya que llevo los pecados de toda la humanidad, a mi Padre le desagrada el pecado, ¿será que logre el objetivo? —Esa era su preocupación.

Mientras Jesús agonizaba, el sol expresó su simpatía y se negó a mirar esa escena terrible, donde el Hijo de Dios sufría. En ese momento se obscureció por completo, todos los que estaban al pie de la cruz temieron por sus vidas.

Entonces Jesús exclamó a gran voz:

—¿Por qué me has desamparado? —Después volvió a aclararse y dijo—: Tengo sed. —Uno de los soldados conmovido corrió y llenó un pedazo de trapo con vinagre para darle de beber algo.

La carne de nuestro Salvador estaba por completo lastimada, todo su cuerpo manchado en sangre, gotas de sangre caían de su cabeza, esas manos santas que habían sanado a tantos, esos pies que se apresuraron a dar esperanza a los afligidos y perdón a los agobiados, ahora pendían de una cruz.

Finalmente Jesús exclamó:

—Consumado es. Padre, en tus manos encomiendo mi espíritu.

Una luz brilló en su rostro como una gloria del sol, inclinó entonces la cabeza sobre el pecho y murió.

Por la fe, Cristo venció. Gracias a este sacrificio único tenemos un sumo sacerdote que oficia en nuestro favor, Cristo Jesús intercede por ti ante el Padre. Por eso cuando te sientas triste o solo, acude a él en oración. Tu salvación es segura. ¡Vamos al cielo, que Jesús te espera!

Referencias:
Salmo 22: 8, 17,19
Lucas 23: 32-38
Juan 19: 18-24

ACUÉRDATE DE MÍ CUANDO VENGAS EN TU REINO

"Nosotros, a la verdad, justamente padecemos, porque recibimos lo que merecieron nuestros hechos, pero este ningún mal hizo". (Lucas 23:41)

Es bueno que reconozcas tus errores.

—Perlita pídele perdón a tu hermanita.

—¡No, no quiero!

—Arrepiéntete Perlita...

Pero como Perlita no quiso pedir perdón, sus padres no la dejaron ir al zoológico, se quedó sola en casa con sus abuelitos. Si tan solo hubiese pedido disculpas de todo corazón hubiese disfrutado un lindo día de paseo.

Esto no fue lo que le pasó a este criminal del que te contaré. Estos eran dos hombres de verdad malos, robaban, amenazaban a la gente de muerte, eran odiados, los agarraban y se escapaban de la cárcel para seguir haciendo mal.

Hasta que por fin llegó el día de su muerte. Los dos pendían de una cruz cada uno junto a Jesús. El dolor que sentían allí arriba no quiero ni imaginarlo, solo sé que no se lo deseo a nadie. Uno de ellos de tanto coraje por el dolor comenzó a insultar a Jesús:

—Rey de los judíos, ¡baja de esta cruz! ¡Ja, ja, ja! Si fueras rey, nosotros no estaríamos aquí sufriendo, ja, ja, ja. ¡No puedes salvarte porque no eres ningún rey!

El otro ladrón también se había burlado al comienzo del juicio, pero ahora recordaba lo que Pilato había dicho: "¡Ningún delito hallo en él!". Este criminal era malo, pero no tanto, se había desviado del buen camino. Entonces reprendió a su compañero:

—¿Aún no temes a Dios, estando en la misma condena? Yo he escuchado que Él siempre fue bueno, ayudo a enfermos, pero nosotros hicimos mucho mal y merecemos morir. —El Espíritu Santo iluminó su vida, entonces añadió—: ¡Señor, acuérdate de mí cuando vengas en tu reino! Perdóname por todo el mal que he hecho.

¿Qué crees que contestó Jesús?

—De cierto te digo, hoy estarás conmigo en el paraíso.

Entonces este ladrón, aunque sufría mucho, sintió una perfecta paz, ahora tenía la promesa de ir al cielo. No en ese preciso momento, pero sí desde ese momento su boleto estaba seguro.

Hoy te invito a que te arrepientas. Si has sido mentiroso, grosero, le has robado a tus padres, les has gritado o has hecho otros males, si te arrepientes así como este ladrón en la cruz, Jesús te dice a ti:

—¡De cierto te digo, hoy estarás conmigo en el paraíso!

Referencias:

Lucas 23: 39-43

DTG, Cap.78

¡CUIDA DE ELLA!

"Después dijo al discípulo: 'He ahí tu madre'.
Y desde aquella hora el discípulo la recibió
en su casa". (Juan 19:27)

Acuérdate de respetar a tus padres y cuidar de ellos. A ver dime, ¿tú les obedeces a tus padres en todo todito? Hay hijos malos que no los respetan, les gritan, algunos hasta los corren de sus casas cuando ya son ancianitos y no cuidan de ellos.

Hace días conocí a un niño que cuida mucho a su mami, la ama y le obedece en todo, creo que has de saber quién es, eres tú, si no me equivoco.

Jesús nos dejó ejemplo, cuanto estaba por expirar su último suspiro, vio a María su madre y vio que lloraba.

—¿Por qué lo matan? Si mi hijo no hizo nada malo. —Los ojos de esta madre estaban hinchados de tanto llorar—. ¡Son malos! ¿Que no ven que es el hijo de Dios? ¿Por qué lo hacen sufrir tanto? ¡Bájenlo de esa cruz!

María estaba al pie de la cruz acompañando a su hijo hasta el final, pero no estaba sola, había más mujeres con ella, las amigas de Jesús, las dadivosas mujeres y también estaba Juan, el discípulo amado, él abrazaba a María, consolándola. En eso Jesús los vio, tuvo compasión y dijo a su madre:

—¡Mujer, he ahí tu hijo! —Después dijo al discípulo—: He ahí tu madre.

De esa forma le estaba encargando a Juan que cuidase de ella, ya que se quedaría sola en este mundo, José ya había muerto y no se sabe si María tuvo más hijos, pero debo suponer que no, porque a partir de ese momento se fue a su casa y Juan cuidó de ella como si fuera su propia madre.

En su dolor Jesús no se olvidó de su madre, por eso trata bien y cuida de tu mamá

Referencias:
Juan 19: 25-30
Mateo 27: 45-50

¿DÓNDE SEPULTARON EL CUERPO DE JESÚS?

"Y yo, cuando sea levantado de la tierra, a todos atraeré a mí mismo". (Juan 12:32)

No tengas pena de decir que crees en Jesucristo. La tarde estaba cayendo, pronto sería día del Señor. Jesús ya había muerto.

—Los crucificados no pueden quedar allí y pasar el día de reposo en esa cruz —exclamaron los judíos.

—¿Qué haremos con ellos? Revisen que de verdad hayan muerto, si no mátenlos.

Pero como Jesús ya había muerto, un soldado le dio el tiro de gracia enterrándole una lanza en su costado.

—¡Señor gobernador! Le busca un miembro del sanedrín de los judíos —informó un sirvo de Pilato.

—¿Quién es?

—Es José de Arimatea, un influyente miembro del sanedrín.

—¿Ahora qué quieres?

—Con todo respeto señor gobernador, quiero pedir su permiso para que yo me encargue personalmente de darle sepultura a Jesús. —El gobernador respondió:

—¡Ah! Si es eso, te doy permiso, ve y hazlo.

José estaba contento de poder ayudar, aunque había mandado a construir una tumba para él mismo de piedra y estaba nuevecita dijo:

—¡Yo daré mi tumba para Jesús!

—Yo te acompaño —insistió Nicodemo. ¿Te acuerdas de Nicodemo? Sí, Nicodemo, quien entrevistó a Jesús de noche por vergüenza a lo que dirían los demás.

Así como Nicodemo, José de Arimatea había actuado. Creía en Jesús, pero le daba pena, ahora que había visto las injusticias, la manera que Jesús se entregó a la muerte, estaban seguros que en verdad era el Hijo de Dios.

Estos dos importantes hombres le dieron una santa sepultura, compraron especias finas para ungir su cuerpo, una sábana nueva, una tumba nueva, la cerraron con una pesada piedra y se fueron a preparar para recibir el día del Señor a sus casas, tristes y felices de haberse declarado seguidores de Jesús.

Los demás miembro del sanedrín, que se habían burlado de Jesús, se quedaron sorprendidos de su actitud. A partir de ese momento José y Nicodemo dejaron de ser parte de ellos, ya que comenzaron una nueva vida en Cristo Jesús.

Recuerda un día vendrá el Señor y si a ti te da pena mostrar sobre tu fe, cuando Él venga te dirá:

—¡No te conozco (tu nombre), apártate de mí!

Referencias:

Mateo 27: 50-61

Juan 19: 31-42

Marcos 15: 43

POR SI LOS DISCÍPULOS QUIEREN ROBAR SU CUERPO

"Entonces ellos fueron y aseguraron el sepulcro, sellando la puerta y poniendo la guardia". Mateo 27: 66

La verdad siempre sale a la luz. Por más que Timoteo quiso ocultar que había quebrado el perfume de su papá, lo descubrieron, la casa olía y él era el único que olía a perfume por toda la casa.

¿No te ha pasado que quieres ocultar algo, pero regularmente te cachan (descubren)? Esto les pasó a los sacerdotes y fariseos judíos.

—¿Será posible que resucite al tercer día? —se preguntaban, Jesús dijo que resucitaría al tercer día.

—No, este es un mentiroso, pero ¿qué tal si sus discípulos vienen de noche y se roban el cuerpo para engañar a la gente?

—¡Sí, este Jesús dijo que al tercer día resucitaría! Mejor asegurémosle para que nadie se robe su cuerpo.

Los malvados sacerdotes fueron ante Pilato.

—¿Ahora qué quieren? Ya les entregué a Jesús, ya lo mataron, ¿ahora qué buscan?

—Para que nuestro plan esté bien hecho, necesitamos que nos apoyes.

—¿Cómo quieren que los apoye?

—Por favor, préstanos unos días a unos cien hombres para que vayan a custodiar la tumba de Jesús.

—¿Pero para qué? ¿Si ya está muerto?

—Es que Él dijo que resucitaría al tercer día y tenemos miedo.

—Bueno, si eso es lo que quieren, hagan lo que quieran.

Por miedo a lo que pasara, además de la guardia romana que habían puesto, amarraron con sogas alrededor de la tumba y para completar, pusieron un sello romano que nadie podía quitar. Allí se quedaron los soldados en vela día y noche.

Lo que no sabían es que todo esto sería en vano para retener al Señor de la vida en la tumba, se acercaba la hora de su liberación.

Referencias:
Mateo 27: 62-66

¡CRISTO HA RESUCITADO! ¡ALELUYA!

"Porque si creemos que Jesús murió y resucito, así también traerá Dios con Jesús a los que durmieron en Él".
(1 Tesalonicenses 4:14)

Recuerda, si crees en Jesús, aunque mueras, resucitarás. ¿Te ha tocado sentir un terremoto? ¿Algún temblor? ¿Te ha dado miedo? A mí sí me da miedo y enseguida me pongo a pensar cómo será la venida del Señor.

Ahora te contaré cómo fue que Jesús resucitó de los muertos. Los cien guardias custodiaban la tumba de Jesús, fieles al deber, ya estaba por amanecer, el sábado había terminado, las tinieblas de la madrugada invadían el lugar.

En eso comenzó a temblar, los soldados no podían quedarse en pie, la tierra se movía de un lado a otro, enseguida vieron cómo un rayo de luz descendió del cielo y se preguntaron:

—¿Qué será?

Era un ángel, el ángel que custodiaba el trono del Padre, un ángel lleno de luz y poder. Los soldados no soportaron esa luz resplandeciente, al instante cayeron al suelo asustados, temblaban de miedo.

—¿Ahora que va a pasar? —se preguntaban.

En eso vieron cómo ese ser lleno de luz, hizo rodar la pesada piedra como si fuese un papelito, también vieron cómo se paró justo al frente de la tumba diciendo:

—Hijo de Dios, sal fuera, tu padre te llama.

Instantes después vieron a Jesús salir de la tumba y le oyeron proclamar sobre el sepulcro abierto:

—¡Yo soy la resurrección y la vida!

Mientras salía con majestad y gloria, la hueste angélica, que estuvo allí desde el principio también custodiando su tumba, se arrodillaron adorándole y dándole la bienvenida a la vida con cantos y alabanzas.

Los soldados salieron corriendo llenos de pánico a contarles a todos los que pudieron que el Señor había resucitado.

—¡Milagro! ¡Jesús ha resucitado!

Mucha gente los escuchó contar este poderoso testimonio. Cuando Jesús venga por sus hijos, la tierra volverá a temblar y no solo la tierra, también los cielos.

Referencias:
Mateo 28: 1-10
Juan 20: 1-7, 11-18
DTG, Cap. 81

¿POR QUÉ LLORAS?

"Jesús le dijo: 'Mujer, ¿por qué lloras?, ¿a quién buscas?'. Ella pensando que era el jardinero le dijo: 'Señor, si tú lo has llevado, dime dónde lo has puesto y yo lo llevaré.'"
(Juan 20:15)

Los placeres y tristezas de este mundo no te dejarán ver a Jesús, pero ten presente que Él siempre está.

—¡Mama! —gritaba Kelmy—. Mamá, ¿por qué me dejaste?

La mami estaba en el cuarto de ropa, planchando, Kelmy se había entretenido tanto en uno de sus tantos juegos, que cuando se acordó de su mami, no la vio donde últimamente la había visto y se puso a llorar. La buscó por toda la casa, menos en ese cuarto.

—Kelmy, ¿por qué lloras? —le preguntó su mami.

—¡Es que te perdí! ¿Por qué te fuiste?

—Oh hijita, no me fui, nunca te dejaría, eres mi tesoro, aquí he estado siempre —le contestó su mami, consolando a su pequeña.

Eso mismo pasó a los primeros discípulos de Jesús, todos estaban tristes porque su maestro había muerto, aún no lograban entender por qué había muerto y se habían quedados solos.

Era un domingo de mañana, varias mujeres que amaban a Jesús se dispusieron a ir a ungirlo con especies aromáticas. Pero cuando llegaron, vaya sorpresa.

—¿Se han robado a Jesús? —dijeron—. ¿Dónde lo pusieron? —asustada María salió corriendo a contarle a Pedro y a Juan:

—¡Se han robado a Jesús!

Las otras mujeres se quedaron a observar el lugar, se acercaron un poco más, vaya sorpresa que se llevaron, un joven estaba sentado al lado de la tumba, quien les habló cuando estaba por huir de miedo:

—No teman. ¿Por qué buscáis entre los muertos al que vive? No está aquí, ha resucitado, acuérdense, les dijo que resucitaría al tercer día.

Las mujeres salieron corriendo llenas de gozo cuando escucharon la buena nueva. En eso Pedro y Juan llegaron, vieron la tumba vacía y los lienzos con los que envolvieran a Jesús bien dobladitos en su lugar. María se quedó sola en esa tumba, llorando muy triste:

—Si tan solo pudiera conseguir su cuerpo, lo enterraría en un lugar seguro.

Miró hacia adentro, vio a los dos ángeles y le preguntaron:

—¿Por qué lloras?

Ella le contestó:

—Se han llevado a mi Señor, no sé dónde lo han puesto.

Estaba tan triste que no se dio cuenta con quienes había hablado.

—Debo encontrar a alguien que me diga dónde está Jesús.

En eso escuchó otra voz que le preguntaba:

—¿Por qué lloras?

Y María pensó que el que le hablaba era el cuidador del jardín así que le dijo:

—Señor, si tú te lo llevaste, dime dónde, para que yo lo entierre dignamente.

María no se percató que quien le hablaba era el mismo Jesús. Jesús le aclaró que había resucitado de los muertos y que fuera a anunciarles a los demás que se reunieran en Galilea.

—Mientras yo voy a ir a ver mi padre para preguntarle si mi sacrificio es aceptado por Él.

María se alegró mucho cuando reconoció que quien le hablaba era su amado Maestro. Por eso debes estar siempre atento en cualquier momento, ya que ángeles disfrazados se nos aparecen, ojalá puedas reconocerlos.

Referencias:

Mateo 28: 1.5-8

Marcos 6: 1-8

Juan: 20: 1-18

DTG, Cap. 82

¿Y AHORA QUÉ HAREMOS?

"Y saliendo predicaban que los hombres se arrepintieran". (Marcos 6: 12)

Cuando te manden a hacer algo cúmplelo fielmente, no te distraigas con otras cosas. Cuando Jesús murió, sus discípulos no sabían qué hacer con sus vidas. Pero Cristo resucitó de los muertos y ahora tenía que convencerlos de que realmente había resucitado, así que se les apareció en dos ocasiones. La historia que ahora te contaré trata sobre la tercera vez que se les presentó después de resucitado.

—¿A hora qué haremos? —se preguntaban entre sí todos.

Pedro se le quedó viendo al mar, vio cómo caía la noche. ¿Cuál era el oficio de Pedro y de la mayoría de los discípulos de Jesús? Sí, eran pescadores. ¿Cuál es la hora más recomendada para atrapar muchísimos peces? De noche. Así que Pedro les propuso:

—¿Qué les parece si pescamos algo para ganar unos centavos?

—¡Vamos! —dijeron los siete discípulos que andaban juntos.

Pasó toda la noche y nada de peces, ya casi amanecía cuando de repente escucharon una voz a lo lejos que les preguntaba:

—¿Ya agarraron algo para comer?

—¡No, nada de nada, no caen! —contestaron ellos.

¿Quién era? Sí, era Jesús quien les dijo:

—¡Echen la red a la derecha del barco, ya verán que allí están!

Los discípulos no tenían nada que perder, así que lo hicieron. Vaya sorpresa que se llevaron.

—¡Ayuda, ayuda! Esta red está muy pesada.

El desconocido para ellos les preguntó a lo lejos:

—¿Hallaron algo?

Claro que habían hallado algo y eran muchos peces.

Después de esto se pusieron a pensar:

—Este no puede ser más que Jesús que nos vino a visitar —dijo Pedro, enseguida se aventó de la barca donde estaba y fue en dirección a Jesús, Él estaba sentado asando unos pececitos para invitarles el desayuno a sus discípulos.

Los discípulos, a partir de allí, entendieron que ya no eran más pescadores, Jesús les había dejado la comisión de pescar, sí, pero pescar almas para Cristo. Tú naciste con un propósito, llegarás a ser alguien en la vida,

pero no te olvides de pesar almas para
Cristo Jesús.

Referencias:
Juan 21: 1-14

HABLALES DE MÍ, DILES LAS BUENAS NUEVAS

"Por tanto, id y haced discípulos a todas las naciones, bautizándolos en el nombre del Padre, del Hijo y del Espíritu Santo". (Mateo 28:19)

No estás solo(a). Jesús estaba por irse a vivir con su Padre, su misión había sido cumplida con éxito rotundo. El cielo entero aplaudía al príncipe del cielo.

Ahora debía dejar a un pequeño grupo de seguidores, les había indicado que se reunieran en una montaña en Galilea, lejos de Jerusalén, lejos de los sacerdotes malos. Esta era la primera y última vez que verían así a Jesús, así que todos sus seguidores agarraron caminito por todos lados, hasta llegar a la cita indicada.

¿Qué es lo que sientes cuando vas a tu primer día de clases? Emoción, nervios, suspenso, ansiedad, etc. Así se sentían ellos, se reunieron como quinientos creyentes, estaba platicando sobre la vida de Jesús, esperando al Maestro. No lo vieron llegar y de repente allí estaba Jesús en medio de ellos.

—Ustedes son la luz del mundo —les dijo—, no esos judíos o fariseos, a quienes aparté para que fueran una luz, pero ahora han cambiado mis leyes, han cerrado la salvación solo para ellos mismos y eso no es lo que quiero. Hijitos míos, es mi deseo que a partir de ahora, vayan y proclamen una misma fe, un mismo Dios a todos los pueblos, a todas las naciones, a toda clase de hombres.

Un alumno que estaba ansioso pregunto:

—¿Dónde vamos a comenzar a predicar?

—Buena pregunta. Van a comenzar en Jerusalén y en Judea, donde yo nací, allí sembré la semilla de la verdad, muchos aún tienen dudas, solo necesitan que alguien les aclare la verdad y me sigan...

—¡Lo haremos! —dijeron fielmente sus discípulos.

—¡Vayan! —les ordenó Jesús—. Y a aquellos que se sienten culpables por hacer maldades, díganles que Cristo los ama, háblenles cómo pueden alcanzar perdón y alivio en su corazón. Les daré el poder del Espíritu Santo, Él estará con cada alma que decida ser mi fiel seguidor, les dejaré una porción para que así como yo hice milagros y sané enfermos, ustedes no estén con las manos vacías.

Todos aprendieron esa última lección. Tuvieron la seguridad de que no estarían solos.

Referencias:

Mateo 28: 16-20
Marcos 16: 15
Lucas 13: 27
Salmos 22: 20
DTG, Cap.86

EN UNA NUBE BLANCA

"Los cuales les dijeron: '¿Por qué estáis mirando al cielo? Este mismo Jesús, que ha sido tomado de vosotros al cielo, así vendrá como lo habéis visto ir al cielo'".
(Hechos 1: 11)

Jesús se fue en una nube y así mismo volverá. Ahora te contaré sobre aquel precioso momento en el que Jesús se fue a su casa, con su Padre al cielo.

Al acercarse a la ciudad de Dios, la escolta de ángeles demandó:

—¡Alzad, oh puertas, vuestras cabezas, y alzaos vosotras, puertas eternas, y entrará el rey de gloria!

—Gozosamente, los centinelas de la guardia respondieron:

—¿Quién es este rey de gloria?

No es que no lo sepan, sino por oír la respuesta llena sublime de loor.

—Jehová, el fuerte y valiente, Jehová el poderoso en batalla. Alzad, oh puertas, vuestras cabezas y alzaos vosotras, puertas eternas, y entrará el rey de gloria.

Entonces los portales de la ciudad de Dios se abrieron de par en par y la muchedumbre angelical entró por ellos en medio de una explosión de armonía triunfante. Allí estaba el trono y su arcoíris, los querubines y serafines, los comandantes de la huestes de Dios, los hijos de Dios, los representantes de los mundos que nunca cayeron.

Así fue cómo Cristo fue recibido en los atrios celestiales, como un guerrero victorioso. Antes de esta maravillosa escena, Jesús se reunió con sus once discípulos en el monte de los Olivos, sus discípulos no sabían que esta sería la última vez que lo verían.

Al llegar al lugar, rayos de luz iluminaron su rostro, se les quedó viendo, extendió sus manos y los bendijo:

—He aquí, yo estoy con vosotros todos los días del mundo, subo a mi Padre y a vuestro Padre, a mi Dios y a vuestro Dios.

Ascendió lentamente, atraído hacia el cielo por un poder más fuerte que cualquier atracción terrenal. Los discípulos se esforzaban por mirar el rostro de su Maestro, una nube de gloria le ocultó de su vista, mientras un carro de ángeles le recibía.

Al tiempo que subía, pudieron escuchar los lindos acordes del coro celestial que hacía compañía a Jesús. Al llegar al cielo, toda la hueste angelical quiso adorarle, pero él les dijo:

—No, primero voy a presentarme ante el Padre.

Los discípulos quedaron muy tristes al ver cómo su Maestro se iba y ellos quedaban solos en un mundo malo, pero dos ángeles, los más poderosos en el cielo, se quedaron a consolarlos y les dijeron:

—¿Qué están mirando al cielo? Así como Jesús se fue, así lo verán venir. No estén tristes, Jesús siempre estará con ustedes.

Los discípulos se alegraron mucho con esta bella noticia. Este mismo consuelo es para ti, cuando creas que estás solo o que Jesús se tarda en venir, recuerda que cumplirá su promesa.

Referencias:
Mateo 28: 18-20
Hechos 1: 2-14
DTG, Cap.87.

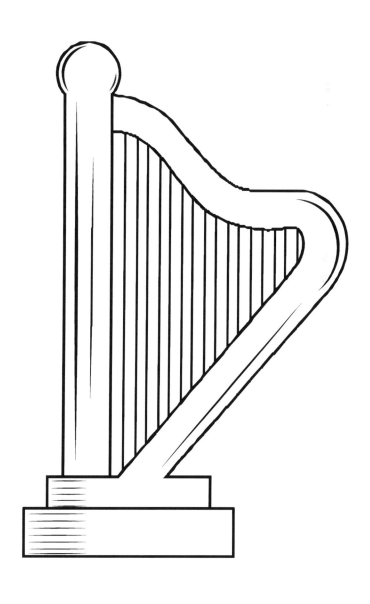

¿ACEPTADO O RECHAZADO?

"Y decían a gran voz: 'El Cordero que fue muerto es digno de recibir poder y riquezas, sabiduría y fortaleza, honra, gloria y alabanza'". (Apocalipsis 5: 12)

El sacrificio de Cristo Jesús fue aceptado. ¿Te has puesto a pensar que hubiese pasado si Jesús se hubiese equivocado en el plan de salvación estando aquí en la tierra? ¿Qué hubiese pasado si, al sentir tanto dolor y el peso del pecado, Jesús hubiese salido corriendo al cielo?

Simplemente nosotros estaríamos perdidos para siempre sin esperanza alguna de vida eterna. Cuando se creó este mundo y a nosotros, la divinidad había hecho un pacto para redimir al hombre en caso de que fuese vencido por Satanás.

La parte de Jesús estaba hecha, ahora se presentaba ante su Padre para preguntarle si su sacrificio era aceptado, le mostró las heridas de sus manos y sus pies, diciéndole:

—Padre, ¡he completado la obra de la redención! He hecho tu voluntad. ¡Oh Dios mío! Si tu justicia está satisfecha, aquellos que me has dado, quiero que donde yo estoy, ellos estén también conmigo.

Se oyó la voz del Padre:

—¡Satisfecho estoy! El Padre abrazó a su hijo, en ese momento añadió—: ¡Adórenlo todos los ángeles de Dios!

Luego todos le adoraron. Hubo fiesta en el cielo, a partir de ese momento nosotros, que estábamos perdidos, fuimos hallados, ahora ya no habría enemistad entre el cielo y la tierra, gracias a uno que derramó su preciosa sangre.

Ahora Jesús se encuentra al lado de nuestro Padre intercediendo por nuestros pecados y todos los que queramos tener paz con el cielo debemos pedir perdón por nuestros pecados y arrepentirnos. Esta es una historia real, la más maravillosa de todo el tiempo, la única que salvará tu vida, no la olvides.

Referencias:

Lucas 24: 50-53
Hechos 1: 9-12
Apocalipsis 5: 13
Mateo 28: 20
Juan 14: 3

ANDANDO, SALTANDO Y ALABANDO A DIOS

"Ellos entonces les amenazaron y les soltaron, no hallando ningún modo de castigarles, por causa del pueblo; porque todos glorificaban a Dios por lo que se había hecho". (Hechos 4: 21)

Si sigues a Jesús, harás cosas buenas. La orden había sido dada, así que los discípulos de Jesús se fueron a Jerusalén a predicar. Todos ya habían recibido al Espíritu Santo en sus vidas, tenían poder para sanar enfermos y para convencer corazones, tanto que, en un solo tema de Pedro, ¿imagínate cuántos decidieron bautizarse? Nada más que tres mil personas. Fueron muchos ese día. Luego cierto día Pedro y Juan fueron al templo a orar. En la entrada de la iglesia se encontraba un cojo pidiendo limosnas:

—Una limosna por el amor de Dios, apiádense de mí.

El cojo miraba para ver quién le soltaba una monedita a su charolita, algunas monedas sonaban al caer y el cojo se emocionaba mucho de escucharlas, otros pasaban y no le dejan nada. Miraba y miraba cuando en eso vio que dos hombres se quedaron parados frente a él diciéndole:

—Míranos.

Enseguida él los miró muy atento a ver cuánto le darían. Entonces Pedro dijo:

—No tengo plata ni oro, pero lo que tengo te doy. En el nombre de Jesucristo de Nazaret, levántate y anda.

Lo tomó por la mano derecha y lo levantó. Al instante se le afirmaron los pies y los tobillos, luego comenzó a saltar. Sí, ¡este hombre brincaba!

—¡Soy sano! ¡Jesús me ha sanado, bendito sea su nombre!

Cuando ocurrió este milagro muchas personas junto con los sacerdotes judíos se preguntaban:

—¿Este es el cojo que todos los días se sentaba a pedir limosna?, ¿ese mismo que llevaba más de cuarenta años sin poder caminar?

Los sumos sacerdotes les dijeron enojados:

—Vengan Pedro y Juan. Los vamos a meter a la cárcel. ¿En nombre de quién hicieron este milagro?

—Pero ¿por qué? Si no hemos hecho nada malo —les respondieron los discípulos de Jesús—. Solo hemos hecho este milagro en el nombre de Jesús de Nazaret, a quien ustedes mataron, ustedes lo rechazaron, solo por medio de Él podemos alcanzar salvación.

Los sacerdotes les contestaron:

—Los vamos a dejar en libertad

solo porque no podemos negar que este fue un grande milagro. —Imagínate más de cuarenta años enfermo—. Todo el pueblo lo conocía, solo por eso les dejaremos en libertad, pero cuidadito y siguen diciendo que en el nombre de Jesús hacen estos milagros.

Así que los soltaron, pero Pedro y Juan no tuvieron miedo ellos, siguieron predicando y sanando enfermos.

Referencias:
Hechos: 3: 1-10; 4: 1-22

BERNABÉ VENDE SU HERENCIA

"La multitud de los que habían creído era de un corazón y un alma. Ninguno decía ser suyo propio nada de lo que poseía, sino que tenían todas las cosas en común".
(Hechos 4: 32)

La nueva iglesia fue creciendo en unidad. En los tiempos de los apóstoles muchos eran los que decidían seguir la nueva fe que predicaban, esa nueva fe consistía en anunciar que Jesús había resucitado de los muertos y que solo en Él hay salvación y perdón de los pecados.

Eran muy unidos, por ejemplo, si había una familia necesitada y su casita se estaba cayendo, decían:

—Esto no es posible, son nuestros hermanos de la misma fe.

—Vamos hermanos, reconstruyámosle su casa.

Todos iban y en un solo día la casa quedaba bien parada. Por ejemplo, si había algún niñito que le faltara ropa decían:

—No, este niño no puede andar con frío.

—¡Cooperemos para comprarle ropa!

Los días de adoración todos comían lo mismo, se hacía comida en abundancia, todos convivían en unidad. Las vecinas compartían sus alimentos. Si alguien necesitaba dinero, entre ellos mismos se lo regalaban, nada que prestado:

—¿Necesitas dinero hermano? Yo tengo, acá tienes y no te preocupes de pagarme.

¿Cómo lograban esto? Dios estaba en sus corazones, sentían su perdón, sentían amor por el necesitado y muchos cristianos que eran riquísimos, también decían:

—¡Yo venderé mi casa, mi tierra, mi herencia!

Entregaban todo el dinero a los discípulos para que lo administraran.

Cierto día Bernabé dijo:

—¿Apoco hay pobres entre nosotros?

—Sí —contestaron los líderes—, los recursos se están acabando. ¿Qué vamos a hacer?

—No se preocupen —dijo Bernabé, yo venderé mi heredad y todo el dinero lo traeré a la tesorería.

Así lo hizo, cumplió con lo que había prometido. Todos se pusieron contentos de ver cómo el egoísmo desaparecía de los corazones. Así como nuestros hermanos cristianos eran al principio de bondadosos, Jesús espera que lo sigamos siendo.

Referencias:

Hechos 4: 32-37

ANANÍAS Y SAFIRA MENTIROSOS

"Pedro dijo: 'Ananías, ¿por qué llenó Satanás tu corazón para que mintieras al Espíritu Santo y sustrajeras de producto de la venta de la heredad?". (Hechos 5: 3)

No mientas. Me imagino que alguna vez en tu iglesia han pasado algún papelito donde puedes hacer pacto con Dios para dar algo de dinero, algo así como diez, veinte, quinientos, etc. ¿Qué sientes cuando lo recibes? Muchas personas se enojan cuando reciben este papelito, piensan que la iglesia es puro pedir, otros se alegran porque quieren compartir sus bendiciones.

A Dios le agrada que hagamos pacto con Él, de esa forma Él está más dispuesto en derramar sus bendiciones a sus hijos. En la historia que hoy te contaré, muchos hermanos son así como Ananías y Safira, piensan que no debemos dar de nuestro dinero a Dios.

La iglesia crecía y entre más crecía, más dinero se necesitaba para apoyar a los necesitados, a las viudas y para apoyar a los discípulos que solo vivían predicando el mensaje.

—Hermanos que estamos aquí reunidos, no sabemos cómo le vamos a hacer, el dinero que tenemos en fondo está a punto de acabarse, hay muchas necesidades a nuestro alrededor, ¿alguno de ustedes estaría dispuesto en apoyar con su dinero?

—Yo, yo donaré mi casa. La voy a vender y donaré todo ese dinero —dijo uno de los hermanos que allí estaban.

—Nosotros también —dijeron Ananías y Safira— venderemos una tierra que tenemos, vale mucho dinero, prometemos dar todo ese dinero a la tesorería.

—Así se habla hermanos—, ¡qué bondadosos son ustedes! —celebraron algunos.

Ananías y Safira eran esposos, se sintieron bien cuando los demás hermanos los felicitaron. Cuando vendieron ese terreno dijeron:

—¡Wow! Es muchísimo dinero, ¿qué te parece Safira si mejor solo entregamos la mitad del dinero que nos pagaron?

—Sí, tienes razón Ananías, mejor demos la mitad, ese dinero nos va a servir para la comida. Anda, ve y entrega solo la mitad.

Así que Ananías llego diciendo a Pedro:

—Aquí está el dinero que prometimos dar con mi esposa.

Pedro se le quedó mirando y le preguntó:

—¿Por qué no estás cumpliendo a Dios tu promesa? Porque no fue a nosotros a quienes les estás dando, es Dios. A Dios es a quien prometiste y a Dios es a quien le estás fallando, nosotros no te estamos obligando.

Al oír esto, Ananías cayó muerto al suelo, enseguida los muchachos que estaban allí lo envolvieron en una sábana, lo sacaron y lo sepultaron.

Todos quedaron asombrados al ver la justicia divina, pasaron TRES horas, pero Safira no sabía que su esposo había muerto. Entró a donde estaba Pedro y los demás, luego él le preguntó:

—Dime, ¿vendiste en tanto la heredad? —mencionó la cantidad que Ananías había entregado. Ella respondió:

—Sí, esa fue la cantidad.

Pedro le dijo:

—¿Por qué mientes a Dios? En esa cantidad no la vendieron. Mira, allí están esos jóvenes que acaban de sacar muerto a tu esposo, a ti también te sacaran.

Al instante cayó y murió. Todos tenían temor de hacer lo mismo que ellos y se dieron cuenta que no es bueno fallar a una promesa hecha a Dios.

Referencias:
Hechos 5: 1-10

ESTEBAN EL PRIMER MÁRTIR CRISTIANO

"Pero Esteban lleno del Espíritu Santo, puesto los ojos en el cielo, vio la gloria de Dios y a Jesús que estaba a la diestra de Dios". (Hechos 7: 55)

Esteban fue el primer mártir cristiano. Esta es la historia de Esteban, un gran hombre de Dios. Esteban era un diacono lleno del Espíritu Santo del Señor, no tenía miedo de predicar, de sanar enfermos, los sacerdotes judíos, que habían matado a Jesús, lo escucharon y no les gustó lo que predicaba. No les gustó que hablara sobre Jesús de Nazaret, a quien ellos habían matado, así que lo mandaron a llamar:

—A ver Esteban, ¿es cierto que andas alborotando al pueblo diciéndole que ya no es necesario que cumplamos las leyes que nos dejó Moisés?, ¿es cierto que dices que este templo será destruido?

Esta era una oportunidad única para Esteban de predicarle a esta gente incrédula, por lo tanto, les comenzó a contar sobre Abraham, Isaac y Jacob, José en Egipto, de cómo Moisés liberó a ese pueblo de Egipto, les narró la historia de Israel, sobre Salomón que construyó un templo para Dios y les dijo:

—Pero Dios no vive en edificios hechos por humanos, su trono se encuentra en el cielo, ustedes no quieren saber nada de Dios, siempre han sido tercos, así como mataron a los otros profetas que Dios les envió, así mataron al propio Mesías del cual escribieron los profetas, ustedes no son obedientes a las leyes de Dios.

Con indignación los sacerdotes le respondieron:

—¿Cómo es posible que nos hables de esa forma?

Esteban les contestó:

—En este momento veo a Dios en su majestad, sentado en su trono y a su lado derecho se encuentra Jesús.

—¡Tienes que morir por hablar así! ¡Muerte! —gritaron.

Todos estaban muy furiosos, fuera de sí, por lo tanto, lo arrastraron a fuera de la sala de juicio, le comenzaron a lanzar piedras, y justo en ese momento, cuando las piedras caían sobre su cuerpo, Esteban solo pudo elevar una última oración:

—¡Padre te ruego que no les tomes en cuenta esta culpa! En esta última oración vemos que no estaba molesto ni lleno de odio hacia esa gente que lo estaba matando con piedras.

Esteban murió, murió siendo un testigo fiel de Dios y estoy segura de que él resucitará para la vida eterna cuando Jesús regrese a este mundo.

Referencias:

Hechos 6: 8; 7.

SAULO EL PERSEGUIDOR

"Saulo, por su parte, asolaba la iglesia; entrando casa por casa, arrastraba a hombres, mujeres y niños y los enviaba a la cárcel". (Hechos 8: 3)

Respeta y ama a los niños, aunque crean de forma diferente a ti. Muchos niños se burlan de otros solamente porque son diferentes a ellos, nada más porque tienen otra creencia diferente a la de ellos.

He visto a algunos niños que dicen: "Es que mi iglesia es la verdadera". Otros dicen: "No, tu iglesia no es la verdadera, la verdadera es la mía". Y ya solo por eso dejan de hablarse. ¿Será que eso agrada a Dios?

Te contaré sobre un niño que creció siendo así y cuando fue un muchacho, odiaba a los demás cristianos. El padre de Saulo le decía:

—Ven hijito, vamos a la escuela, tú debes aprender bien las lecciones que te va a enseñar tu maestro Gamaliel.

—¡Sí, papi! Ya aprendí varios idiomas en mi escuela, el griego, el arameo y el latín. Mi maestro me dice que nosotros somos una luz en medio de este mundo lleno de tinieblas.

Así que cuando Saulo creció, ¿adivina qué pasó con él? Los sacerdotes al ver que era un muchacho celoso en lo que sabía y con grandes capacidades se acercaron a él diciéndole:

—¡Saulo, debes perseguir a los cristianos! Es una orden, ya que ellos cada vez son más y más, ellos están mal enseñando al pueblo.

A lo que Saulo respondió:

—¡A la orden sumo sacerdote! No debe preocuparse, tenemos a muchos de esos cristianos en nuestras cárceles, ja, ja, ja. Muchos han renegado de su fe, no tienen escapatoria, yo no dejo a ninguno vivo, ja, ja, ja, se reía Saulo.

Los líderes de su época estaban felices porque Saulo estaba haciendo un excelente trabajo, era un judío fiel, nadie como él que arrestaba a los cristiano, todos le tenían miedo, los sacaba por la fuerza de sus casas, los castigaba, los encerraba, era perseguidor de los cristianos, por eso ellos salían corriendo de Jerusalén.

¿Será que Dios le seguirá permitiendo seguir matando a sus hijos? Claro que no. En la siguiente historia te seguiré contando qué pasó con él.

Referencias:
Hechos 8: 1-3
Hechos 9: 1-2
Hechos 26: 4-11
Hechos 22: 1-5
Hechos 21: 40

SAULO, SAULO, ¿POR QUÉ ME PERSIGUES?

"Pero levántate y ponte sobre tus pies, porque para esto he aparecido a ti, para ponerte por ministro y testigo de las cosas que has visto y de aquella en que me apareceré a ti". (Hechos: 26: 16)

Jesús tiene el poder para cambiar vidas. Saulo, como te venía contando, era muy malo, era un perseguidor de los cristianos, por eso ellos habían tenido que salir huyendo de sus casas lejos de Jerusalén.

Muchos de esos cristianos se habían ido hacia Damasco, la capital de Siria, allá en Damasco vivían otros judíos que tampoco estaban contentos de saber que los cristianos vivían entre ellos, por lo tanto, mandaron aviso a su sumo sacerdote:

—¡Estos cristianos andan predicando también acá en Damasco, señor!, ¡no los toleremos!, ¡haga algo por favor!

Cuando Saulo se enteró que el sumo sacerdote buscaba cómo acabar con esos cristianos, él mismo se ofreció diciéndole:

—Señor, yo deseo ir para acabar con esos mentirosos, solo necesito que me haga una carta donde me extienda todos los derechos para amarrarlos, traerlos y, de ser necesario, matarlos.

—Adelante, Saulo, aquí está la carta que me pides. Anda, acaba con ellos.

Saulo salió, furioso se preguntaba: "¿Cómo pueden ser tan ignorantes? ¿Cómo pueden abandonar nuestra fe? Deben morir esos cristianos". Iba a gran galope en su caballo junto con varios soldados que le acompañaban.

Era justo mediodía y en eso, vio una gran luz.

—¿Qué es eso? —dijo Saulo—. ¡Es una luz!, ¡no, no es posible, es muy fuerte! ¡Ayuda, me caigo del caballo!

Saulo se cayó de su caballo con el resplandor de esa luz poderosa, allí tirado en el suelo, en eso escuchó una voz que le decía:

—Saulo, Saulo, ¿por qué me persigues?

Él le dijo:

—¿Quién eres, Señor?

Esa voz misteriosa le contestó:

—Yo soy Jesús a quien tu persigues. Dura cosa te es dar coces contra el aguijón (en vano me persigues).

Él temblando y temeroso comentó:

—Señor, ¿qué quieres que haga?

El Señor le dijo:

—Levántate y ponte sobre tus pies, porque para esto he aparecido a ti, para librarte de tu pueblo y enviarte a los gentiles, para que abras sus ojos y se conviertan de las tinieblas a mi luz admirable, para que por medio de la fe,

que es en mí, reciban perdón de pecados y la herencia celestial.

Saulo no pudo resistirse a un llamado directo de Dios. Aceptó con gusto y a partir de allí dejó de ser malo,
ahora lo perseguirían a él.

Referencias:

Hechos 26: 12-19
Hechos 9: 1-6

PABLO, DE LAS TINIEBLAS A LA LUZ

"Para que abras sus ojos, para que se conviertan de las tinieblas a la luz, y de la potestad de Satanás a Dios; para que reciban, por la fe que es en mí, perdón de pecados y herencia entre los santificados".
(Hechos 26: 18)

Cuando eres obediente vives en luz. Seguimos con la historia de Pablo.

¿Y ahora qué hago? ¡No veo, me caigo! ¡Ayuda! —exclamaba él.

Pablo se había portado muy mal, encerrando, arrestando y matando a muchos cristianos hijos de Dios, de todo corazón él creía que hacía lo correcto.

Por más que escuchaba por medio de Pedro y los apóstoles de Jesús sabios consejos, él creía que estaban actuando bien, en el nombre de Dios, por eso Dios le tuvo que hablar y para que entendiera un poco más, lo dejó ciego.

Los hombres que acompañaban a Pablo lo llevaron de la mano a una posada, donde estuvo por tres días, sin comer ni beber nada.

En ese lugar estuvo siego por tres días, en ese tiempo recordó todo lo que había pasado con Jesús, cómo lo mataron, algunos consejos que él daba y también Pablo pensaba en todo lo que había hecho, en todo lo que había aprendido de niño. Se arrodilló diciendo estas palabras:

—¡Perdóname Señor, todo este tiempo he estado ciego!

En lo que él clamaba allí, alguien tocó a la puerta. Toc, toc.

—¿Quién es? —preguntó.

—Soy Ananías, hermano de Pablo. —Así que Pablo le abrió la puerta. Ananías le explicó lo siguiente—: El Señor me envió a visitarte para devolverte la vista. Jesús me ha dicho que tú serás un instrumento poderoso para llevar su nombre a los gentiles, a los reyes y a los hijos de Israel (judíos).

Enseguida al poner sus manos sobre los ojos de Pablo, le cayeron escamas y recobró la vista en ese momento.

—¡Ahora veo hermano Ananías! Yo siempre estuve ciego —dijo Pablo—; ciego porque mi odio no me dejaba ver que yo estaba en el error.

Pablo no lo dudó y salió a predicar, estaba arrepentido, feliz de que ahora reconocía el grave error en el que había vivido por tantos años.

Referencias:
Hechos 26: 12-18
Hechos de los apóstoles, Cap.9

PABLO, UN FIEL GUERRERO DEL SEÑOR

"Pero tú sé sobrio en todo, soporta las aflicciones, haz obra de evangelista, cumple tu ministerio". (2 Timoteo 4: 5)

Sé siempre leal a Dios. Se dice fácil, pero Pablo nos cuenta cómo fue que sufrió tanto al predicar de Jesús:

—Tres veces he sido azotado con varas, una vez apedreado, casi muero en esa ocasión, los hermanos me sacaron casi muerto, lleno de heridas, tres veces he padecido naufragio, fatiga, desvelos, hambre, sed, frío, desnudez y además la preocupación por las iglesias que no crean en falsas enseñanzas.

Ahora Pablo estaba encarcelado en Roma, lugar en donde por fin perdería la vida, ahora te contaré cómo fue su muerte. Pablo era judío, pero tenía una ciudadanía romana también desde su nacimiento.

—¡Pablo debe morir! —lo acusaban los judíos, lo habían tomado preso y querían acabar con él, decían de él—: Anda predicando que Jesús resucitó, que le habló y que no debemos cumplir con las ley de la circuncisión.

Lo arrastraron afuera del templo, la ciudad se alborotó, intentaban matarlo con sus propias manos, pero por suerte suya llegaron los soldados romanos para defenderlo y después lo llevaron preso.

Pablo comenzó a defenderse ante los comandantes romanos que lo tenían preso, estos intentaban azotarlo también, así que les dijo:

—¿Os está permitido azotar a un ciudadano romano sin haber sido condenado?

Al saber ellos que era romano, lo dejaron en paz, al siguiente día lo llevaron ante el concilio judío, donde dio testimonio de su conversión diciendo:

—Yo solo predico de Jesús, a quien ustedes mataron, no le he hecho mal a nadie, no ando enseñando falsedades, yo era igual a ustedes, perseguía a los cristianos, los encerraba, no los quería vivos, pero el mismo Jesús me habló y me dijo que volverá un día a juzgar este mundo.

Esto no le gustó a esta gente y prometieron matarle. Pasó por varios juicios, en donde tuvo la oportunidad de testificar la fe de Jesús. Sus días en este mundo llegaron a su fin en Roma, donde el apelo fuese juzgado.

Allí en Roma le dieron sentencia de muerte injustamente. Los soldados lo sacaron, listos para decapitarlo (quitarle la cabeza), Pablo dijo estas palabras antes de inclinar su cabeza:

—"Yo ya estoy para ser sacrificado. El tiempo de mi partida está cerca.

He peleado la buena batalla, he acabado la carrera, he guardado la fe. Por
lo demás, me está guardada la corona
de justicia que me dará el Señor, juez
justo en aquel día. Y no solo a mí, sino
también a todos los que aman su venida". (2 Timoteo 4: 6-8)

Pablo murió en ese momento con
esa fe inquebrantable, fue un hombre
de Dios.

Referencias:

Hechos 9: 20-30

Hechos 21-27

Hechos 26: 21

2 Corintios 11: 32-33

Gálatas 1: 17-18

UN ÁNGEL ME AYUDÓ

"Entonces Pedro, volviendo en sí, dijo: 'Ahora entiendo verdaderamente que el Señor ha enviado su ángel, y me ha librado de la mano de Herodes, y de todo lo que el pueblo de los judíos esperaba'". (Hechos 12:11)

Los ángeles sí existen y nos ayudan. ¿Qué pensarías si alguien viene ahorita mismo y te dice que ha visto a un ángel?, ¿le creerías? Lo más seguro es que digas que esta persona está loca.

Eso mismo dijeron de Rode, una niña que anunció que Pedro tocaba a su puerta.

¡Ja, ja, ja! Estos judíos estaban felices de que habían matado a Jacobo, uno de los discípulos de Jesús, por lo que también intentaron matar a Pedro.

Enseguida los soldados tomaron preso a Pedro, asegurándose de que no escapara. Cuando lo fueron a arrestar, Pedro fue bien obediente, no se rehusó, él solito puso sus manos para que lo llevaran a la cárcel.

Al llegar a la cárcel pusieron a cuatro soldados en su celda, dos enfrente y dos atrás, además, para que se asegurara mejor, otros tres grupos de cuatro soldados se rotaban, por si les daba sueño. La orden para estos soldados fue:

—¡Que nadie se duerma!, ¡desvélense!, ¡Pedro no debe escapar! —dijo el rey Herodes, deben estar atentos.

Los demás hermanos cristianos estaban tristes por Pedro, se pusieron a orar para que Dios lo liberara, todos se juntaron en una casa a orar por él, de día y de noche. En una situación así, ¿tú te podrías escapar? Creo que no, era humanamente increíble. Imagínate, soldados por todos lados, solo para cuidar a un solo hombre.

Se acercaba el día que Herodes lo iba a sacar para matarlo, esa noche Pedro dormía entre dos soldados que estaban amarrados juntos con él y además otros dos custodiando la puerta. En eso un ángel ilumino la cárcel, se acercó calladamente. Tocó a Pedro diciéndole:

—¡Pedrito, levántate pronto! —De inmediato, las cadenas se le cayeron de las manos y el ángel le indicó—: Anda vístete, ponte tus sandalias, ponte tu manto y sígueme.

Pedro hizo todo lo que el ángel le indicó, solo que él pensó que estaba soñando. Pasaron una puerta, se abrió sola, pasaron la segunda puerta, también se abrió y llegaron a la puerta final de hierro, la puerta final también se abrió. Juntos, Pedro y su ángel pasaron la primera calle, después el ángel desapareció.

—¿Esto es un sueño? —dijo Pedro.

Me imagino que se debe haber pellizcado la piel.

—¡Auch! No, esto sí es verdad.

Al llegar a la casa de los hermanos donde estaban orando por él, tocó a la puerta. Toc, toc, toc. Enseguida Rode salió a abrir la puerta. ¿Quién era? Era pedro, no lo podía creer, del susto ya no abrió la puerta, fue corriendo a la sala diciendo:

—¡Pedro! Pedro es el que toca la puerta.

Todos le preguntaron:

—¿Estás mal Rode? ¿Cómo crees que puede ser Pedro?

Entonces Rode les respondió:

—¿Acaso no es por eso que ustedes están aquí orando al Señor? Claro que sí es Pedro, deben creerme.

Enseguida abrieron la puerta, ¡y sí era Pedro! Todos se pusieron felices y agradecieron a Dios. ¿Qué paso con los guardias de la cárcel? Bueno, Herodes los mandó a matar a todos.

No dudes que ahora mismo un ángel del Señor de seguro está a tu lado.

Referencias:
Hechos: 12: 6-19

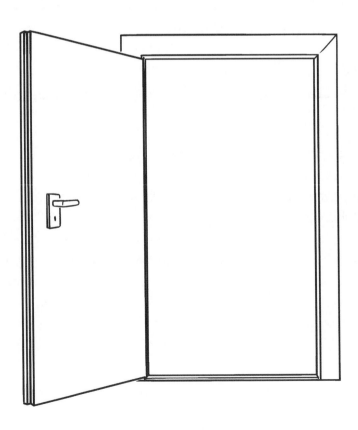

TABITA (DORCAS), VUELVE A AYUDAR

"Entonces, sacando a todos, Pedro se puso de rodillas y oró; y volviéndose al cuerpo dijo: '¡Tabita, levántate!'". (Hechos 9: 40)

Es bueno ayudar a los demás. ¿Has conocido a gente que es muy buena? Sí, yo conozco a gente que tiene ese don de ayudar, no les cuesta regalar su ropa, su comida, sus cosas, su dinero, son bien mano suelta para dar.

En cambio, también conozco a gente que es bien agarrada de sus cosas. "¿Si le doy que me voy a poner? ¿Cómo le haré si se me acaba para la comida? Pues si quiere que trabaje, o solo prestadito, ya luego que me lo devuelva y con intereses", muchos así somos.

En la palabra de Dios se encuentra la historia de Tabita, a quien más se le conoce como Dorcas.

—¡No! ¿Por qué tuvo que morir? —lloraba la gente.

Había mucha gente en la casa de Tabita, muchos estaban tristes porque ella ha muerto. En eso varios hermanos se pusieron a pensar en Pedro.

—¿Pedro?, ¡sí! ¡Pedro ha sanado a muchos enfermos!, ¿y si lo vamos a buscar para que haga un milagro?

—¡Sí, vamos! —respondieron dos que estaban muy tristes.

Al llegar con Pedro le dijeron:

—¡Hermano Pedro, una buena mujer ha muerto! Muchos están reunidos en su casa llorándole. ¡Ven, acompáñanos a ver si puedes hacer algo por ella!

—¡Vamos! —comentó Pedro. Al llegar vio cómo la gente le lloraba:

Enseguida la gente comenzó a acercársele, muchas gente había sido ayudada por ella me imagino a la gente diciéndole:

—¡Mira Pedro! Nosotros somos dos niños que no teníamos ropa, siempre andábamos con frío, pero un día nos dijo: "Miren, les hice estas ropitas, mídansela, ¿será que les queda?". Luego nos las probamos y estaba exacto a nuestra medida.

Otras niñas se acercaron diciendo:

—Sí, a nosotros también nos regaló abrigos cuando vio que moríamos de frío.

Otras personas le dijeron:

—Nosotros nos quedamos varias veces en su casa, nos dio comida y buen abrigo. Pero ¿por qué tuvo que morir?

Al ver Pedro cómo lloraba mucha gente por ella, él también se puso triste así que les dijo:

—Bueno, para comenzar, tienen que salir todos de aquí.

Así que todos salieron, Pedro entonces se arrodilló, oró por ella, le dijo a Dios que si era su voluntad le devolviera la vida. En eso le dijo:

—¡Tabita, levántate!

Tabita abrió sus ojos, Pedro le dio la mano y Tabita se levantó, ¡qué felices se pusieron todos! Muchos de los que estaban allí creyeron en el Señor y entregaron sus vidas.

Referencias:
Hechos 9: 36-43

POBRE DE EUTICO, SE CAYÓ

"Llevaron vivo al joven, y fueron grandemente consolados". (Hechos 20:12)

No te duermas en el templo. ¿Alguna vez te has caído de una ventana?, o ¿has tenido algún accidente mientras estabas en el templo?

Bueno. Ahora te contaré sobre Eutico, un muchacho que se cayó por dormilón.

—Pero Pablo, no te vayas, anda pastor, ¡quédate otros siete días con nosotros! —le decían los hermanos de Troas a Pablo.

Pablo les respondía:

—¡No, hermanos!, ¡ya tarde lo suficiente! Otros hermanos me esperan en Jerusalén, otros me esperan en Mileto, bueno, tengo muchos compromisos mis hermanos. Pero ¿qué les parece si aprovechamos bien el tiempo? Después de despedir el día del señor, ¿Qué les parece si nos volver a reunir? Ya que mañana domingo debo de irme.

Los hermanos se pusieron muy contentos de que Pablo les predicaría, les aclararía dudas que aún tenían, así que prepararon una rica cena para cuando les diera hambre. Estuvieron escuchándolo como hasta la medianoche. En esa reunión había niños, jóvenes y adultos, había mucha gente escuchando al pastor Pablo, no entraban en ese salón. El salón era de tercera planta.

"¿Dónde me siento? ¿Dónde?", pensaba Eutico "¡Ah ya sé! Aquí en el bordecito de la ventana". Así que este muchacho se sentó al borde de la ventana.

Antes no había luz, así que para iluminar las casas usaban aceite para prender antorchas. El humo salía y llenaba el cuarto. Era medianoche y Eutico comenzó a bostezar y los ojos se le comenzaron a cerrar.

—Ay —decía—, la plática está muy buena, pero tengo sueño, pero no debo dormir. Además, el pastor se va mañana. Debo poner mucha atención.

Pero por más que se esforzaba, los ojitos se le cerraban. Hasta que no aguanto más y tal vez pensó que estaba en su cama. Se dejó caer hacia atrás y "pum". Se cayó por la ventana. Todos gritaron:

—¡Eutico se cayó!

Su mamá de seguro fue la primera en ir corriendo para ver a su hijo.

—¡Está muerto!

—¿Cómo que está muerto?

Pablo interrumpió su mensaje y enseguida fue a verlo, ¿será que estaba muerto? Sí, pero Pablo le pidió a Jesús que le devolviera la vida, fue solo por la oración de Pablo y la ayuda divina que Eutico pudo volver a la vida.

Todos se pusieron contentos al ver

ese milagro, luego continuaron con su
junta hasta amanecer.

Referencias:
Hechos 20: 7-12

NO TENGAN MIEDO

"Por tanto, tened buen ánimo, porque yo confío en Dios que será así como se me ha dicho". (Hechos 27: 25)

Cuando veas a alguien triste trata de apoyar en lo que puedas. El barco empezó a moverse de un lado a otro. Los tripulantes comenzaron a tener miedo.

—¡Estamos mareados!, ¡tenemos hambre!, ¡tenemos frío! ¡Moriremos! —exclamaban todos los tripulantes de ese barco que iba hacia Fenice, puerto de Creta.

El viento soplaba fuerte, entonces Pablo le dijo al centurión que lo llevaba preso hacia Roma:

—¡Sería mejor que no partiéramos aún!, ¡mire cómo están fuertes los vientos! Me parece que vamos a perder muchas cosas, incluso la embarcación misma. Mejor quedémonos aquí.

¿Pero será que este centurión le hizo caso a Pablo? No, no le hizo caso:

—¡Eleven anclas! —exclamó el capitán, el barco comenzó a avanzar lentamente rodeando toda la costa.

Pero tal como Pablo lo había predicho, ahora no era un fuerte viento, ahora era un huracán llamado Euriclidón,

este azotaba contra toda la embarcación, todos gritaban desesperados:

—¡Vamos a Morir!

Entonces Pablo se arrodilló allí bajo la lluvia, me imagino que agarrado de alguna parte firme del barco:

—Mi Señor, mándanos ayuda para que esta gente conozca tu poder, en el nombre de Jesús, amen.

Enseguida un ángel del Señor vino y le dijo a Pablo que no debían temer, que ni un solo cabello se perdería de todos los tripulantes, solo debían alimentarse bien para tener fuerzas. Pablo transmitió ese mensaje y todos comieron.

El barco seguía moviéndose, algunos intentaban abandonar la nave, pero fue solo hasta que descubrieron que estaban cerca de una orilla, cerca de tierra firme cuando se aventaron, primero los que sabían nadar, los que no agarraron palos, botes y todo lo que les ayudara a llegar a tierra firme.

Ningún preso pudo escapar, nadie murió, fue después de este incidente que Pablo les predicó del poderoso Dios de quien él hablaba y por quien lo llevaban preso a Roma. Muchos creyeron en su mensaje y en Dios.

Referencias:
Hechos, Cap. 27
Hap, Cap. 42,
PP, 327-332

HISTORIAS DE
LA ACTUALIDAD

¡QUÉ FLOJA!

"Como el vinagre a los dientes y el humo a los ojos, así es el perezoso para quien lo envía". (Proverbios 10:2)

Las personas laboriosas tienen lugar en donde sea. ¿Alguna vez has sentido el humo en los ojos?, ¿o te has puesto vinagre en los dientes? Déjame decirte que a mí me ha tocado sentir el humo directamente en los ojos, cuando estaba de visita en la casa de unas amigas que cocinan con leña, el humo es muy desagradable, los ojos me comienzan a llorar. La Biblia dice que los perezosos son así para quien les pide un favor, no los quiere uno, son como el humo y el vinagre.

Keila era una niña muy bonita, le gustaba que la admiraran por su belleza, pero ella tenía un grandioso defecto, ¿quieres saber cuál era? Ella era floja, su mamá le decía:

—Keila, ¡ve por las tortillas, en la mesa te dejé el dinero!

—Ay, ya voy mami.

Pero no iba, así que su mami le preguntaba:

—¿Keila no has ido por las tortillas? ¡Anda ve que ya va a llegar tu padre!

A Keila le llevaba cerca de media hora para que obedeciera. Al siguiente día su mamá le dijo:

—¡Keila recoge tus juguetes y limpia tu cuarto!

¿Será que Keila obedecía? No, Keila respondía:

—Ay, mami, qué flojera, lo hago en la tarde mejor.

No lo hacía, pobre mamá luchaba mucho con esa hija floja. Hasta para bañarse:

—Keila ya báñate, ayer no te bañaste, te puedes enfermar.

—Ay, mami es que el agua está fría. Para todo tenía una excusa.

Un día su mami le pidió que lavara los platos, como siempre, le costó mucho hacer el trabajo, luego su mami le dijo:

—Vamos Keila, ayúdame a barrer el patio.

—¿Yo ayudarte? No, ya lavé los platos.

Me imagino que tú sí has de ayudar a tu mamá, ¿verdad? Pero de seguro conoces a alguien así.

Un día llegó la tía de Keila, que al ver cómo era de haragana y perezosa su sobrina, le dio un buen consejo:

—Keila no debes ser así, si sigues con esa actitud cuando seas grande no vas a ser muy útil, si llegas a conseguir empleo, serás igual que ahora, a Dios no le agrada, escucha este versículo: "Como el vinagre a los dientes y el humo a los ojos, así es el perezoso para quien lo envía".

Keila se quedó pensando:

—Yo no quiero ser como el humo que nadie lo quiere.

—¡Qué bueno hija, ánimo! Pon manos a la obra con rapidez, mientras más rápido hagas lo que manda tu mami, más tiempo tendrás para ti.

Keila decidió ser una niña diferente, porque solo de pensar en eso.

CUANDO HABÍA CALOR Y YULI MORÍA DE FRÍO

"El malo no quedará sin castigo, pero los justos escaparán". (Proverbios 11: 21)

Pide permiso cuando salgas de casa. Yuli había pasado toda la mañana jugando, ya era el mediodía y quería cambiar de ambiente, su mamita estaba cocinando, así que ella decidió ir a la casa de sus amiguitos, que eran sus vecinos, su mami la vio correr hacia allá a través de la ventana.

—¡Vamos al río! —dijeron sus amiguitos.

—¡Vamos! —contestó Yuli, entonces los niños les pidieron a su mamá:

—¿Podemos ir al río mami?

—Claro que sí, vayan hijos.

Su mami los dejó ir, ¿sabes por qué? Porque el rio les quedaba muy cerca y era como una alberca para ellos, ¿tú tienes alberca en tu casa?, ¿o has ido a una alberca? Bueno para esos niños el río era mejor que una alberca, había peces, árboles, ranas, piedras, arena, ¡era hermoso!

Yuli se fue con los niños y no le pidió permiso a su mami, ¡se fue sin permiso! Estando en el río, jugaron, nadaron, ¿sabes? Compusieron una resbaladilla, sí una resbaladilla, de lodo, ellos encontraron una bajadita que caía justo en el río y le echaron agua, ¡qué emocionante!

Ellos se deslizaban. Yupi, caían en el agua, todos llenos de lodo, pero a ellos eso no les importaba, era muy divertido.

Cuando se cansaron de jugar regresaron a sus casas. De repente apareció Yuli en su casa toda mojadita, a lo que su mami le preguntó:

—¿A dónde fuiste Yuli?

—Al río mami —contestó ella.

—Pero, ¿cómo así? No me pediste permiso, te pudiste ahogar, si te enfermas será consecuencia de tu rebeldía, anda, ve báñate, cámbiate de ropa.

—Ay, mami, quiero seguir jugando.

Después de un rato Yuli se bañó y se cambió. Muy temprano era hora de la escuela y Yuli gritaba:

—¡Mami tengo mucho frío! Frío mami, tápame.

—¿Cómo? Pero si hace calor... —Yuli tenía fiebre—. ¡Ay, hija! ¡Te vamos a llevar al doctor!

—¡No, mami, no, doctor no, inyección no! —gritaba la niña.

Ni modo, a Yuli la inyectaron, ella aprendió dos grandes lecciones: a pedir permiso y no meterse tanto tiempo en el agua. Por eso te recomiendo que pidas permiso cuando quieras salir de

casa, es importante que ellos sepan de
ti, si te encuentras en problemas, ellos
te ayudarán pronto.

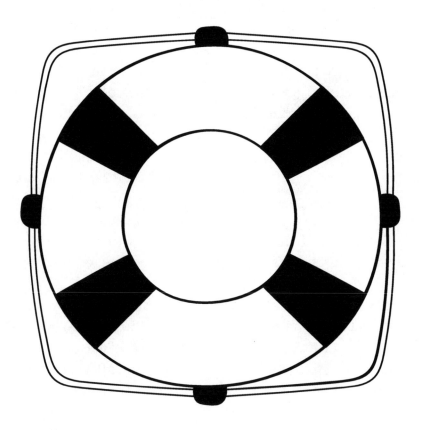

CUANDO FREDY Y DEYCER DESOBEDECIERON

"Guardarás el sábado para santificarlo, como Jehová, tu Dios, te ha mandado. Seis días trabajarás y harás toda tu obra, pero el séptimo día es de reposo para Jehová tu Dios". (Deuteronomio 5:12-14)

No juego de pelota en el día del Señor. Como todos los sábados Fredy y Deycer fueron a la iglesia con sus papás bien vestidos y sobre todo bien portados a la hora del culto, porque al papá no le gustaba que ellos anduvieran saliendo de la iglesia, ¿tú te sales de la iglesia a la hora del culto? Me imagino que no, tú has de ser bien obediente, ¿verdad?

Todo pasó bien, salieron del culto, pero en esta ocasión el papá de estos chicos les dijo que tendrían visitas. Las visitas eran los papás de dos de sus grandes amiguitos, así que se pusieron muy felices. Mientras los adultos platicaban y platicaban a Fredy se le ocurrió sacar una pelota para jugar, pero ¿sabes qué? Era sábado y Fredy sabía que no debía jugar, su papá se los tenía prohibido, él estaba tan emocionado que no obedeció, se puso a jugar con su hermanito y con sus amigos dentro de una sala enorme que ellos tenían. Su papá estaba ocupado atendiendo a las visitas y de lejos les decía a sus hijos:

—¡Dejen de jugar! Niños ¡dejen de jugar!

Pero Fredy, quien era el mayor no obedeció, ellos siguieron jugando hasta que pasó una gran desgracia, adivinen ¿qué paso...? Se escuchó el sonido de unos vidrios que se habían roto, era la lámpara de la sala que se había hecho pedazos cuando le dieron un fuerte golpe con la pelota. Don Uribe se levantó de su asiento muy molesto y les dijo a sus hijos:

—No tengan miedo, no les voy a pegar, pero necesito que me hagan un gran favor

—¿Qué favor, papa? —respondieron los niños.

—Tráiganme cada uno de ustedes una cubetita de granos de maíz, del que tenemos en la bodega.

—Sí papá, iremos con gusto.

Así que Fredy y Deycer salieron corriendo con su cubetita y la trajeron rebosando de granos de maíz.

—¡Aquí esta papi! —dijeron.

—Está bien, hijos —respondió don Uribe—. Ahora acomódenme dos montoncitos de maíz cada uno. —Y así lo hicieron los niños.

—¡Listo papi!

—Muy bien, ahora arrodíllense cada uno en su montoncito.

Vaya sorpresa que se llevaron los chicos, nunca se imaginaron lo que les pediría su papá, así que se arrodillaron, los primeros dos minutos pasaron bien, pero al llegar los cinco minutos Deycer comenzó a llorar y a llorar, era el más pequeño, ya al pasar ocho minutos Fredy también comenzó a llorar.

¡Pobre Fredy! Pero ¿saben por qué lloraba? No, él no lloraba de tanto del dolor, él lloraba de ver a su hermanito sufrir por su causa, él tomó la iniciativa de jugar y su hermanito solo tenía cuatro añitos, pasaron quince minutos y vino don Uribe diciéndoles:

—Espero hayan aprendido la lección, en sábado, hijos, no se debe jugar, ¿apoco yo estoy trabajando los sábados?

—No papá —respondieron.

Los chicos aprendieron la lección y ya no más jugaron pelota en el día del Señor, pidieron perdón y abrazaron a su papá.

¿A DÓNDE VAS?

"No te alejes de mí, porque la angustia está cerca, porque no hay quien ayude".
(Salmo 22: 11)

No te apartes de tus padres, podrías perderte.

—Mi amor —dijo la mami—, cuida bien a la niña, yo me encargo del niño, que es más chiquito.

Era un día para salir de compras. La familia andaba en el mercado comprando, mientras los niños se distraían con su papi, esperando a mamá que hiciera las compras necesarias.

Isita era más pequeñín y fácilmente podía estar en brazos de mamá, pero Bitia era más grandecita.

—¡Bitia no te separes de tu papi por ningún momento! —fue la indicación, solo que el papi de Bitia con cualquier cosa se distraía. Por tanto, se olvidó de la niña por un momento.

—¿Dónde estará Bitia? —se preguntó el padre, mientras la buscaba desesperado.

Bitia no aparecía, estaban en medio de un mercado de una ciudad grande, donde apenas y podían caminar. El padre se preocupó mucho.

—¡Edna! —exclamó este padre—, ¡Bitia no aparece!

—¿Cómo que no aparece? —pregunto la mamita—. Si te la encargué, te dije que la cuidaras, ¿de verdad no has podido hacer eso?

—Perdón —respondió el papi—, le dijimos que no se separara de nosotros, ella no obedeció.

Los padres comenzaron a buscarla por calles y la niña no aparecía. Preguntaban a todo el mundo:

—¿No han visto a una niña por aquí, señor? Una pequeña, ella andaba con blusa azul y pantalón rosado.

—Oh señores, no hemos visto nada. —Era la respuesta de todos.

La pobre madre lloraba de angustia, su nena, su amada nena no aparecía.

—Hay mi hija, mi hijita ¡Dios! ¡Ayúdanos! Comenzó a orar desesperada, te suplico que aparezca, no podremos vivir sin ella.

Tú sabes que actualmente hay muchos niños que se pierden y ya no vuelven con sus padres.

Pero esta madre confiaba en Dios, por eso Dios respondió a su oración. La madre se llenó de paz al ver a Bitia finalmente, cuando estaba a punto de subirse a un transporte público (combi). Entonces salió corriendo por ella, la abrazó y la besó. Después le preguntaron a la nena:

—¿A dónde ibas hijita?

Bitia bien tranquila le contestó a su mami:

—Como dejé de ver a mi papi, pensé que lo había perdido, me estaba subiendo a la combi para ir a la casa.

Dios cuidó de Bitia y evitó que se perdiera para siempre de sus padres, los padres la abrazaron felices y prometieron tener más cuidado, hasta el día de hoy ellos agradecen a Dios por este maravilloso milagro en sus vidas.

Por eso, si tus padres a veces son despistados o distraídos, tú debes cuidar de no perderlos de vista, aunque ellos a veces lo hagan, no te vayas a perder como Bitia.

UN ÁNGEL NOS GUIÓ

"Pues a sus ángeles mandara acerca de ti, que te guarden en todos tus caminos".
(Salmos 91: 11)

Los ángeles sí existen, ellos son tus acompañantes.

—Hijitos míos, esta tarde se van a tener que quedar solos en casa —dijo la mami—. Debo acompañar a su padre a una visita muy especial, ustedes tienen que hacer mucha tarea, les dejo la comida lista, primero Dios estaremos de vuelta para la cena.

A lo que los chicos respondieron:

—Sí mami, aquí nos quedaremos, váyanse tranquilos.

La mamá dijo a Carlos:

—Te encargo mucho a tu hermanita y a tu hermanito, cuídalos muy bien, no le abran a nadie, aunque lo conozcan, por favor.

De regreso a casa la lluvia comenzó a caer. Shuuu shuuu, llovía mucho. El camino estaba tapado, había carros por todos lados, una gran fila. Todos esperando a que bajara de nivel un gran puente que estaba inundado de agua, la única vía para llegar a su hogar.

—No Señores. No podrán pasar —decían algunos, así que muchos carros se regresaban, pero doña Linda solo decía:

—No puede ser, mis niños... los deje solitos en casa, no tendrán que cenar, ¿cómo estarán? —Su corazón se estremecía con el solo pensar que tendrían que pasar la noche solos y ella muy lejos de sus pequeños, ni pensarlo.

Los chicos comenzaron a preguntarse:

—¿Dónde está mi mami? ¿Por qué no llegan?

Laurita comenzó a llorar:

—¡Mi mami! Quiero ver a mi mami.

Carlos no sabía qué hacer, ya no sabía cómo consolar a su hermanita.

—Tranquila hermanita, ya mero llegan —les decía a sus hermanitos.

El puente no bajaba y la noche comenzaba a caer.

—¡No es posible! —decía doña Linda. En su desesperación oró al Señor—: Oh Dios, tú sabes que deje a mis niños solos en casa, te ruego nos ayudes a llegar hoy a casa.

Cuando terminó su oración alguien tocaba la ventana del carro. Toc, toc, toc. ¿Quién era? Era un señor que traía una pequeña lámpara en su mano, ya había oscurecido y no se veía claro. Él les dijo:

—Señores ¿quieren pasar del otro lado?

—Sí, claro que queremos, pero el agua del puente no baja.

—Pasen señores, anímense, el agua

ya bajó lo suficiente como para que pasen, anímense no les pasara nada, es más, yo estaré cuidándolos y si el agua los llega a arrastrar, yo los saco.

Así que esta pareja se animó, ellos confiaron en lo que les había dicho este caballero. El pastor arrancó el carro. Ruuun ruuun. Pasó poco a poco el puente lleno de agua.

Uy, qué miedo, el agua tapaba hasta el cofre el coche. Ellos solo esperaban haber cuando se apagaría el carro, la hermana Linda solo observaba por el retrovisor hacia atrás. Y a lo lejos ella podía ver a este caballero parado con mucha firmeza, guiando a su esposo con esa pequeña lámpara en mano.

Gracias a Dios pasaron sanos y salvos, no les pasó nada, el carro no sonaba raro ni nada de nada.

—¡Qué alivio! —dijo la hermana—. Ahora podré ver a mis niños, ¡ya es demasiado tarde!, han de estar desesperados.

—Sí —contesto el esposo—. Vamos a agradecerle a este caballero que nos orientó sabiamente. Se bajaron del auto y de lejos lo buscaron para decirle adiós, pero este hombre ya no estaba, había desaparecido, solo apareció para ellos, no lo vieron más.

Al llegar a la casa ellos abrazaron a sus niños y les contaron por qué llegaron tarde a casa. Solo que aún no podían entender ese misterio, el pastor dijo:

—Si el carro está mojado de adentro del cofre, de seguro la persona que nos ayudó era un hombre normal, pero si llega a estar seco, este hombre fue un ángel...

Todos estaban a la expectativa, los niños observaban con emoción para ver qué pasaría cuando abriría su padre el carro para revisar

—Fue un Ángel! —exclamó su papi—, ¡fue un ángel enviado por Dios para ayudarnos a pasar sanos y salvos! Hijos, debemos agradecer a Dios por darnos la seguridad de que Él nos cuida.

Juntos en ese mismo momento dieron gracias al Padre. Yo te invito a que cuando te sientas en apuros y parece que no haya solución a tu problema, Dios puede enviar a un embajador del cielo, a un ángel, solo tienes que pedir su ayuda.

MAMI, EL CABALLO PATEÓ A LUCI

"Hay camino que al hombre le parece derecho, pero es camino que lleva a la muerte". (Proverbios 14: 12).

Evita tocar animales sin permiso de tus padres, aunque se vean indefensos. Había una vez dos niñitas, Luci y Tere, ellas eran amigas inseparables, vivían juntas porque eran primitas.

—¡Tere, vamos! Acompáñame al baño.

—Si primita, vamos juntas.

—¡Vamos a jugar juntas!, ¡vamos a la escuela juntas!

Ellas eran inseparables.

—Ah, cómo me gustan los caballos —decía Tere.

—Sí, a mí también —comentaba Luci—. Como quisiera subirme a un caballo.

Pero ellas no tenían caballo, solo veían como los vecinos se subían a sus caballos y cabalgaban cerca de ellas, ¿a ti te gustan los caballos?, ¿te has subido a alguno alguna vez? Su abuelita les ordenó a las dos:

—Vayan por agua al pozo.

—¡Sí, abuelita! —gritaron las niñas, cada una corrió por su cubetita.

Mientras caminaban, Tere observó un caballo.

—¡Luci, mira, un caballo! Está echado, creo que esta es nuestra única oportunidad, subámonos.

—Sí, subámonos —respondió Luci—. Tú primero Tere y después yo. ¿Sale?

Tere se alcanzó a subir al caballo mientras estaba echado en tierra, pero Lucí, ¡ay, pobre Luci! Mientras se subía, el caballo se levantó asustado, aventando a las dos chicas muy lejos de él. Tere se levantó como pudo, salió corriendo a su casa, gritando:

—¡Tía, tía!, ¡un caballo pateo a Luci!

Todas salieron corriendo en su ayuda, encontraron a Luci llorando.

—Ay, me duele... —decía Lucí—, me duele mi pancita.

—Hija linda, ¿por qué se subieron al caballo?

—Ay, mami —contestaron las niñas—, porque creímos que era bueno.

—Bueno, vamos a llevarte a la casa.

Ellas levantaron a Luci, la acostaron y le curaron las heridas. Las chicas aprendieron la lección, es mejor mantener distancia con los animales desconocidos: los perros, los cotorros, los gatos, los monos. ¿Qué otro animal? Aunque parece que no hacen nada, pueden lastimarte.

NO CORRAS

"Mas la senda de los justos es como la luz de la aurora, que va en aumento hasta que el día es perfecto". (Proverbios 4: 18)

Los milagros sí existen y tú eres uno. Fredein tenía cuatro añitos, esto fue lo que le ocurrió, se había quedado solo con su mamita, porque su papi se había ido a México a un compromiso.

—¡Mami! Extraño mucho a mi papito —decía Frede.

—Sí hijito, yo también lo extraño —le respondió su madre—. ¿Qué te parece si vamos a ver a tus abuelitos a la ciudad?

—Sí, mami, ¡vamos! —dijo el niño.

Al llegar, los abuelitos se pusieron recontentos con su llegada.

—¿Y si vamos al parque con Fredito? —preguntaron las primas, quienes eran más grandes que Frede.

—Tía déjenos llevar a Fredito a comer un helado —pidió Lore, la niña más grande.

—Está bien. Solo no lo suelten, cuídenlo mucho, que no ande corriendo en las calles.

—Sí tía, lo vamos a cuidar, no se preocupe —contestaron las muchachas.

Ya estando en el parque, todo estaba bonito, los ojitos de Frede brillaban.

—¡Pelotas! —gritó Fredito—, ¡qué bonitas pelotas! ¡Quiero una!

—No Frede, espera a que nos acabemos el helado —le decían sus primas, pero él pequeño no les quitaba el ojo y mientras las chicas platicaban se olvidaron del niño por un ratito. Cuando comenzaron a buscar. Fredito ya no estaba. ¿Dónde será que se metió? Lo vieron a lo lejos, corriendo porque quería llegar al puesto de pelotas.

—¡No corras, Fredito!, ¡no corras! —le gritaban las chicas, pero él corría imparable—. ¡Cuidado Fredito con los carros!

Ruuun ruuun. Los carros pasaban, el niño corría ahora ya con miedo sin saber a dónde ir. Sin esperarlo una camioneta de tres toneladas lo atropelló. Riiiim riiiim, sonaron los frenos del carro, Frede no pudo librarse de caer bajo las llantas de ese enorme carro.

Todos estaban en silencio. Asustados. Lo mató.

—De seguro lo mató —decían muchos.

Los paramédicos y la policía llegaron con todo su escándalo, levantando al niño del piso todo lastimado, lleno de sangre, pero aún respiraba. Las otras chicas salieron corriendo a avisar sobre el accidente.

—¡Tía un carro atropelló Fredito!, ¡los paramédicos se lo han llevado al hospital! ¡Perdónenos tía, perdónenos! —imploraban.

—¿Cómo? ¿Qué cuentas le daré a su papá? —La mamá estaba desconsolada, ella salió corriendo al hospital donde tenían a su hijo—. Ay mi hijo, no es posible... —De inmediato ella elevó una plegaria al Señor—: Dios cuida a mi hijo —oraba la mamá, quien ya había perdido también a una bebé.

Los médicos no le daban muchas esperanzas de vida, sin embargo, Dios cuidó de él, tuvo que pasar por muchas cirugías, mucho dolor, pero sin duda este niño ha sido un milagro del cielo. Ahora Fredein le sirve a Dios como pastor de la iglesia adventista del séptimo día y estoy segura que también Jehová tiene grandes planes para ti.

¡NO ME MUERDAN PERRITOS LINDOS!

"Así son las sendas de todo el que es dado a la codicia, la cual quita la vida de sus poseedores". (Proverbios 1:19)

No es bueno robar.

—Mmm, qué ricas naranjas tiene mi vecino —dijo Neto—, iré a cortar algunas para comérmelas con chile. Mmm, se me hace agua la boca.

Solo que algo estaba pasando por alto Neto, resultó que el vecino no regalaba nada de naranjas, era muy egoísta, por más que le pidieran no dejaba que las cortaran. El vecino tenía tres grandes perros, ellos cuidaban muy bien el terreno de don Pedro.

—Ya sé —dijo Neto—. Iré a las tres de la tarde, a esa hora siempre veo que los perros duermen rico y sabroso, ni se darán cuenta cuando me cruce la cerca. Solo será un ratito, además, soy bien valiente —pensaba Neto.

Llego la hora señalada. Neto entró despacito, agachadito y comenzó a cortar un par de naranjas, poniéndolas en su costalito que llevaba. Cualquier movimiento o sonidito volteaba a ver si no eran los perros.

En un momento inesperado en el que no se dio cuenta, los perros venían en dirección a él. A ver dime, ¿cómo ladran los perros? ¡Gua, gua, gua! Los tres perros venían furiosos. Neto salió corriendo como pudo, se trepó en un árbol, pero para su triste suerte, la rama en la que se subió se rompió. Y Neto cayó al suelo.

—¡No! No me muerdan perritos lindos, ¡no me muerdan! —gritaba Neto, los perritos le alcanzaron a morder la ropa que traía. Neto ni vio cómo salió corriendo, ni supo cómo llegó a su casa, cruzó la puerta sin short, todo pálido y sin naranjas. Sus hermanas se reían de él.

—Ja, ja, ja, ¿qué te paso hermanito? —le preguntaron—. Parece que viste a un muerto.

—Es que los perros de don Pedro me han dado una arrastrada, me quitaron el short, lo bueno es que corrí más rápido que ellos y la casa estaba cerca, si no me comen vivo.

—Pero eso me pasa por comelón y también querer robar sus naranjas.

Así fue como a Neto ya ni le quedaron ganas de comer más naranjas ese año. Por eso cuando algo se te antoje, mejor pídelo.

¿POR QUÉ NO OBEDECISTE?

"El prudente ve el mal y se esconde, pero los incautos pasan y se llevan el daño".
(Proverbios 27: 12)

Los cuchillos son muy peligrosos. ¿Alguna vez te has cortado la mano? Yo sí y la primera vez que me corté, lloré mucho de miedo al ver la sangre.

—¡Abram no vayas a agarrar el cuchillo porque corta, sale sangre y duele mucho! Mira lo que le pasa a la papa, imagínate si este cuchillo pasa en tu manita. —La mami le hizo una pequeña demostración a su pequeño niño.

Abramcito entendió que no debía tocar un cuchillo porque aún era muy pequeño. Su abuelito tenía una tienda, vendía abarrotes, ropa y verduras. Todas las mañanas, don Jaime, lo primero que hacía en su tienda era limpiar los tomates, revisar las lechugas, la col y las demás frutas y verduras.

Para eso el abuelito siempre ocupaba un cuchillo para quitar lo que no servía, solo que abuelito Jaime era muy despistado y lo dejaba donde fuera. Esto la mami de Abram lo sabía, por eso estaba al pendiente para saber.

—¿Dónde dejó mi papi el cuchillo? Lo voy a levantar —decía—, no sea que mi niño se corte la mano.

Un día Abram vio el cuchillo bien afilado y de cantito.

—Ahora es cuando —dijo este pequeño niño—, ¿será cierto que me corta la mano? Le voy a meter solo la puntita de mi dedito.

¡Y zas! Le pasó la mano rapidito al cuchillo. ¿Qué crees que pasó? Sí, se cortó.

—¡Ay, me duele mi dedito!, ¡ñaaa! —comenzó a llorar.

—¡Abrancito! ¿Por qué no me obedeciste? Hijito, ahora lo único que puedo hacer por ti, es curarte ese dedito y vendártelo —le dijo su madre bien preocupada.

Abrancito anduvo con su dedito vendado toda una semana, solo por querer experimentar si el cuchillo cortaba o no. Por eso te invito a que seas prudente y obediente, si vez un cuchillo mal acomodado, aléjate o dile a tu mami, no sea que alguien más pequeño que tú se lastime.

¡QUIERO CANTAR!

"Bienaventurados los que tiene hambre y sed
de justicia, porque serán saciados".
(Mateo 5: 6)

Serán felices en el cielo los que aquí en la tierra buscaron parecerse más a Jesús. Esta es una de mis historias. Bueno, crecí en una familia que amaba a Dios, desde que nací me llevaron al templo, me presentaron como a todos los niños, mamá casi nunca fallaba a los cultos.

Me enseñó junto con mi hermana a ser reverentes en la casa de Dios, siempre nos contaba las maravillosas historias de Jesús, cuando comencé a hablar aún recuerdo cómo tarareaba las alabanzas.

Hasta que cierto día descubrí que me gustaba mucho cantar, ¿a ti también te gusta? Algunos no tenemos ese don de la cantada, veía cómo pasaban los hermanos a cantar especiales.

—¡Yo, yo mami!, ¡yo quiero cantar!

Así que me pasaban a cantar, aunque sea sin pista, pasaba junto con mi hermana mayor para que no me diera tanta pena. Hasta que un día nuestra madre nos consiguió algunas pistas infantiles, a partir de allí éramos las cantantes oficiales de las reuniones en los cultos, luego crecimos un poco y mi hermanita ya no quería cantar conmigo.

Eso me llenó de tristeza, así que esperé un tiempo y seguí ensayando en casa otras pistas, pero no alcanzaba las notas, ¿no te ha pasado que a veces no te sale el canto? A mí me pasaba y mucho, a veces me desilusionaba y decía:

—¡No sirvo para nada! ¡Esto de la cantada no es lo mío!

Me enojaba conmigo misma y me frustraba, pero siempre le pedía a Dios que me ayudara, la música vibraba en mi corazón y no podía dejarla a un lado. Poco a poco me fui animando a cantar, mi voz se fue perfeccionando paulatinamente, llegué a formar parte de un coro y en la universidad fui elegida para el coro universitario.

A lo largo de los años he participado en varias conducciones de canto y ahora alabo al Señor en participaciones ocasionales, mi mayor deseo es formar parte del coro celestial. No puedo decir que mi voz sea perfecta, aún me falta mucho que mejorar, pero en comparación con lo que era, puedo decir que Dios me ha dado ese talento.

¿Qué es lo que quisieras hacer para agradar a Dios?, ¿qué es lo que quisieras lograr de grande? Recuerda todo aquello que quieras lograr, el Señor puede concedértelo, solo tienes que pedírselo, ser diligente en la búsqueda de tus sueños y el Señor te lo concederá.

AQUÍ TIENES TODO LO QUE NECESITAS

"Bienaventurados los misericordiosos, porque alcanzarán misericordia". (Mateo 5:7)

Dios siempre suple tus necesidades. Era invierno, hacía mucho frío esa tarde de diciembre, todos estaban guardaditos en sus casitas, la lluvia caía a cántaros y los árboles se mecían como si fuesen a quebrarse.

Los chicos más pequeños se refugiaban en los brazos de sus madres mientras contemplaban los relámpagos que se veían en lo alto del cielo. Solo Rita andaba afuera, ¿por qué andaba afuera justo en ese momento?

Resulta que Rita tenía tres hermanitos más pequeños que ella, Rita tenía tan solo ocho añitos de edad, su padre los había abandonado hacía varios años, su madre era una mujer alcohólica que no se preocupaba mucho por ser responsable.

Pobres niños, sufrían de hambre, el niño más pequeño de dos añitos estaba enfermo y todos morían de frío, la chocita donde vivían se comenzaba a mojar. Tocaba las puertas de las casas y nadie parecía abrirle.

—¡Ayuda, ayuda! Necesito que me ayuden, aunque sea un pedazo de pan frío, una cobija vieja, unas pocas monedas.

Toc, toc, les tocaba, pero todos encerrados en sus casas, solo veían cómo una indefensa niña tocaba a sus puertas y a nadie parecía importarle. Cansada de pedir ayuda en medio de esa tormenta, se dijo para sí: "¡Aquí no hay gente!, ¡no hay amor!, ¡Dios no existe!".

En eso, Rita pudo ver cómo se abría una puerta frente a ella y salió una bella dama que le ofrecía unos abrigos, comida en unas bolsas y un poco de dinero.

—¿Quién es usted? —preguntó.

Esa dama le contestó:

—Yo te he estado observando desde mi ventana, estoy esperando que toques mi puerta para ofrecerte ayuda, estoy segura que lo que necesitas está en esta bolsa.

¡Gracias, buena Señora! Mis hermanitos se pondrán contentos cuando sepan que todavía existe gente buena, tengo tres hermanitos que mueren de hambre y nadie en esta colonia tan rica se ha dignado a ayudarme.

Rita se fue muy agradecida con aquella dama.

Invitación: cuando veas que alguien necesita dinero, no cuestiones, si está a tu alcance, abre tu mano, no pienses en ti, piensa en los demás. Jesús ha prometido que cuando tú necesites, tu necesidad será suplida también.

Referencias:

Mateo 5: 7
DTG, Cap. 31.

LA HUMILDAD DE YAJAIRA

"Bienaventurados los mansos porque recibirán la tierra por heredad". (Mateo 5: 5)

Cuando te provoquen mantén la calma. Tocaba la clase de artística y el maestro había pedido a todos los alumnos que eligieran su canción preferida, que la trajeran guardada en un USB para mostrarla a sus demás compañeros y expusieran por qué les gustaba mucho.

Yajaira era una chica dedicada y muy cristiana, que no le daba pena nada. Ella no podía elegir ninguna canción y pensó: "Pero si yo no escucho canciones, ¿qué le llevaré al maestro? Pues le llevaré lo único que escucho, le llevaré una alabanza cristiana".

¿Qué canto, de los tantos que conoces, crees que eligió Yajaira? Optó por uno de los cantos que era su preferido: "Cuando suene la trompeta", el número 169. (Pueden ponerlo en su equipo a alto volumen durante el día).

Los demás chicos también eligieron sus canciones preferidas, entre ellos: "la vaca" "la rana", "la hormiga", "el pollo", "el oso polar". Puras canciones sin sentido eligieron, llegó la hora artística y el profe dijo:

—¡A ver chicos, vamos a comenzar la exposición de música! Primero pasará Bere. A ver, Bere muéstranos tu canción preferida

¿Qué canción será que eligió Bere?

—"La vaca", maestro, mi canción se llama "la vaca".

—A ver ponla.

—Ahí les va profe. —Enseguida todos comenzaron a bailar.

—Contestanos Bere, ¿por qué la vaca?

—Ah maestro, es que a mí me gusta mucho tomar lechita de vaca, comer carne de vaca y esa canción me hace feliz.

—Está bien Bere —le dijo el maestro—, siéntate.

Así pasaron todos los chicos hasta que le tocó a Yayis:

—¡A ver Yayis, pon tu canción!

—Ahí les va maestro.

Enseguida comenzó a sonar una música diferente, todos quedaron en silencio y después se comenzaron a reír.

—Ja, ja, ja. La trompeta, ja, ja, ja. Yajaira la santita, ¡ya vete al cielo mejor Yajaira! —le gritaban.

—A ver Yajaira, explícanos, ¿por qué esa canción?

—Porque algún día Jesús vendrá, resucitarán los muertos en Cristo y cuánto anhelo que mi nombre pase en la lista en ese maravilloso día, yo quiero estar presente para ir con mi Jesús.

Solo el maestro le prestó mucha atención, los demás compañeros seguían burlándose de ella. ¿Qué harías tú si se burlan de tu música?, ¿te pones a llorar?, ¿comienzas a regañar?, ¿a insultarlos?, ¿les comienzas a decir que son unos ignorantes?, ¿que se van a quemar en el fuego ardiente cuando venga Jesús?, ¿o mejor sigues testificando de tu fe?

El reino de los cielos será arrebatado solo por aquellos que con su humildad y tranquilidad testificaron en esta tierra que existe un Dios que nos da fuerza para dominar nuestro carácter.

Referencias:
Mateo 5: 5
DTG, Cap.31
Yajaira Aguilar Cruz (mi hermana).

¿POR QUÉ ERES INTENDENTE?

"El Eterno exalta a los humildes, y humilla a los impíos hasta la tierra". (Salmo 147: 6)

No te avergüences del trabajo de tus padres, siempre que sea honesto y digno. El papi de Quena era el intendente de su escuela, a Quena no le faltaba nada en su casa, su papi le compraba juguetes, ropa, la comida que necesitaba, la sacaba de paseo, pero había algo que a que no la hacía feliz. Sus amigos se burlaban de ella:

—¡Ah, Quena mira como tiro la basura en el patio, tu padre la tiene que levantar! ¡Él levanta nuestra basura!

Eso ponía triste a Quena, los niños presumían sobre el oficio de sus padres diciendo:

—Mi papi es arquitecto.

—Mi papi es médico.

—Mi mami es maestra.

—Ey Quena, tu papi no es nada —le decían, ella amaba mucho a su padre, ¿tú amas a tu papi?

Quena siempre le preguntaba a su padre:

—¿Por qué eres intendente papi?, ¿no puedes dedicarte a otra cosa? —A lo que su padre le respondía:

—No hijita, eso es lo único que sé hacer bien y soy feliz, no debes avergonzarte de mí. Te contaré la historia de Jesús, el rey del mundo cuando vino a esta tierra: «¡Rin ran, rin ran!, se escuchaba en la carpintería de José»

»—Jesús ve y tráeme esas vigas que se estaban secando, ¡las vamos a utilizar! —dijo José a su hijo.

»Jesús era muy obediente, siempre ayudaba a su padre en la carpintería, José era carpintero, él se dedicaba a hacer muebles, todo el tiempo andaba lleno de polvo por la madera y Jesús igual que su papá.

»¿Será que Jesús se avergonzaba de su papi? No, por supuesto que no, él siempre lo ayudaba.

»—¡Vamos a jugar Jesús! —le gritaban sus amiguitos.

»—Sí, iré, solo termino mis quehaceres —les respondía Jesús. Sus amiguitos le decían:

»—Jesús, tú siempre en la carpintería, ya deja a tu padre solo. —Pero Él no les hacía caso.

»Jesús creció en un ambiente de trabajo y solo salía a jugar cuando su papi le daba permiso».

El padre de Quena siguió hablando con su hijita triste:

—Así que hijita, si Jesús, el rey del universo y dueño de nuestras vidas, no se avergonzó de su padre, ¿por qué tú te avergüenzas de mí? Hijita, no debes avergonzarte del trabajo que hago, con eso nos alimentamos y podemos vivir sin necesidades; cuando tus amigos se burlen de ti, mejor no les hagas caso y, si puedes, ayúdame a levantar la basura que hay tirada en el patio.

Quena entendió que su padre la amaba mucho y se esforzaba porque nada le faltara, así que decidió que ayudaría a su padre y dejaría de sentir vergüenza, porque la vergüenza es robar. Por eso te invito a que valores a tus padres, respétalos y aprende de ellos para cuando seas grande.

Referencias:
Lucas 2: 52-52
Mateo 13: 55

¡VENDO GALLETAS!

"Perezoso, ¿hasta cuándo has de dormir?
¿Cuándo te levantarás del sueño?".
(Proverbios 6: 9)

A los niños que trabajan y se ocupan son más felices. Kelmy y Lili le encanta tener dinero en mano, es más les encantaba andar comprándose cosas, le encanta pedirles a sus papás gasto para la escuela: que sabritas, paletas, juguetes, helados, en fin, de todo.

Cierto día, su mamá se dio cuenta de que no era saludable darles todo lo que pedían, por lo que mejor le enseñó a hacer galletas con chispas de chocolate. ¡Qué tiradero hicieron ese día en la concina! Harina por todo el piso, muchos trastes sucios, pero ese día se la pasaron genial ocupadas compartiendo momentos juntas.

Las galletas le salieron muy ricas, ¿y si probamos a venderlas? A Kelmy le daba penita ofrecer galletas a la venta, pero a Lili no, su mami les explicó que si querían tener para gastar debían ganárselo.

—Anden hijas, ustedes pueden, quiero que aprendan a salir adelante, quiero que pierdan el miedo y la pena. Es más —les explicó su mamita—. Yo pongo todos los ingredientes y toda la ganancia será de ustedes, ¿qué les parece?

—¡Sí mami! —exclamaron las niñas felices.

El día lunes, el primer día de clases, se llevaron una bolsita con varios paquetes de galletitas bien empacaditas en papel transparente. ¡Deliciosas! Al regresar de clases llegaron con la venta acabada, ¡éxito total! Muy feliz y motivadas porque no solo las terminaron de vender, también traían un gran pedido de galletas para el siguiente día.

A partir de allí las niñas aprendieron que con esfuerzo, valentía y muchas ganas, se pueden lograr las cosas. Ahora ellas tienen un buen ahorro y están pensando qué comprarse en fin de año con todo ese dinero. Por eso, no tengas pena de vender o hacer algo en busca de recursos, siempre y cuando sea honrado y honesto..., cuando seas grande nada te impedirá el paso hacia el éxito.

UNA PRUEBA PARA EL SABIO MÁS SABIO

"Fenezca ahora la maldad de los inicuos, más establece tú al justo; porque el Dios justo prueba la mente y el corazón".
(Salmo 7: 9)

En tus manos está el hacer el bien o el mal. Esta es la historia de un niño que era el más destacado en su barrio: Sandor. Sandor era el que se la sabía de todas a todas, sacaba puros dieces en la escuela.

—¡Ah, Sandor! ¿Dime cómo le hiciste para sacar el diez en matemáticas?

—¿Por qué preguntas? —decía Sandor.

—Ah, es que ayer te vi jugar toda la tarde y yo me la pase estudiando, ni aun así alcancé el diez —le comentó Martincito. A lo que Sandor siempre le respondía:

—Eso es un secreto que no te lo puedo revelar.

Lo que pasa es que Sandor siempre llevaba acordeón en los exámenes, le pedía a sus amiguitos más listos diciéndoles:

—Oye, te pago la tarea, házmela, no seas malo.

Es así como conseguía todo lo que quería. Pero cierto día se escucharon los rumores de que venía el hombre más sabio del mundo.

—¡El día martes llegará a este barrio el hombre más sabio del mundo! Vengan, vengan a escucharlo, ¡solo se cobrará diez pesos la entrada! —decía el anuncio

—¿Por qué es sabio? —se preguntaba Sandor—, ¿acaso será más listo que yo? No lo creo —se respondió el pequeño niño. ¡Ya sé! Lo pondré a aprueba.

¿Qué es lo que hará Sandor? Bueno Sandorcito estuvo durante toda la tarde del lunes cazando una paloma, ¿alguna vez has alimentado a alguna palomita con arroz? ¡Qué bueno! Eso es lo que hizo Sandor, él alimentaba a las palomitas hasta que logró atrapar a una.

El día que llegó el sabio había mucha gente chismosa que había pagado su entrada al show. Sandor también pagó y entró con su palomita en las manos.

—¡Miren cómo resuelvo sus problemas! ¡Pregúnteme!

La gente le hacía las preguntas más difíciles más o menos como estas:

—¿Sobre qué gira nuestro planeta? —Y él contestaba:

—Ah, fácil. Nuestro planeta gira sobre su propio eje; Dios guía su curso misteriosamente.

—¡Wow! —La gente se quedaba sorprendida—. A ver dinos sabio, ¿cuánto es 10 menos uno?

—Fácil, son nueve. —Y todos aplaudían. En eso Sandor irrumpió y dijo:

—¿De verdad... de verdad eres sabio?

—¡Claro que lo soy! —le respondió—. Mira, aquí tengo una palomita en mis manos, ¿será que está muerta o está viva?

El sabio se quedó pensando y contestó algo más o menos así:

—Bueno niño, si contesto que está viva, tú podrías matarla y si contesto que está muerta, tú podrías dejarla vivir, así que la respuesta a tu pregunta solamente la sabes tú.

¡Wow! Todos quedaron viendo qué decía este niño y de inmediato, ¿adivina que hizo Sandor? Abrió sus pequeñas manos y dejó salir volando a la palomita. Se quedó sin palabras.

Se dio cuenta que este sabio sí era de verdad porque supo contestar correctamente. Dios ve lo que hay en tu corazón, si amas, odias o mientes, no te olvides de esa gran verdad.

LOS VALDENCES

"Y en ningún otro hay salvación, porque no hay otro nombre bajo el cielo, dado a los hombres, en que podamos ser salvos".
(Hechos 4: 12)

La palabra de Dios es un tesoro valioso que te conduce a vida eterna, debes compartir esta verdad. ¿Alguna vez alguien ha tocado a tu puerta para hablarte sobre la palabra de Dios? Se siente bonito cuando alguien te habla de Jesús, ¿verdad? Aunque en nuestro tiempo exista libertad religiosa, debes tener mucho cuidado a quien le abres tu puerta.

Ahora te contaré sobre los valdenses, ellos tocaban puertas también para predicar sobre la palabra de Dios, solo que en sus tiempos no había libertad, a los que hacían eso los mataban, o los encarcelaban, o eran aventados a las fieras del circo romano.

Ellos vendían telas preciosas o joyas que no tan fácil se conseguían y junto con ello aprovechaban a dejar porciones de la palabra de Dios en manos de la gente que veían dispuesta a valorar el mensaje. En sus tiempos no existía la imprenta, así que todo lo transcribían con sus propias manos.

—Hijito, tú eres un misionero —les decían las madres a sus niños.

—¿Yo soy misionero, mami?

—Sí, hijito, nosotros somos elegidos por Dios para abrirle los ojos a esta gente que se muere en la ignorancia. Ellos no saben que Dios es amor, ellos piensan que Dios es un juez justiciero y vengativo porque no tienen la palabra de Dios.

—¿Ellos no tiene la Biblia, mami? —preguntaban los niños.

—No hijo, ellos no la tienen, por eso viven en la ignorancia. Vengan niños, ayúdenme a sembrar tomates, vamos a buscar leña, cuando crezcas tú también te irás a Francia o a Italia a estudiar así como Panchito.

—¡Sí, mami! Yo quiero ver qué hay más allá de mis ojos.

Los jóvenes anhelaban que los enviaran a estudiar a otro lado, allá a donde iban dejaban porciones de la palabra de Dios que tenían traducida a su propio idioma y muchos a través de esa forma conocían que Dios es amor y se arrepentían de sus malos caminos.

Los romanos se enteraron que ellos existían y que andaban predicando un mensaje diferente al de ellos, se enojaron mucho y comenzaron a perseguirlos, a quitarles sus tierras, a matarlos.

Pero, aun así, la palabra de Dios no pudo desaparecer porque Dios los cuido, aunque murieron muchos valdenses, otros más se esparcieron por todo el mundo, llevando consigo el valioso tesoro que sembró la valiosa semilla que daría sus frutos más adelante.

Referencias:

El conflicto de los siglos, Cap. 4: "Fieles porta antorchas"

JOHN WICLEF, EL LUCERO DE LA REFORMA DE LAS TINIEBLAS A LA LUZ

"La palabra de Dios es viva, eficaz y más cortante que toda espada de dos filos: penetra hasta partir el alma y el espíritu, las coyunturas y los tuétanos, y discierne los pensamientos y las intenciones del corazón".
(Hebreos 4:12)

La santa palabra de Dios tiene poder para educar y transformar vidas. ¡Dios es nuestro único abogado, no ellos, acérquense a Dios y Él los perdonará!

—La palabra de Dios debe ser leída por todos ustedes, Roma les ha quitado la luz, el tesoro más valioso ustedes también deben conocerlo —les decía el rector Wiclef a sus alumnos, allá en Francia, en la universidad de Lutterwort.

Wiclef ahora era rector de la casa de estudios más importante de Inglaterra y allí el rey había puesto al más grande de los maestros. En los tiempos de este gran reformador cristiano, la Biblia estaba prohibida, en muchas partes solo podían acercarse a ella los más eruditos hombres y John Wiclef fue uno de ellos.

Él estudió toda clase de ciencia, filosofía, leyes, libertad civil, religiosa, tenía mucho conocimiento y para completar sus estudios eligió analizar la Biblia como otra materia de clase. Fue allí donde él descubrió muchas verdades que estaban ocultas y comenzó a escribir sobre sus descubrimientos.

En cierta ocasión, cuando Wiclef era un capellán del rey, llegó un mensajero desde Roma hasta Inglaterra.

—Vengo a cobrar los tributos que están obligados a pagar a la máxima autoridad de esta tierra, el papa de Roma.

Wiclef de inmediato se paró y comenzó a hablar frente al rey y a los demás nobles de la corona inglesa:

—Mi lord, creo que Roma nos ha estado engañando por mucho tiempo, ellos dicen ser representantes de Dios, pero lo único que hacen es querer gobernar el mundo, quieren que adoremos a todos sus santos y quieren todo nuestro dinero. Yo les aseguro que si aquí en Inglaterra tuviésemos una montaña llena de oro, en el transcurso del tiempo este cerro llegaría a gastarse todo entero, porque él se lleva todo nuestro dinero que con sacrificio ganamos, ¿a cambio de qué? A cambio de sacramento y artículos espirituales. Todo porque la gran mayoría desconoce la palabra de Dios. Dios es único y soberano, a Él debemos tributo, he leído y tengo bases bíblicas de que Dios fue humilde, no como ellos aparentan ser.

Todos creían en sus palabras, ya que Wiclef era un elocuente predicador, entonces el rey y los demás nobles se negaron enviar tributo a Roma, esto llenó de ira al papado. Buscaron su muerte por varias ocasiones sin éxito alguno.

En cierta ocasión este gran hombre, ya gastado por su entrega a los estudios, enfermó, a tal punto que parecía morir. Al saberlo los frailes que allí estaban fueron a decirle:

—¡Ya vas a morir! Retráctate de todo lo que has dicho de nosotros para que mueras en paz.

Pero Wiclef no se retractó, en lugar de eso les dijo:

—¡No voy a morir! Viviré para volver a denunciar todas sus maquinaciones perversas.

Enseguida los frailes salieron de su habitación y sí, tal como lo había dicho, este lucero de la reforma vivió unos años más.

Para terminar con su misión, por fin término su traducción de la Biblia al idioma inglés, todos aplaudieron cuando él la entregó en sus manos.

Muchos se anotaron para trabajar como copiadores del ejemplar, grandes fortunas se ofrecían para obtenerlo, muchas familias más pobres se unían para comprar una entre todos.

De esa forma Dios usó a este gran hombre para quitar las tinieblas de mucha gente y poner la luz en sus manos. Wiclef murió de una parálisis que le dio, no murió a manos de sus villanos, Dios no les dio el gusto.

Referencias:

Conflicto de los siglos, Cap. 5: "El lucero de la reforma"

JUAN HUS Y JERÓNIMO, DOS HÉROES EN LA EDAD MEDIA EN FRANCIA

"Y si morimos en Cristo, creemos que también viviremos con él". (Romanos 6: 8)

Que tu vida sea recordada por todo el bien que hiciste.

—¡Oh Padre celestial, te suplico bendigas a mi hijo para que en todo lo que haga cuente con tu bendición!

Esta fue la oración más sincera de una madre viuda que llevaba a su pequeño hijo a la universidad. ¿Alguna vez tu madre ha pedido a Dios que te bendiga? Me imagino que todos los días lo hace.

Juan Hus fue su nombre, al dejarlo en la universidad, su madre le recomenzó que fuese un buen alumno diciéndole también:

—Ah y no te olvides de tus rezos y de confesarte con el sacerdote, no dejes tus oraciones hijito.

Enseguida su madre se retiró, a partir de allí Juan Hus comenzó a estudiar, se graduó con honores, era tan inteligente y estimado que ingresó al sacerdocio, sirvió en la corte del rey,

fue nombrado catedrático de su universidad y después fue nombrado predicador de la capilla llamada Belén.

Juan Hus le comenzó a predicar a los fieles, pero se dio cuenta de que eran ignorantes a la palabra de Dios, ya que el papa les había negado el derecho de escucharla en su idioma original.

—¡Esto es injusto! —les dijo—. Si tan solo conocieran la verdad.

Había tantos niños y jóvenes ociosos, sin educación, sin temor a Jehová, había tanta maldad. Juan Hus estaba en su indignación, cuando llegó su amigo Jerónimo.

—¡Amigo, qué bueno que regresaste de Inglaterra! No sabes cuánto te extrañé —le dijo.

—Sí amigo, y... ¿adivina que te traje?

—¿Qué? Dime...

—Te traje un tesoro único, los escritos de un reformador cristiano, llamado John Wiclef, tienes que leerlo.

—¡Oh amigo, gracias! Ya los leí, me parece que estos escritos son puros y verdaderos, pero aún no me convencen del todo.

En eso estaban ellos analizando y dialogando sobre los escritos de Wiclef cuando escucharon un gran escándalo:

—¡Vengan a ver la obra nunca antes vista!, ¡una obra que impresionara sus corazones!, ¡vengan es gratis!

¡Vamos amigo! —se dijeron Jerónimo y Juan Hus.

Al llegar vieron que unos artistas habían dibujado dos preciosos cuadros, en uno representaba a Cristo en su entrada triunfal a Jerusalén, sentado en un asno manso y humilde seguido de sus doce discípulos, con ropas ajadas y los pies descalzos.

En el otro cuadro representaban una procesión del pontífice sacerdotal en el que se veía al papa adornado con sus tres coronas y ricas vestiduras, montado en un caballo magníficamente adornado, seguido por cardenales y prelados que ostentaban deslumbrantes galas.

Juan Hus y Jerónimo entendieron el mensaje, y estudiaron con más ansias la Biblia y los escritos de Wiclef. Hasta que llegaron a la conclusión: ¡Nosotros ya no seremos más romanistas! Ahora seremos cristianos, así como Cristo fue y apoyaremos nuestra fe solo en la palabra de Dios.

Cuando Roma se enteró de eso, hicieron todo cuanto pudieron para que ellos se retractaran, pero no lo lograron. Juan Hus murió quemado en la hoguera, murió cantando: "Jesús, hijo de David, ten misericordia de mí". Cantó hasta que su voz se perdió entre las llamas.

Jerónimo murió muy poco después, también murió quemado en manos los enemigos de Dios, él murió diciendo: "Señor, Padre Todopoderoso, ten piedad de mí y perdóname mis pecados, porque sabes que siempre he amado tu verdad".

Los habitantes de Bohemia, de donde ellos eran, se indignaron mucho, ya que gracias a ellos habían visto la luz y ya no eran los mismos, la semilla quedó sembrada en ese lugar y en muchos corazones, gracias a estos dos grandes amigos que nunca renegaron la fe de Jesús.

Invitación: Tal vez a ti no te toque la suerte de ellos, pero recuerda que debes comportarte a la altura de un buen niño(a) cristiano(a), ya que muchos serán salvos solo por nuestro buen ejemplo.

Referencias:

Deseado de todas las gentes, Cap. 6: "Dos héroes de la edad media".

MARTÍN LUTERO LA VERDAD Y NADA MÁS QUE LA VERDAD

"Si fuerais del mundo, el mundo amaría lo suyo; pero porque no sois del mundo, antes yo os elegí del mundo, por eso el mundo os odia". (Juan 15: 19)

Solo Cristo salva y nadie más. Hace poco más de medio siglo nació un precioso bebé en un hogar de Alemania, muy humilde; los padres de este bebé querían lo mejor para él, pero lamentablemente en ese momento carecían de recursos para darle la mejor educación.

Este bebé creció y le gustaba mucho cantar alabanzas a Dios, ¿a ti te gusta cantar? El tiempo pasó y llegó el momento de que este niño debía salir de su casa e irse lejos a una escuela, porque allí donde vivía no había, sus padres eran tan pobres y no lo podían apoyar mucho, así que para poder comer Martín Lutero tocaba a las puertas de las casas. Toc, toc, toc,

—Una monedita, quiero que escuche mi canto y si le agrada regáleme lo que desee —así fue como Martín se ganaba la comida, aunque a veces pasaba hambre, fue de esa forma que pudo avanzar en sus estudios hasta que llegó a la universidad.

Fue muy aplicado y bien estudioso, sus padres estaban orgullosos de él, ellos querían que su hijo fuese abogado, ¿qué quieres ser cuando tú seas grande?, ¿aún no lo has pensado?

Pero en los tiempos de Lutero eran tiempos aun de sombras, la iglesia romana dominaba y sus enseñanzas eran muy tristes, la gente creía que por medio de obras Dios perdonaba pecados, la gente creía que el perdón de Dios se obtenía con grandes sacrificios físicos y económicos, que solo se obtenían a través de los sacerdotes.

Fue eso uno de los motivos por lo que Martín Lutero decidió ingresar al claustro (a la vida de Monasterio). Él decía en su corazón que Dios no lo perdonaría por sus pecados, hacía muchos ayunos, hasta que cierto día descubrió un maravilloso texto y fue el que se encuentra en Romanos 1:17: "El justo vivirá por la fe".

Cierto día fue a Roma, vio los lujosos templos y la ropa suntuosa con la que vestían los sacerdotes, también vio una escalera a la que subían mucha gente, disque era la escalera donde subió Jesús frente a Poncio Pilato y al que pagara por subir le perdonaban todos sus pecados.

Lutero pagó lo que se cobraba por subir de rodillas y mientras estaba subiendo se preguntó así mismo: "¿Qué es lo que hago aquí? Yo ya he leído parte de la Biblia y Dios es el único que me perdona, si decido arrepentirme y cambiar, si tengo fe en Dios podré vivir". Enseguida se puso de pie y bajó esas escaleras.

Salió corriendo de ese lugar, para esos entonces ya era un reconocido doctor en Teología y con ese título comenzó a estudiar la Biblia, la palabra de Dios. Dios preparó el camino de este joven, quien naciera en un humilde hogar, lleno de tantas privaciones, para que fuera elegido dentro de todos los sacerdotes romanos, con el fin de ser diferente y descubrir nuevas verdades que ahora conocemos.

Referencias:
El conflicto de los siglos, Cap. 7, pp. 113-118

ULRICO ZUINGLIO EN SUIZA

"Venid en pos de mí, y os haré pescadores de hombres". (Mateo 4:19)

Lo imposible puede ser posible cuando Dios quiere que así sea. ¿Alguna vez has escuchado el nombre de Suiza? Es el nombre de un país que dista mucho de Alemania a donde estaba el reformador Martín Lutero.

Fue en Suiza donde, a pocas semanas de haber nacido Martín Lutero, también nació Ulrico Zuinglio, en el hogar de una familia que se dedicaba a pastorear ovejas, en los Alpes.

Zuinglio creció y su padre quería las mejores escuelas para él, así que lo envió a las mejores de su tierra, por fin se graduó como sacerdote, porque tenía el vivo deseo de conocer más a Dios de cerca. Entonces fue nombrado predicador en la capital de Zúrich, la ciudad más importante de Suiza.

Cierto día llegó un hombre llamado Samsón, no es Sansón, es Samsón. Él era un hombre elegido por el papa especialmente para vender indulgencias. ¿Qué son las indulgencias? Son certificados sellados por el papa que ofrecen

el perdón de pecados. En Alemania era Tetzel y en Suiza Samsón.

—¡Vengan a comprar! Para cuando mueran estén libres de pecados y puedan irse directo al cielo.

—¿Cielo? Yo quiero ir al cielo —decía la gente.

—¡Vamos a comprar! —Eran varios que compraba, pobres y ricos.

Samsón se ponía contento de poder recaudar tanto dinero, solo que no contaba que en Zúrich, donde él creía vendería muchas indulgencias, estaba el poderoso predicador reformista Zuinglio.

Él comenzó a predicar tan bien, que las personas que habían dejado de asistir a los cultos regulares, ahora no se perdían ni uno solo. Él les predicaba del amor de Dios, que su sangre preciosa nos limpia de pecados. Ah, pero cuando se enteró de lo que estaba haciendo Samsón, los amonestó a no gastar su dinero en vano:

—¡No gasten en vano!, ¡no hagan ricos a esos franciscanos, a esos papistas, que lo único que quieren es dinero!

Así que para cuando Samsón llego a Zúrich, un mensajero de la ciudad le dijo que se fuera:

—¡Vete! No vengas con tus mentiras, aquí nadie te va a comprar nada —informó el mensajero.

—¿Será que nadie me va a comprar nada? —se preguntaba—, pero de todos modos entraré, ¿cómo es posible que no? Estas indulgencias deben ser vendidas aquí, aquí está el dinero. ¡Vengan! ¡Llegó la salvación a su tierra! —anunciaba—, ¡compren el perdón!

¿Será que alguno se acercó a comprarle algo? No, Samsón se tuvo que ir de Zúrich, porque nadie le compró nada. Muchos conocieron el mensaje: solo la sangre de Cristo limpia los pecados y la palabra, nada más debe regirnos en esta vida.

Gracias a Zuinglio y a los libros de Martín Lutero.

Referencias:

El conflico de los siglos, Cap. 9: "Se enciende una luz en Suiza"

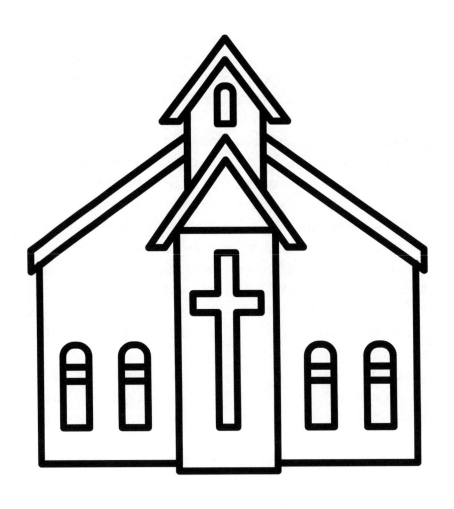

AMÉRICA, TIERRA DE LIBERTAD, ROGER WILLIAMS Y SU PEQUEÑO ESTADO

"No apaguéis al espíritu. No menospreciéis las profecías. Examinadlo todo; retened lo bueno". (1 Testimonios 5: 19-21)

Todos los niños han sido creados iguales, investidos por nuestro Creador con ciertos derechos como la vida, la libertad y la búsqueda de la felicidad.

—¡Vete de aquí Willy! Tus ideas no son nada buenas —le decían los colonos en las playas de América.

Willy era un predicador muy sensato que analizaba lo que pasaba en esas playas. Muchas personas habían huido de Inglaterra porque no se sentían plenamente libres de adorar a Dios.

Willy también había ido con ellos, pero se dio cuenta que allá, en el Nuevo Mundo (América), los reformistas comenzaban a obligar a todos a asistir a los cultos, a aceptar la misma fe y ninguna otra, además, si no era cristiano no podía formar parte en el gobierno de la nueva colonia.

—¡Pero hermanos, para que esta tierra sea de libertad debemos dejar que cada quien elija cómo adorar y busque su propia felicidad! —decía Roger.

—¡No! Tienes que irte de aquí, si no te vas, te vamos a arrestar —le advirtieron.

Así que Willy no tuvo otra opción más que salir huyendo a las selvas inhabitables en pleno invierno, allí estuvo, dice él, que alimentado por los cuervos. Pobre Willy, estuvo allí por un poco más del año, luego se fue a refugiar con una tribu de indios en medio de la nieve y los bosques.

—¿Qué haces aquí hermano? —le preguntaron los indios.

—Es que me andan persiguiendo mis hermanos.

—¿Y por qué? —le cuestionaron.

—Es que con mis hermanos salimos huyendo de nuestras tierras porque nos perseguían por adorar a Dios, nos obligaban a adorar imágenes, nos quitaban la palabra de Dios y no teníamos derecho a pensar por nosotros mismos. Ahora que somos libres, nuestros líderes están haciendo lo mismo, nos obligan a ir a los cultos, algunos no aceptamos algunas ideas que van en contra de la palabra de Dios.

—¡Si gustas puedes quedarte con nosotros y enseñarnos acerca de tu Dios! Nosotros no sabemos nada, nadie nos habla de Dios —le dijeron estos indios.

¡A Willy se le abrieron los ojos! Estaba contento de poder predicarle a los indios, ellos lo escucharon y veían en él un hombre de Dios. Creyeron en sus enseñanzas y poco a poco aceptaron la verdad, sus vidas cambiaron a tal grado de que en su tribu solo se aceptaba como regla la palabra de Dios.

Muchos se enteraron de que allí podían ser libres de verdad y varios buscaban esas tierras del Nuevo Mundo, por lo que poco a poco se fueron poblando. Fue así como muchas religiones surgieron y es así que ahora cada quien va a donde cree que es la verdad.

Referencias:

CS, Cap. 17: "América Tierra de Libertad"

SRA. ELENA G. DE WHITE, LLAMADA A SER PROFETA DE LOS ÚLTIMOS DÍAS

"Y me dijo: 'Bástate mi gracia, porque mi poder se perfecciona en la debilidad. Por eso, de buena gana me gloriaré más bien en mis debilidades, para que habite en mí el poder de Cristo'". (2 Corintios 12: 9)

Dios también llama a su servicio a los más débiles y humildes de corazón. El mundo cristiano estaba viviendo una crisis. Estaba viviendo momentos tristes de decepción.

El regreso de Jesús no había llegado aún. Muchas personas habían vendido sus casas, sus tierras, habían cerrado sus negocios por causa de este gran acontecimiento. Acontecimiento que no llegó. La decepción reinaba por todos lados. Muchos se burlaban de los cristianos:

—Su Dios es mentiroso, ¡ustedes están locos!

—¿Ahora qué va a ser de nosotros? —se preguntaban estos cristianos.

En medio de este caos, Dios ya había elegido a alguien que diese aliento a sus hijos. Te preguntarás a quién. Dios ya había elegido a una muchacha:

Ellen Gould Harmon. A ella Dios le comenzó a hablar en visiones, justo después de no cumplirse el segundo regreso de Jesús, fijado para el 22 de octubre de 1844.

Elena era una muchacha enfermiza, nadie podría creer cómo es que Dios le hablaba a ella, pero ¿por qué no? Ella sufrió un accidente de niña, ahora te contaré un poco sobre su vida; aún cuando era pequeña, tenía nueve añitos, cierto día, iba caminando junto con su hermana gemela y otra amiguita, pasaban un terreno baldío, pero otra muchacha que era mayor, porque tenía trece años, se enojó con ellas por algo insignificante y de coraje les arrojo una piedra.

Pum, ¿adivina a quién le llegó esta pedrada? A Elenita, justo en la nariz, este golpe la dejó tirada en el suelo, cuando ella recobró la conciencia, estaba en la tienda de un comerciante. Elenita no pensó que este golpe la hubiese dañado tanto. Lamentablemente este golpe casi la mata, ya que tuvo que pasar por tres semanas casi inconsciente.

Cuando ella recobró la razón no recordaba nada, por dos años seguidos tampoco pudo respirar por la nariz. Muchos amigos de sus padres que llegaban le preguntaban a su madre si sobreviviría más tiempo. Ella nos cuenta en uno de sus escritos que prefería la muerte en lugar de la vida.

No, Elenita no pudo llevar una educación formal, le temblaban la manos, cuando se esforzaba por aprender las lecciones, ella sudaba mucho, le daba vértigo, desmayos, tos y se debilitaba mucho. A pesar de todo, ella amaba con todo el corazón a Jesús. Así creció Elena, débil físicamente.

Cuando escuchó al hermano Guillermo Miller decir que Jesús venía en pocos años, su corazón se llenó de gozo, también ella decidió seguir los consejos de este hermano porque, en la iglesia a donde ella asistía, solo le hablaban de un infierno y de un Dios malo, que solo anda vigilando sus pecados.

Todo lo contrario a lo que predicara el señor Miller, él predicaba de un Dios perdonador, un Dios de amor y justo. Es por eso que Dios la eligió, porque ella oraba fervientemente y de corazón humilde, a ella Dios la llamó y la utilizó en su obra.

Elena G. White escribió muchos libros con todos los consejos y mensajes que Dios le dio en todas las visiones que recibió directamente del cielo, libros como: El deseado de todas las gentes, El conflicto de los siglos, Patriarcas y profetas, Conducción del niño, entre muchas otras.

¡NUESTRO SEÑOR YA VIENE!

"En su vestidura y en su muslo tiene escrito este nombre: Rey de Reyes y Señor de Señores". (Apocalipsis 19:16)

Cuando Cristo Jesús venga todo ojo le verá.

—¡Acabemos con esos cristianos rebeldes!, ¡sí, matémoslos! Sí, ya es hora de que acabemos con ellos y vivamos felices, unidos.

—¿Qué les parece si en todo el mundo ponemos una sola fecha?

—Sí, y mejor aún vamos a invitar a todo el pueblo para que a medianoche busquemos a los que están escondidos, matémoslos en la noche, justo a medianoche.

—¡Sí, acabemos con ellos!

El mundo entero se unirá para buscar a los hijos de Dios y para matarlos. Pero justo en esa noche, cuando todos salgan con sus armas y antorchas, cuando todos se burlen de los que han decidido ser fieles a Dios, de pronto densas tinieblas más sombrías que la oscuridad de la noche caen sobre la tierra. Luego un arcoíris, que refleja la gloria del trono de Dios, se extiende de un lado a otro del cielo, y parece envolver a todos los grupos de oración.

Las multitudes enojadas y enfurecidos por matar a su presa se quedan quietas, se olvidan de su acto maligno. En eso los hijos de Dios oyen una voz clara y melodiosa que dice:

—¡Enderezaos!

Y al levantar la vista al cielo, contemplan el arco de la promesa, las nubes negras han desaparecido y como Esteban, clavan la mirada en el cielo y ven la gloria de Dios y al Hijo del Hombre sentado en su trono. Oyen cómo dice el hijo al Padre:

—Yo quiero que aquellos que también me has dado, estén conmigo en donde yo estoy. He aquí santos e inocentes, guardaron la palabra de mi paciencia y andarán entre los ángeles.

Es medianoche cuando Dios manifiesta su poder para librar a su pueblo. Sale el sol en todo su esplendor, los malos miran la escena con terror y asombro, mientras los justos contemplan con gozo las señales de su liberación. La naturaleza parece trastornada, los ríos dejan de correr, las nubes chocan entre ellas, en medio de los cielos hay un claro de gloria indescriptible, de donde baja la voz de Dios semejante al ruido de muchas aguas, diciendo:

—¡Hecho es!

Esa misma voz sacude los cielos y la tierra, sigue un gran terremoto, cual no fue jamás desde que los hombres han estado sobre la tierra. El firmamento parece abrirse y cerrarse, la gloria del trono de Dios parece cruzar la atmósfera, los montes son movidos, las rocas se esparcen por todo lados el mar es azotado con furor.

Se oye el silbido del huracán, toda la tierra se alborota e hincha como las olas del mar, su superficie se raja, desaparecen las islas habitadas, las ciudades más soberbias de la tierra son arrasadas. Los muros de las cárceles se parten de arriba a abajo y son libertados los hijos de Dios, los que habían sido apresados por su fe.

Los sepulcros se abren y muchos de los que duermen en el polvo de la tierra serán despertados, unos para vida eterna, otros para vergüenza y confusión perpetua. Los impíos tienen miedo, pero los hijos de Dios están seguros.

Pronto aparece en este, una pequeña nube negra, de un tamaño como la mitad de la palma de la mano. Es la nube que envuelve al Salvador y que a la distancia parece rodeada de oscuridad. El pueblo de Dios sabe que es la señal del Hijo del Hombre.

En silencio solemne lo contemplan mientras va acercándose a la tierra, volviéndose más luminosa y más gloriosa hasta convertirse en una gran nube blanca y sobre ella el arcoíris de pacto, Jesús marcha al frente como un gran conquistador.

A medida que va acercándose la nube viviente, todos los ojos ven al príncipe de la vida. Los reyes de la tierra y los príncipes, los capitanes, y los fuertes, todos se escondieron en las cuevas y entre las peñas, les dirán a estas:

—¡Caigan sobre nosotros! ¡Escóndenos de aquel que está sentado en el trono!

¡Qué maravilloso será ese día, cuando los hijos de Dios serán liberados de la muerte y puedan ver al Salvador del mundo!

Referencias:

Isaías 30: 29-30

Juan 17: 24

Apocalipsis 16: 17-21

Dn 12: 2

Apocalipsis 1: 7

Salmos 46: 1-3

Isaías 13: 6; 2: 10-12

Isaías 2: 20-21

Apocalipsis 19:11, 14

Salmos 50: 3, 4

Apocalipsis 6: 15-17

CS, Cap. 41

YO VOY CON JESÚS

"¿Dónde está, oh muerte, tu aguijón? ¿Dónde, oh sepulcro, tu victoria?". (1 Corintios 15: 55)

Los muertos en Cristo resucitarán primero. Entre las oscilaciones de la tierra, las llamaradas de los relámpagos y el fragor de los truenos, el hijo de Dios llama y dice:

—¡Despertaos, despertaos, despertaos, los que dormís en el polvo, y levantaos!

Por toda la superficie de la tierra, los muertos oirán esa voz; y los que la oigan vivirán. Todos salen de sus tumbas de igual estatura que cuando en ellas fueran depositados; Adán, que se encuentra entre la multitud resucitada, es de soberbia estatura y forma majestuosa, presenta un contraste de las generaciones posteriores, pero todos se despertaran con la lozanía y el vigor de la juventud.

Los redimidos crecerán hasta alcanzar la estatura perfecta de la raza humana, cuando podamos comer del árbol de la vida. Los justos vivos son mudados en un momento, en un abrir de ojos, a la voz de Dios ahora son hechos inmortales y juntamente con los santos resucitados son arrebatados para recibir a Cristo, su Señor en los

aires. Los ángeles juntarán a sus escogidos de los cuatro vientos, Santos Ángeles llevan niñitos a los brazos de sus madres, amigos que habían sido separados de la muerte se unen para subir con cantos de alegría a la ciudad de Dios.

¡Subiremos al cielo en un carro de nubes! ¡Qué emocionante experiencia! Ese carro de nubes tendrá alas y debajo de ellas tendrá ruedas vivientes. Subiremos en ese exclusivo carro y mientras asciende las ruedas gritarán:

—¡Santo! —Y las alas al moverse, gritan:

—¡Santo!, ¡santo, santo es el Señor Dios, el Todopoderoso!

Nosotros los redimidos exclamaremos:

—¡Aleluya! Mientras el carro se adelanta hacia la nueva Jerusalén.

Al llegar a las puertas de la ciudad de Jerusalén, los ángeles se formarán como en un cuadrado y Jesús quedara en el centro, mucho más alto que todos, cuyo rostro irradia amor y todos estaremos quietitos observándolo solo a Él .Es justo en ese momento cuando Jesús nos dará muchos regalos, con su propia mano pondrá a cada uno una corona de gloria, que lleva tu propio nombre, un nombre nuevo y la inscripción que dice: "Santidad a Jehová". En tu mano te dará también una palma de victoria y un arpa brillante.

El director del coro celestial dará la

nota y todos tocaremos una melodía nunca antes escuchada entonces, en ese momento Jesús abrirá las puertas de perla y entrarán todos los redimidos de Jesús.

¿Quieres entrar por esas puertas de perla? Yo sí quiero entrar, allí veremos el paraíso de Dios, el hogar de Adán, un mar de cristal y muchas maravillas que no han subido a pensamiento humano, no habrá más clamor, más llanto, muerte ni dolor y sobre todas las cosas más maravillosas.

Allí podremos abrazar a Jesús y podremos contemplar su bello rostro, podremos sentir sus manos y escuchar al fin su voz que nos dice:

—Por ti morí en la cruz del calvario.

Referencias:
Mateo 26:64
Mateo 27:42-43
Proverbios 1:27
Isaías 25:29
1 Corintios 15:55
Apocalipsis 2:17
Apocalipsis 1:5, 6
Judas 24

ÍNDICE

AGRADECIMIENTOS

A Dios en primer lugar, que puso en mi corazón el deseo de escribir

A mi amado esposo, que siempre me apoya en todos mis proyectos.

A todos los amigos y familia, que han colaborado con alguna historia.

A Misty, que con su sincera amistad me anima a seguir soñando.

A mis hijas, por pedir...
"Una historia cada noche".

Rody Aguilar Cruz está felizmente casada con el pastor
Fredeín Vázquez Maza y tienen dos hijas.
Cuenta con una licenciatura en Contaduría Pública
y estudia Psicología General.
Le gusta cantar, leer, escribir
y contar historias.